KB036715

EBS 다큐프라임

자본주의

금융 · 소비 · 돈에 관한 33가지 비밀

EBS 다큐프라임 자본주의

초판 1쇄 발행 2013년 9월 27일
초판 65쇄 발행 2024년 12월 27일

기획 | EBS ◯◯ ● 미디어
지은이 | EBS 〈자본주의〉 제작팀 정지은 고희정

펴낸곳 | (주)가나문화콘텐츠
펴낸이 | 김남전
편집장 | 유다형
외주편집 | 최소영
본문구성 | 이남훈
외주디자인 | 김태수 이인희
마케팅 | 정상원 한웅 정용민 김건우
경영관리 | 김경미

출판 등록 | 2002년 2월 15일 제10-2308호
주소 | 경기도 고양시 덕양구 호원길 3-2
전화 | 02-717-5494(편집부) 02-332-7755(관리부)
팩스 | 02-324-9944
홈페이지 | ganapub.com
포스트 | post.naver.com/ganapub1
페이스북 | facebook.com/ganapub1
인스타그램 | instagram.com/ganapub1

© EBS · 정지은 · 고희정, 2013

ISBN 978-89-5736-579-3 03320

* 책값은 뒤표지에 표시되어 있습니다.
* 이 책의 내용을 재사용하려면 반드시 저작권자와 ㈜가나문화콘텐츠의 동의를 얻어야 합니다.
* 잘못된 책은 구입하신 서점에서 바꾸어 드립니다.
* '가나출판사'는 ㈜가나문화콘텐츠의 출판 브랜드입니다.

가나출판사는 당신의 소중한 투고 원고를 기다립니다. 책 출간에 대한 기획이나 원고가 있으신 분은
이메일 ganapub@naver.com으로 보내주세요.

EBS ◖◐● 다큐프라임

자본주의

EBS MEDIA 기획
EBS 〈자본주의〉 제작팀 · 정지은 · 고희정 지음

가나

길 잃은 자본주의, 우리는 무엇을 할 수 있는가

우리를 가장 우울하게 하는 소식 중의 하나는 '물가가 올랐다'는 뉴스다. 그렇지 않아도 얇은 지갑을 바라볼 때 이런 뉴스를 들으면 짜증부터 나는 것이 사실이다. 최근 가계부채가 1천조를 넘었다는 이야기도 들린다. 이는 당신의 부채도 동시에 늘어났다는 의미다. 돌이켜 보면 열심히 살아오지 않은 날이 없었던 것 같은데, 왜 자꾸 빚은 늘어만 가는 것일까? '경기가 침체되었다'는 말은 이제 별 충격도 주지 못할 정도로 흔한 이야기가 됐다.

하지만 아직 희망을 포기할 수는 없다. 이 모든 것들은 그저 일시적인 현상일 수도 있고, 시간이 흐르면 괜찮아질 수도 있기 때문이다. 긍정적인 생각으로 희망을 품고 살다 보면 언젠가 상황이 좋아지는 날을 기대할 수도 있을 것이다.

그러나 안타깝게도 그것은 그저 '희망 사항'에 불과하다. 앞으로도 물가는 계속해서 오를 수밖에 없고, 가계부채는 절대로 쉽게 호전될 수가 없다. 경기 침체는 앞으로도 수십 년간 장기화될 가능성이 높다는 것이 전문가들의 이야기다. 좌절할 만한 일이겠지만 바로 이것이 현실이다.

중요한 것은 '과연 왜 그럴까?' 하는 점이다. 세상의 모든 사람들이 안정과 행복을 원하는데, 왜 정작 세상은 우울하고 피곤한 방향으로만 흘러가는 것일까? 이것이 바로 당신이 '자본주의의 진실'을 알아야 할 첫 번째 이유이다. 자본주의에 대해서 안다는 것은 복잡한 경제학을 배우는 것도 아니고, 나와는 상관없는 이론을 배우는 것도 아니다. 나의 행복과 내 가족의 미래를 준비하기 위해 반드시 알아야 하는 것, 그것이 바로 자본주의에 대한 지식이다.

지난 2011년 9월, 젊은 청년들이 뉴욕증권거래소 앞으로 몰려들기 시작했다. 침낭과 텐트까지 준비한 그들은 노숙을 하면서 시위를 이어갔다. 그때까지만 해도 이들의 시위는 그저 사회로부터 소외된 청년들이 불평과 불만을 표출하는 것으로만 여겨졌다. 하지만 한 달 만에 이들의 시위는 전 세계가 깜짝 놀랄 정도로 큰 파급력을 미치기 시작했다.

미국에서만 900여 개 도시, 전 세계 80여 개 나라, 1천500여 개 도시에서 동일한 구호를 외치는 시위가 시작된 것이다. 시위 참여자들의 면면도 다양했다. 가정주부, 학생, 회사원, 교수, 일용직 근로자, 예술인……. 직업과 신분의 차이를 넘어 그들이 함께 외치고자 했던 것은 무엇일까.

'전 세계의 1%가 99%의 부를 장악하고 있으며, 나머지 99%는 가난과 고통 속에서 삶의 희망을 잃어버리고 있다!'

'가난한 사람은 더욱 가난해지고 있으며 부자들은 더욱 부자가 되고 있다!'

이매뉴얼 월러스틴 예일대학교 석좌교수는 이 시위를 두고 '현대 자본주의의 몰락'이라고 표현했다. 또한 그는 '근본적으로 월스트리트 점령 시위는 자본주의에 관한 것이 아니라 그것을 대체할 체제에 대한 것'이라고 말했다.

그저 평범하게만 보이던 사람들, 우리의 이웃에 불과하던 사람들이 거리에 나서 '자본주의 체제'를 바꿔야 한다고 말하고 있다. 그들은 자본주의 체제에서는 근원적으로 '부의 집중'이 이뤄질 수밖에 없고, '빈익빈 부익부'가 생겨 가난한 자들은 끊임없이 고통을 당할 수밖에 없다는 결론을 내린 것이다. 그래서 그들은 자본주의에 대해 불평하는 것을 넘어서 자본주의에 대한 근원적인 변화와 새로운 사회 시스템을 원하고 있다는 이야기다.

국내에서도 예외가 아니다. 직장인과 소상공인들은 점점 더 살기 힘들어지고 있다. 전월세 재계약을 할 때마다 치솟은 임차가격으로 인해 괴로움을 겪는 것은 예삿일이다. 2010년 이후 가파른 상승세를 보이던 서울의 아파트 평균 전세가는 2013년 현재 평당 900만 원까지 올랐다. 한 금융기관에서 20~50대 직장인 1천 명을 조사한 바에 의하면 '저축으로 목돈을 모으는 것이 과거보다 힘들어졌다(39.6%)' '빈익빈 부익부가 심해져 평범한 직장인으로서 심리적 박탈감이 심해진다(30.3%)'고 답했다.

'자본주의가 심각한 위기에 처했다'는 사실은 일부 '좌파'들의 이야기가 아니다. 진보와 보수를 떠나 한목소리로 이야기하고 있다. 박근혜 대통령 역시 취임식 당시 '자본주의는 길을 잃었다'고 단정하고 새로운 길이 필요하다는 점을 역설했다. 박 대통령은 "그것(책임과 배려가 넘치는 사회)이 방향을 잃은 자본주의의 새로운 모델이 될 것이며, 세계가 맞닥뜨린 불확실성의 미래를 해결하는 모범적인 해답이 될 수 있을 것"이라고 말했다.

물론 이 모든 것을 '나와는 상관없는 이야기'라고 생각할 수도 있다. 자본주의가 가진 문제를 몰라도 하루하루 살아가는 데에는 큰 불편은 없다고 말할 수 있다. 하지만 이 사회를 살아가는 그 누구도 자본주의 시스템에서 자유롭지 못하다. 당신의 지갑 속 돈과 통장, 당신이 가입한 금융상품, 당신이 살고 있는 집의 가격, 당신이 매달 갚아야 할 대출금과 이자…… 이 모든 것에 자본주의라는 사회 시스템이 깊숙이 연관되어 있다.

자본주의의 본질을 모르면서 자본주의 사회를 살겠다는 것은 아무런 불빛도 없는 깊고 어두운 터널에서 아무 방향으로나 뛰어가겠다는 것과 마찬가지다. 앞을 밝혀줄 불빛이 없으면 부딪히고 넘어지고 상처가 생긴다. 이것이 그냥 상처만 생기고 마는 일이라면 상관없을지 모른다. 하지만 자칫하면 자신의 모든 것을 잃고 생존 자체에 위협을 받을 수도 있다. 돈이 없으면 살아갈 수 없고 생존이 위태로워지는 사회, 바로 그곳이 당신이 살고 있는 자본주의 세상이다.

자본주의 세상에는 당신이 모르는 돈에 관한 비밀이 있다. '감춰진 진실'은 그 누구도 설명해 주지 않고, 아무도 쉽사리 말을 꺼내지 않는다. 경제기사를 읽어도 알아들을 수가 없고, 진짜 필요한 실물 경제는 학교에서도 가르쳐주지 않는다. 내가 잘 모르니 아이들에게도 세상을 똑바로 보는 안목을 길러줄 방법이 없다. 왜 우리는 열심히 일을 해도 점점 살기 어려워지는 걸까? 월급은 잘 오르지 않는데도 물가는 왜 내려갈 줄 모르고 끊임없이 오르기만 하는 걸까? 이 책을 통해 여기에 대한 궁금증을 해소할 수 있을 것이다. 그리고 왜 금융위기가 생겨나는지, 왜 계속해서 경기가 침체되는지 알게 될 것이다.

원인을 파악하고 나면 그것에 대처할 수 있는 힘과 용기가 생긴다. 이 힘겨운 난국을 어떻게 헤쳐나가야 할지 알게 되고, 무엇을 선택하고 또 무엇을 피해야 할지 판단할 능력이 생길 것이다.

지난 1년 6개월간의 대장정 속에서 기획, 취재된 'EBS다큐프라임 〈자본주의〉 5부작'은 '돈이란 무엇인가?', '왜 학교에서 경제를 제대로 가르치지 않는가?'라는 단순한 질문에서 시작됐다. 이 물음을 해소하기 위해서 10여 년간 약 1천여 권의 경제학 서적을 섭렵했다. 그럼에도 풀리지 않는 의문이 있었고, 이 모든 것을 관통하는 근본적인 원리인 '자본주의'를 취재해 보기로 했다. 자본주의의 발상지인 영국과 자본주의를 꽃 피운 미국으로 가서 세계 최고의 석학들을 만나 현재의 자본주의를 어떻게 바라보는지 물었다.

TV 속 영상으로만 보여주기에는 부족했던 내용들이 이 책에서 심층적으로 보완됐고 훨씬 이해하기 쉽고 논리적으로 정리되어 있다. 우리가 평소 일상에서는 만나기 어려운 세계 최고의 석학들이 '돈에 관한 진실', '자본주의의 비밀'을 이 책에서 낱낱이 밝혀주고 있다. 그런 점에서 이 책은 자본주의를 살아가는 우리들에게 길을 밝혀주는 등불이 될 수 있을 것이며, 어떻게 자본주의 속에서 지혜롭게 살아갈 수 있는지에 대한 통찰을 줄 수 있을 것이다.

EBS 다큐프라임 〈자본주의〉 담당 PD

정지은

차례

빚이 있어야
돌아가는 사회,
자본주의의 비밀

돈은 빚이다

우리는 살아가면서 빚지는 일을 최대한 자제해야 한다고 배운다. 빚이란 '남의 돈'이기 때문에 빌렸다면 최대한 빨리 갚아야 하고, 빚 없이 스스로 번 돈만으로 살아가는 생활을 꾸려야 한다고 배운다. 심지어 많은 현인들은 이 빚이라는 것을 '악(惡)'과 동의어로 보기도 했다. 철학자 데이비드 흄이 '미국 최초의 위대한 작가'라고 불렀던 벤저민 프랭클린은 '근면은 빚을 갚고 자포자기는 빚을 늘린다'고 말했다.

한마디로 자포자기한 인간들이나 빚을 진다는 이야기다. 그런데 자본주의의 관점에서 본다면 전혀 다르다. 빚은 '선(善)'이다. 빚이 없으면 자본주의가 정상적으로 작동되지 않기 때문이다. 즉, 자본주의의 입장에서 '빚이 없는 사람'은 나쁜 사람이고 도움이 되지 않는 사람이다. 빚이 있는 사람은 착하고 도움을 주는 사람이다. 그래서 오늘날 자본주의 사회는 '빚 권하는 사회'이다. 빚이 없으면 새로운 돈이 더 이상 창조되지 않고, 돈이 창조되지 않으면 자본주의도 망가지기 때문이다.

자 본 주 의

Capitalism

資 本 主 義

01
물가는 절대
내려가지 않는다

물가는 왜
오르기만 할까

        자본주의 사회에서 우리들은 끊임없이 소비활동을 한다. 자급자족도 아니고 물물교환도 아닌 이상 우리는 필요한 물건을 돈을 주고 산다. 어제도, 오늘도, 그리고 내일도 소비를 하지 않으면 우리의 삶 자체가 영위될 수 없다. 그런데 이 소비활동이 타격을 입을 때가 있으니, 그것은 바로 물가가 상승할 때이다. 들어오는 수입은 일정한데 그에 반해 물가가 오르면 그만큼 일상에서의 괴로움을 감수해야 하기 때문이다. 그러면서 푸념처럼 '도대체 물가는 왜 오르기만 하고 내려가지는 않는 거야?'라고 말하기도 한다. 또 누군가는 반대로 '물가가 내려가면 좀 더 여유로운 생활을 할 수 있을 텐데'라는 기대를 품기도 한다.

　이런 생각의 배경에는 '물가는 유동적이다'라는 전제가 깔려 있다. 즉, 물가는 오를 수도 있지만 내릴 수도 있다고 여기는 것이다. 우리가 자본주의에 대해 크게 착각하는 것 중 하나가 바로 이것이다. 자본주의 세상의 현실에서는 절대로 물가가 내려갈 수 없다. 자장면의 예를 들어보자. 지금으로부터 50년 전 자장면 한 그릇의 가격은 15원이었다. 그런데 요즘에는 보통 4천~5천 원은 내야 한 그릇을 먹을 수 있다. 50년 동안 무려 300배 이상 올랐다는 이야기다. 그러는 동안 자장면의 가격은 단 한 번도 내려간 적이 없다.

　간혹 '소비자 물가 안정' 또는 '소비자 물가 하락'이라는 신문기사가 게재되기도 한다. 이런 기사를 보면 우리는 올랐던 물가가 내려가고 안정세를 취한다는 느낌을 받는다. 하지만 이런 것들은 돈의 흐름이 막혔을 때에나 생기는 일시적이고 지엽적인 것에 불과하다. 소비(수요)가 둔화되면 일시적으로 물가가 정체되거나 하락할 수 있지만, 이는 또 다른 면에서 부작용을 발생시킨다.

　가장 대표적으로 고용이 불안정해짐으로써 서민들은 더 큰 피해를 입게 된다. 소비가 활성화되지 않으니 기업들은 더 많은 제품을 생산할 필요가 없어지고, 그에 따라 현재 일하고 있는 사람들을 계속 고용할 필요가 없어진다. 결국 소비가 둔화되면 근로자들은 일자리를 잃게 되는 것이다. 그러니 소비 둔화에 따른 물가 안정은 당장 내

주머니에서 나가는 돈을 줄일 수는 있지만, 아예 일자리를 잃을 수 있다는 더 큰 위험성을 가지고 있는 것이다.

교과서에 나온
수요와 공급의 법칙

그렇다면 왜 자본주의에서는 물가가 끊임없이 상승하는 것일까?

우리는 학창 시절 물가가 결정되는 원리를 배운 적이 있다. 그것은 바로 '수요와 공급에 관한 법칙'이다. 가격이 오르면 소비자는 수요를 줄이지만 가격이 낮아지면 소비자는 수요를 늘리기 때문에 수요 곡선은 오른쪽 방향으로 하향하는 모양새를 띤다. 생산자는 가격이 오르면 생산량을 늘리고 가격이 내리면 생산량을 줄이기 때문에 공급 곡선은 오른쪽 방향으로 상향하는 모습을 보여준다. 이 두 곡선이 만나는 지점에서 가격이 결정된다는 것이다. 다시 말하면, 수요가 많고 공급이 적으면 가격은 비싸지고 수요가 적고 공급이 많으면 가격은 싸진다.

하지만 뭔가 이상하다. 자장면 값이 계속해서 오르기만 한다는 것은 결국 50년 전부터 공급이 지속적으로 부족해 왔다든가, 아니면 반대로 수요(소비)가 계속해서 늘어났다는 것을 의미하지 않는가. 하

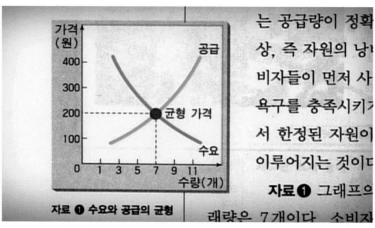

고등학교 경제 교과서에 설명된 수요 · 공급 곡선

지만 우리 사회의 공급이 정말 부족할까. 팔리지도 않는 물건들이 창고에 쌓여 있는 경우도 수없이 많지 않은가. 쉽게 이해가 되지 않는다. 그렇다면 반대로 공급에 비해서 수요가 계속해서 늘어난 것일까. 우리의 일상에 비춰보면 이것도 이해가 쉽지만은 않다. 수요가 많다는 것은 국민들이 돈이 많아서 계속해서 뭔가를 사들인다는 말인데, 우리의 경제생활이 그만큼 나아졌다는 의미일까. 월급이 다소 오른다고 해도 물가 또한 오르기 때문에 크게 생활이 나아지거나 많은 소비를 하기에는 무리가 있지 않은가 말이다.

결국 우리는 물가가 오르는 이러한 현상을 결코 '수요와 공급의 법칙'만으로는 설명할 수 없다는 결론에 다다른다. 그렇다면 또 다른 법칙이 있다는 말일까? 물가가 계속해서 오르는 비밀은 바로 '돈의 양'이 많아졌기 때문이다. 돈의 양이 많아지면 돈의 가치가 하락하게 되고, 결과적으로 물가가 오르게 된다.

돈의 양이 많아지면 물가가 오른다

무엇이든 양이 많아지면 그 가치가 하락하기 마련이다. 10명에게 10개의 빵이 주어졌다고 하면 빵은 매우 가치가 높다고 할 수 있다. 한 명이 단 한 개의 빵밖에 먹을 수 없으니 그 빵은 아주 소중하게 여겨지고, 따라서 '가치가 높다'고 표현할 수 있다. 그런데 10명에게 1천 개의 빵이 주어지면 어떨까. 아무래도 심리적으로 '나에게는 빵이 많이 있어'라는 생각을 하게 되고, 결과적으로 빵 한 개를 과거처럼 소중하게 생각하지 않는다. 즉, 빵의 양이 많아지면서 빵의 가치가 하락하는 것이다.

마찬가지로, 돈의 양이 많아지면 돈의 가치가 하락한다. 돈의 가치가 하락하니까 결과적으로 물건 값이 오른다는 결론에 이른다. 그러다 보니 빵의 공급량이 줄어들지 않아도 과거에는 1천 원을 주고 사던 빵을 이제는 5천 원을 주고 사야 한다.

'물가가 오른다'는 말은 같은 돈으로 살 수 있는 물건의 양이 줄어

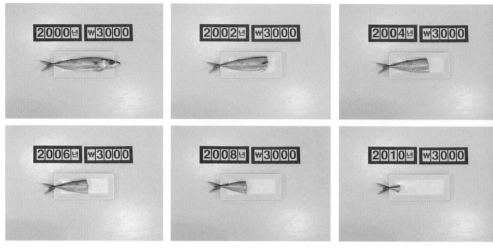

물가 상승에 따른 고등어 가격의 변화

든다는 것을 의미한다. 예를 들면 2000년에 3천 원으로 고등어 한 마리를 살 수 있었다면, 2010년에는 3천 원으로 달랑 고등어 꼬리밖에 사지 못하는 것이다. 이는 곧 돈의 가치가 떨어졌다는 것을 뜻한다. 결국 '물가가 오른다'는 말의 진짜 의미는 '물건의 가격이 비싸졌다'는 말이 아니라 '돈의 가치가 하락했다'는 것이다.

금값을 보면 물가 상승을 좀 더 확실하게 알 수 있다. 1970년 1천 달러를 가지고 있으면 금 28온스를 살 수 있었다. 하지만 2012년 2월 현재 금 시세는 1온스당 1천 738달러. 1천 달러를 가지고 있어봐야 1온스도 되지 않는 0.58온스의 금을 살 수 있을 뿐이다. 가격이 무려 48배 이상 올랐다는 이야기다. 하지만 이는 곧 돈의 가치가 48

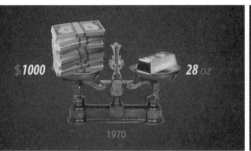

1970년과 2012년의 금값 비교

배나 떨어졌다는 말과 동일하다. 이 모든 것이 다 통화량의 증대가 만들어낸 현실인 것이다.

그렇다면 이렇게 생각할 수 있다. 물가를 잡기 위해서는 '돈의 양'을 조절하면 된다고. 돈이 많아지지 않으면 정상적인 '수요와 공급의 법칙'이 작동할 것이고, 그러면 물가는 오를 때도 있지만 내릴 때도 있을 것이 아닌가. 하지만 안타깝게도 자본주의는 이 '돈의 양'을 조절할 수 있는 힘이 없다. 아니, 보다 정확하게는 '돈의 양'이 끊임없이 많아져야만 한다. 그것이 바로 자본주의 사회이다. 돈의 양이 많아지지 않으면 우리가 살아가는 자본주의 사회는 제대로 굴러갈 수 없다. 그것은 마치 '직장인이 월급을 받지 않으면 생계에 위협을 받는다'와 같은 너무도 당연한 말이다. 따라서 '물가를 조절하기 위해서 돈의 양을 줄이라'는 말은 곧 직장인들에게 '월급을 주지 않을 테니 우리 회사를 위해 열심히 일하라'는 말과 비슷하다. 안타깝지만 자본주의 사회에서 물가가 내려갈 것이라고 기대하는 것은 '순진한 생각'에 불과한 것이다.

정부가 '물가안정대책'을
내놓는 이유

자본주의 하에서 물가는 지속적으로 오른다고 했다. 그런데 한 가지 궁금한 점은 정부가 지속적으로 '물가안정대책'이라는 것을 내놓는다는 점이다. 정부의 이러한 대책은 과연 자본주의의 물가 상승을 막을 수 있는 것일까? 결론부터 이야기하자면 물가 상승의 속도를 '억제'할 수는 있지만, 근본적으로 물가 자체를 낮추거나 고정시킬 수는 없다.

우리는 신문에서 가끔 이런 글을 볼 수 있다.

'정부는 올해 소비자물가 상승률이 1.7%에 머물며 안정세를 보일 것으로 전망했다.'

이런 이야기를 들으면 대부분의 사람들은 '물가가 안정되고 있나 보다'라고 생각하겠지만 여전히 1.7% 정도의 물가가 올랐다는 사실에는 변함이 없다. 즉, 소비자물가가 안 올랐다는 이야기가 아니라 '1.7%만 올랐다'는 말에 불과하다. 물가 상승의 속도가 아주 빠르지 않고 다만 안정적으로 오르고 있는 것일 뿐이다. 결국 물가는 계속해서 오른다는 사실에는 변함이 없다.

사실 정부는 공공요금 억제나 세제상의 특혜, 유통구조의 개선을 통해 물가안정대책을 추구하고 있긴 하다. 그러나 그 자체가 자본주의의 시장원리에 부합하지 않기 때문에 광범위하게 적용할 수 없다는 한계가 있다.

02
은행은 있지도 않은
돈을 만들어낸다

돈은 신용이다

그렇다면 돈의 양은 왜 많아져야만 할까? 그리고 돈의 양은 '어떻게' 많아질 수 있는 것일까? 이 비밀을 풀기 위해서는 누구나 한번쯤은 해보았을 '예금과 대출'이라는 것에 대해 알아봐야 한다. 우리는 흔히 예금을 하면 우리의 돈을 은행에서 '보관'하고 있다고 생각한다. 그리고 대출을 받을 때 은행이 금고 속에 있던 돈, 즉 누군가가 은행에 예금한 돈을 나에게 '빌려준다'고 생각한다. 그리고 이 생각은 너무도 당연한 것처럼 여겨지는 것이 사실이다. 하지만 이는 우리가 은행에 대해서 너무도 모르기 때문에 하는 착각에 불과하다.

우리는 흔히 '돈은 조폐공사에서 찍어낸다'고 말하지만, 실제 우리가 실물로 만지는 돈은 전체 돈의 극히 일부에 불과하다. 나머지는 우리가 만질 수 없는 돈, 즉 숫자로만 찍히는 가상의 돈이다. 전문가들의 이야기를 들어보자.

니얼 퍼거슨 (Niall Ferguson)
미국 하버드대학교 역사학과 교수
저서 : 『현금의 지배』, 『금융의 지배』

"돈을 말할 때 대부분의 사람들은 5달러 지폐와 같은 돈을 머릿속에 떠올립니다. 지폐 또는 동전 같은 것만 상상하는 것이죠. 물론 그것도 돈의 일부입니다. 하지만 사실 대부분의 돈은 눈에 보이지 않습니다."

엘렌 브라운 (Ellen Brown)
미국 공공은행연구소 대표, 변호사
저서 : 『달러』

"사람들은 정부 인쇄기를 보고 정부가 돈을 만든다고 생각합니다. 하지만 그게 돈을 만드는 방식이 아닙니다."

돈은
이렇게 만들어진다

　　　　　　　　그렇다면 도대체 돈은 어떻게 만들어지는 것일까? 그 비밀은 은행이 예금을 받고 대출을 해주는 과정에 있다.

　예를 들어 집에 있는 금고에 100원을 넣어둔다고 해보자. 그러면 아무리 많은 세월이 지나도 100원은 그냥 100원에 머물러 있을 뿐이다. 그런데 만약 그 돈을 은행에 예금한다고 해보자. 은행은 그 돈을 그냥 가만히 놔두지 않는다. 은행은 100원이 들어오면 그중 10원만 남기고 나머지 90원은 A라는 사람에게 대출해 준다. 이렇게 되면 나의 통장에 이미 100원이 찍혀 있을뿐더러 A라는 사람의 대출 통장에도 90원이 찍힌다. 이제 A도 90원을 쓸 수 있게 되니, 나와 A가 동시에 쓸 수 있는 돈이 갑자기 190원이 된다. 결과적으로 100원의 예금이 대출이라는 과정을 거치면서 90원이라는 새로운 돈이 만들

| 내가 금고에 있던 100원을 은행에 예금하면 | 은행은 10원을 남기고 A라는 사람에게 대출해 준다. | 이제 나와 A를 합해 모두 190원을 꺼내 쓸 수 있다. |

어진 것이다. 이렇게 난데없이 생긴 90원을 '신용통화'라고 이야기한다.

어떻게 이런 일이 가능할까? 그것은 바로 약속 때문이다. 은행이 100원의 예금을 받으면 10%만 남기고 다시 90원을 대출해도 된다고 정부가 허락했기 때문에 가능한 일이다. 그리고 이러한 허락과 약속은 1963년 미국 연방준비은행인 FRB에서 만든 업무 매뉴얼인『현대금융원리 : 은행 준비금과 수신 확대 지침서Modern Money Mechanics : A Workbook on Bank Reserves and Deposit Expansion』에도 나와 있다. 이 규정에 따르면 은행은 10%의 돈을 '부분지급준비율'로 은행에 준비해 둬야 한다. 이는 '예금한 고객이 다시 돈을 찾아갈 것을 대비해 은행이 쌓아둬야 하는 돈의 비율'을 말한다. 이를 간단하게 '지급준비율'이라고 말한다. 실제의 돈보다 더 많은 돈이 시중에 있는 것은 이러한 '지급준비율' 때문이다. 미국 하버드대 경제학과 제프리 마이론 교수의 이야기다.

제프리 마이론 (Jeffrey Miron)
미국 하버드대학교 경제학과 교수
저서 :『자유주의의 모든 것』

"예금액 대부분은 은행에 존재하지 않습니다. 다 대출되었죠. 은행에 두는 지급준비율은 통상 10% 정도입니다. 당신이 1천 달러를 계

좌에 넣는다면 100달러는 은행에 보관되고 900달러는 주택 대출,
자동차 대출, 기업 대출 등으로 대출되어 나갑니다."

우리가 은행에 예금한 돈은 결코 은행이 '보관'하고 있지 않다. 다만 나의 통장에 그 금액만큼의 숫자가 찍혀 있을 뿐이며, 나머지 90%의 돈은 다른 사람에게 대출이 되는 것이다. 반대로 내가 대출을 받는다고 해도 마찬가지다. 은행은 결코 다른 사람들에게 받은 돈의 일부를 나에게 빌려주는 것이 아니라, 그들이 예금한 돈의 90%의 금액을 컴퓨터상에서 내 통장에 찍히게 함으로써 돈을 '창조'한다는 이야기다. 결국 은행이 하는 일은 돈을 보관하고 그것을 그대로 대출해서 어느 정도의 수익을 챙기는 일이 아니다. 은행이 하는 일의 본질은 '없던 돈을 만들어내는 일'이라고 할 수 있다.

지급준비율에 따라
돈이 늘어난다

그렇다면 과연 돈은 어느 정도까지나 불어날 수 있을까. 예를 들어 100억을 예금했다고 가정해 보자. 정부가 지급준비율을 10%라고 정해줬다면, 은행은 그중 100억의 10%인 10억을 놔두고 나머지 90억을 또 다른 B은행에 대출해 준

  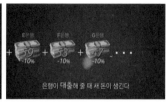

지급준비율이 10%라면 A은행은 100억 중 10억을 남기고 B은행에 90억을 대출해 준다.

B은행은 C은행에, C은행은 D은행에 10%를 남기고 계속 대출해 줄 수 있다.

그 결과 100억+90억+81억+72억+65억+59억+53억+47억…… 총 1천억 원이 생긴다.

은행이 대출해 줄 때 새 돈이 생긴다

다. B은행은 다시 10%인 9억을 놔두고 81억을 C은행에 대출할 수 있다. C은행은 다시 여기서 10%를 놔두고 D은행에게, D은행은 다시 E은행에게, E은행은 다시 F은행에 계속해서 대출할 수 있게 된다. 그 결과 애초에 있던 100억부터 합하면 100억+90억+81억+72억+65억+59억+……, 이렇게 총 1천억이라는 엄청난 돈이 새롭게 '창조'되는 것이다. 결과적으로 돈이란 우리가 서로 주고받는 그 무언가가 아닌, 은행이 창조해 낸 결과물이다. 이렇게 있지도 않은 돈을 만들어내고 의도적으로 늘리는 이런 과정을 우리는 '신용창조', '신용팽창' 등의 용어로 부른다.

사실 따지고 보면 새로운 돈이 생기는 과정은 무척 간단한 작업인 셈이다. 은행은 들어온 돈의 지급준비율만큼의 금액만 남겨두고 그저 대출자의 예금담보 계좌에 손으로 숫자를 '타이핑'만 하면 된다. 미국 하버드대 역사학과 니얼 퍼거슨 교수는 이렇게 표현한다.

"우리는 돈이 은행에 있을 것으로 생각합니다. 현금인출기로 바로 찾을 수 있기 때문입니다. 하지만 실제로는 이론상 은행에 있는 것입니다. 돈은 거의 눈에 보이지 않고, 단지 컴퓨터 화면에 입력된 숫자로만 보입니다."

제프리 잉햄 영국 케임브리지대 사회학과 교수의 말을 들어보자.

제프리 잉햄(Geoffrey Ingham)
영국 케임브리지대학교 사회학과 교수
저서 : 『돈의 본성』, 『자본주의 특강』

"지불에 대한 약속입니다. 신용인 거죠. 모든 돈은 신용이에요."

우리나라의 통화량 증가 그래프와 물가 상승 그래프를 보면 두 곡선이 거의 일치하고 있다. 이것은 통화량과 물가가 어떤 상관관계를 맺고 있는지 아주 명확하게 보여주는 것이다.

이처럼 통화량이 증가해서 화폐가치가 떨어지고 물가가 오르는 경제현상을 우리는 통화팽창, 즉 인플레이션이라고 말한다.

결국 자본주의의 경제 체제는 '돈으로 굴러가는 사회'가 아니라 '돈을 창조하는 사회'라고 해야 보다 정확할 것이다. 그리고 그러한 사회를 만들어가는 가장 핵심에 바로 '은행'이라는 존재가 있다. 은

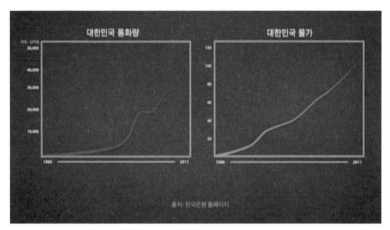

대한민국 통화량과 물가 비교 그래프

행이 있기 때문에 돈의 양이 늘어나고, 따라서 물가가 오른다. 우리
는 흔히 물가가 오르는 것이 경제 활동이 어려워졌기 때문이라고 말
한다. 또 실제 많은 기업들이 물가를 올리면서 '원자재 가격이 올라
서 어쩔 수 없이 물가를 올릴 수밖에 없다'고 말하기도 한다. 하지만
그것은 지극히 표면적인 설명일 뿐이다. 원자재 가격이 오르는 것 역
시 돈의 양이 늘어났기 때문이다. 물가가 오르는 근본적인 원인은 소
비가 늘어나기 때문도 아니고, 기업들이 더 많은 이익을 취하기 때
문도 아니다. 그것은 바로 은행 때문이며, 은행을 중심으로 움직이는
자본주의 시스템 때문이다.

03
많은 사람들이
한꺼번에 예금을
찾지는 않는다

대출한 돈은
은행에 없다

'지급준비율'은 전체 예금액 중에서 10%만 남기고 나머지는 다시 대출을 해도 된다는 의미다. 그런데 이것이 가능하려면 또 하나의 전제가 필요하다. 그것은 바로 '많은 사람들이 은행에 예금한 돈을 한번에 모두 꺼내가지는 않는다'는 점이다. 제프리 마이론 하버드대 경제학과 교수의 이야기를 들어보자.

제프리 마이론(Jeffrey Miron)
미국 하버드대학교 경제학과 교수
저서 : 『자유주의의 모든 것』

"모든 사람들이 같은 날 예금한 돈을 전부 인출하기로 한다면 은행
은 파산할 것입니다. 은행이 가지고 있는 돈은 예금액의 100%에 한
참 못 미치니까요. 그것이 금융위기 때 일어나는 현상입니다. 여러
금융기관에 돈을 넣어 뒀던 사람들이 모두 한꺼번에 그 돈을 찾기를
바라죠. 그런데 은행이나 기타 금융기관들은 그 돈을 다 가지고 있
지 않습니다. 경제의 여러 분야에 투자되어 있죠. 그래서 모두가 한
꺼번에 예금액을 찾으려 하면 그 금융기관은 무너집니다."

예를 들어보자. 여기 A라는 은행에 1천만 원이 입금되어 있다. 그리
고 돈의 주인은 모두 10명, 각자가 100만 원씩 은행에 보관해 둔 것이
다. 은행은 지급준비율에 따라 1천만 원 중 100만 원만 남겨두고 900
만 원은 다시 대출을 한 상태다. 이것은 100만 원을 입금한 사람이 한
번에 100만 원을 모두 꺼내가지는 않으며 10만 원 정도의 범위 안에
서 돈을 찾아 쓰더라는 경험에 의한 것이다. 그리고 예금한 10명이 모
두 한꺼번에 몰려와서 100만 원씩 모두 1천만 원을 꺼내가지는 않을
것이라는 전제에 의한 것이다. 그런데 어느 날 10명의 사람들이 모두
은행에 맡긴 예금을 찾으러 온다고 해보자. 100만 원의 현금만 가지고

당시의 금 세공업자 (goldsmith)

당시의 금 세공업자 (goldsmith)

17세기 금세공업자들은 금을 녹여 만든 화폐인 금화를 제조했다.

있는 은행은 나머지 9명에게 줄 돈이 없고, 결국 파산하게 된다. 이것을 '뱅크런Bank Run'이라고 부른다.

이론상으로도 은행에 돈을 맡겨둔 '모든 사람'이 '한꺼번에' 돈을 찾게 되면 은행은 곧바로 파산한다. 은행이 제일 두려워하는 일이라면 바로 이 뱅크런을 꼽을 수 있을 것이다. 그러나 보통 때 은행이 뱅크런을 염두에 두지 않는 것은 웬만큼 심각한 부실 상태가 아니고서는 이런 일이 거의 일어나지 않기 때문이다. 그러니 2008년 미국 금융위기 때 파산한 리먼브라더스 사태, 2011년 한국의 저축은행 영업정지 사건 같은 일들이 있을 때마다 이것저것 위험한 대출상품을 판매하다 위기를 불러일으키는 금융권의 탐욕과 도덕성이 언급되는 것도 무리는 아니다.

은행가가 된
금세공업자 이야기

　　　　　　　　여기에 은행의 시초라고 할 수 있
는 영국 금세공업자와 관련된 이야기를 들어보면 더 확실해진다. 캐
나다의 경제학자 찰스 넬슨은 그의 책『거시경제학』에서 이 이야기
를 자세하게 다루고 있다. 엘렌 브라운 미국 공공은행연구소 대표를
통해 은행의 기원에 관해 들어보자.

엘렌 브라운(Ellen Brown)
미국 공공은행연구소 대표, 변호사
저서 :『달러』

"17세기 영국 사람들이 안전을 위해 금세공업자에게 금을 보관하던
것에서 유래됐어요. 그들은 종이 영수증을 발행하기 시작했어요. 그
들이 후에 은행가가 되었죠. 이 영수증은 나중에 은행권bank note이라
불립니다. 이것은 그들에게 맡겨놓은 금에 대한 영수증이었습니다.
금을 빌리려는 사람들과 맡긴 사람들 모두 이 종이 영수증을 선호했
습니다. 왜냐하면 휴대하기 쉽고 도난의 염려가 없으니까요."

17세기 영국의 도시에서 자주 있었던 이야기다. 당시에는 지금처
럼 사용하는 화폐라는 것이 없었던 시절이다. 그러니까 금 자체가 돈

이었던 시대다. 하지만 금은 가지고 다니기 무거웠을 뿐만 아니라 불편하기까지 했다. 그래서 사람들은 금을 녹여서 만든 화폐, 즉 '금화'를 제조했고 이것이 일반적인 화폐로 통용되기 시작했다. 그런데 역시 값비싼 금이다 보니 집안에 보관하거나 늘 휴대하기에도 불안한 점이 있었다. 결국 사람들은 자신이 소유한 금을 보관하기 위해 금세공업자의 금고를 빌렸다. 금세공업자는 커다랗고 튼튼한 금고를 가지고 있었고, 그곳이 금을 보관하기에는 마을에서 가장 안전한 곳이었기 때문이다.

그렇게 사람들이 금세공업자에게 금을 가져다주면 금세공업자는 보관증을 써주었고, 보관증을 가져오면 언제든지 다시 금을 내주겠다고 약속했다. 물론 금세공업자는 일정한 금액의 보관료도 함께 받았다. 그런데 그때부터 사람들은 금을 교환하지 않고 금보관증을 교환하기 시작했다. 금보다 훨씬 가벼워서 휴대하기 편했을 뿐만 아니라 금세공업자에게 가져다주면 언제든 다시 금화로 바꿀 수 있었기 때문이다. 일시적으로 금보관증이 화폐의 역할을 했던 것이다.

그런데 금세공업자의 입장에서 보니 상황이 묘하게 돌아가는 것 같았다. 그리고 드디어 깨달을 수 있었다.

'사람들은 자신이 맡긴 금화를 한번에 모두 찾으러 오지 않는군. 또 여러 사람이 한꺼번에 몰려오지도 않아!'

이때부터 금세공업자는 '재치'를 발휘하기 시작했다. 사람들이 자신에게 맡겨둔 금화를 다른 사람에게 빌려주고 이자를 받기로 한 것이다. 대출이 잘 회수되기만 하면 금을 맡겼던 사람들도 눈치 채지 못할 뿐만 아니라 자신은 거의 공짜로 돈을 벌 수 있을 것만 같았기 때문이다. 그렇게 해서 금세공업자는 금화를 대출하고 남몰래 이자를 받으면서 많은 이익을 남길 수 있었다.

그런데 이러한 사실을 영원히 숨길 수는 없었다. 사람들은 금세공업자가 갑자기 많은 돈을 버는 것을 수상하게 여겼고, 얼마 가지 않아 사람들이 맡긴 금화로 대출해 주고 이자를 받으면서 배를 불린다는 사실을 알게 됐다. 결국 사람들은 금세공업자에게 몰려가 항의했다. 하지만 이때 금세공업자는 또다시 재치를 발휘해 오히려 이렇게 제안한다.

"내가 당신의 금화를 대출해 이자를 받으면, 그중 일부를 나눠주겠소."

사람들은 이 제안에 솔깃해졌다. 가만히 앉아서도 돈을 벌 수 있으니 이보다 좋은 거래는 없는 것처럼 여겨졌기 때문이다. 하지만 그렇게 해도 금세공업자는 별로 걱정이 없었다. 어차피 자신은 남의 돈으로 이자를 받으며 돈을 벌 수 있었기 때문이다. 그러자 금세공업자는 더 욕심이 나기 시작했다. 가만히 생각해 보니 자신의 금고에 금화가 얼마나 들어 있는지 아는 사람은 아무도 없었던 것이다. 결국 금세공업자는 금고에 있지도 않은 금화를 있다고 하면서 마음대로 금보관

당시에는 금이 돈이었다. 금세공업자는 금을 휴대하기 편리하게 금화로 만들었다.

금화를 보관하기 위해 금세공업자는 금고를 만들었고, 사람들은 여기에 금을 맡겼다.

그러면 금세공업자는 금보관증을 써주었고, 이걸 가지고 오면 언제든 금을 내주었다.

사람들은 금화 대신 가볍고 휴대하기 편한 금보관증을 교환하기 시작했다.

금 세공업자 _사람들은 한꺼번에 모든 금화를 찾으러 오지도 않고 동시에 몰려오지도 않는다!_

금세공업자는 사람들이 한꺼번에 몰려와 금을 찾아가지 않는다는 사실을 깨닫는다.

그래서 금세공업자는 돈이 필요한 사람에게 남의 금을 대출해 주고 이자를 받기로 한다.

사람들이 이 사실을 알게 되자 대출이자를 나눠주겠다고 제안하고 사람들은 수락한다.

대출이자는 항상 예금이자보다 많았기 때문에 금세공업자는 걱정이 없었다.

금 세공업자 _내 금고에 금화가 얼마나 있는지 아는 사람은 아무도 없어_

욕심이 생긴 금세공업자는 금고에 없는 금화까지도 대출을 해주기 시작했다.

뱅크런 bankrun _은행에 돈을 맡긴 사람들이 동시에 돈을 찾는 현상_

엄청난 부를 축적해 은행업자로 변신한 금세공업자를 의심한 부르주아들이 몰려와 금을 가져간다.

영국 왕실 _제안이 하나 있습니다_

이때 오랜 전쟁으로 많은 금화가 필요했던 영국 왕실이 가상의 돈을 만들어 대출영업을 할 수 있도록 허락한다.

영국 왕실 _정기적으로 관청에 나와서 확인을 받아야 합니다_

당시 영국 왕실은 금 보유량의 약 3배까지 대출할 수 있도록 허가해 주었다.

증을 남발하기 시작했다. 물론 사람들은 금세공업자가 금고에 없는 돈을 '만들어낸다'는 사실을 꿈에도 몰랐다.

미국 공공은행연구소 엘렌 브라운 대표의 이야기다.

"금세공업자들은 금고의 금보다 10배나 많은 보관증을 발행했습니다. 아마 그들보다 더 현명한 사람들은 없었을 거예요. 통상적으로 사람들이 10%의 금만 찾으러 온다는 사실을 알았기 때문이죠. 이것이 바로 10% 지급준비율의 토대가 됩니다. 심지어 지금도 그렇죠."

결국 금세공업자는 존재하지도 않는 금화의 이자수입까지 받아낼 수 있었고, 얼마 가지 않아 엄청난 부를 축적한 은행업자로 대변신을 한다. 그제서야 사람들은 금세공업자를 의심하기 시작했고, 몇몇 부유한 예금주들은 자신의 금화를 모두 가져가버렸다. 바로 '뱅크런'이 발생한 것이다.

그런데 이 뱅크런은 초기에는 은행업자들에게 큰 위기로 다가왔지만, 나중에는 오히려 더욱 많은 부를 축적해 더욱 본격적인 은행업자로 대변신할 수 있는 절호의 기회가 되어 주었다. 이때 '구원의 사다리'를 내려준 것은 다름 아닌 영국 왕실이었다. 당시 오랜 전쟁으로 많은 금화가 필요했던 영국 왕실은 은행업자들에게 '가상의 돈을 만들어 대출 영업을 할 수 있는 특별한 권한'을 허락해 주었다. 은행의 이름에 흔히 들어간 'Chartered'라는 말은 바로 '면허받은', '공인된'이라는 뜻이다. 풀어서 이야기하면 '정부로부터 가상의 돈을 찍어낼 수 있는 면허를 받았다'는 의미다. 당시 영국 왕실은 금 보유량의 약 3배까지 대출할 수 있도록 허가해 주었고 그때부터 은행업자와 정부 간의 '은밀한 관계'가 시작됐다. 이 둘의 은밀한 관계에 대해 영국 케임브리지대 제프리 잉햄 교수의 이야기를 계속해서 들어보자.

제프리 잉햄(Geoffrey Ingham)
영국 케임브리지대학교 사회학과 교수
저서 : 『돈의 본성』, 『자본주의 특강』

"잉글랜드은행은 17세기 말에 설립됐어요. 런던의 상인들로부터 자금을 지원받았죠. 런던 상인들과 왕 사이의 거래였어요. 왕은 전쟁을 위해 돈을 빌려야 했고, 상인들은 전쟁을 바랐어요. 전쟁을 통해서 무역로가 확보되고 영토를 확장하기를 원했죠. 이런 연결고리가 있었던 거예요. 그래서 결국 부르주아 자본주의 상인들과 국가가 서로 연합했고 거래가 성립됐어요. 이 거래는 상인들이 잉글랜드은행을 설립하는 걸 허락한다는 거였어요. 왕실의 특별허가와 같은 특권을 누렸죠. 그래서 상인들은 은행을 설립하고, 2백만 파운드의 자금을 댔습니다. 1696년엔 정말 큰돈이었죠. 그리고 이 돈을 왕에게 빌려줬어요. 단지 돈을 갚겠다는 약속에 불과한데, 그게 은행의 자산이 되죠. 이 자산을 기반으로 잉글랜드은행은 2백만 파운드의 지폐를 새로 발행해요. 잉글랜드은행 지폐의 가치는 왕이 이 돈을 갚을 거라는 약속에 기반하고 있어요. 이게 바로 은행업이죠."

남의 돈으로
돈을 버는 은행

이러한 과정을 통해서 본격적인 은행이 설립되었고, 은행은 전례에 따라서 지급준비율을 이용해 금고에 돈이 없어도 정부가 허가하는 비율만큼 마음대로 돈을 불릴 수 있게 되었다. 그리고 이러한 약속은 현대의 은행에서도 동일하게 적용되고 있다.

사실 은행이 하는 비즈니스는 아주 독특한 것이다. 대개의 비즈니스란 이미 만들어진 상품을 팔거나 서비스를 제공하는 것이다. 너무도 당연한 말이겠지만, 이는 '존재하는 것'들이다. 만들어진 물건, 언제든 제공할 수 있는 서비스이다. 하지만 놀랍게도 은행은 '존재하지 않는 것'을 판다. 가상의 것을 부풀리고 주고받음으로써 현실의 돈을 벌어들이는 것이다.

엘렌 브라운 공공은행연구소 대표의 이야기다.

"은행은 예금을 빌려주지 않습니다. 은행에서 출금하려는데 '죄송합니다. 당신의 예금을 방금 스미스 씨에게 대출해 줬습니다. 30년 후에 찾으러 오세요'라고 하지 않습니다. 은행은 '꼭 실제의 돈을 보유할 필요는 없다. 그러나 당신이 원하면 즉시 내주겠다'고 주장합니다."

은행이 이렇게 할 수 있는 이유는 바로 '많은 사람들이 예금한 돈을 한꺼번에 찾지는 않는다'는 오랜 경험에서 비롯된 전제로 인한 것이다. 미국 금융사학자인 존 스틸 고든은 이렇게 이야기한다.

존 스틸 고든(John Steele Gordon)
미국 금융사학자
저서 : 『위대한 게임』, 『해밀턴의 은총』

"은행은 무엇을 할까요? 남의 돈을 가지고 돈을 법니다."

결국 은행은 자기 돈으로 돈을 버는 것이 아니라 남의 돈으로 돈을 창조하고, 이자를 받으며 존속해 가는 회사인 것이다. 바로 이것이 우리 사회가 빚 권하는 사회가 된 이유이다. 하루에도 몇 번씩 대출 문자가 날아오고, 여기저기 은행에서 대출 안내문을 보내는 이유이다. 고객이 대출을 해가야 은행은 새 돈이 생기기 때문이다.

중앙은행은
끊임없이 돈을
찍어낼 수밖에 없다

▌중앙은행의 역할

　　　　　　　　　　지급준비율이 낮을수록 은행에는
더 적은 돈만 남겨진다. 지급준비율이 낮을수록 은행은 더 많은 돈을
불릴 수 있다는 이야기다. 우리나라는 중앙은행인 한국은행이 지급
준비율을 결정하며, 현재 지급준비율은 평균 3.5% 내외이다.

　그럼 지급준비율을 3.5%라고 가정하고 돈이 얼마나 불어나는지
한번 상상해 보자. 한국은행이 애플은행에 5천억 원을 대출해 줬다
고 해보자. 애플은행은 이 5천억 원을 대기업 사장 남자1호에게 대
출해 준다. 남자1호는 그 돈을 A에게 재료값으로 준다. A는 그중 5%
정도인 250억 원을 회사 금고에 현찰로 넣어두고 쓰기로 하고, 나머

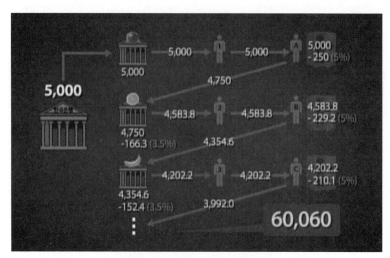

지급준비율이 3.5%일 때의 신용창조

지 4천750억 원을 오렌지은행에 입금한다고 가정해 보겠다. A의 오렌지은행 계좌에 입금된 돈 중에서 3.5%인 166억3천만 원을 지급준비금으로 떼어놓고 오렌지은행은 나머지 금액 4천583억 8천만 원을 남자2호에게 대출해 준다. 남자2호는 역시 B에게 대금을 지불하고 B는 다시 5% 정도인 229억 2천만 원만 금고에 남겨두고 나머지 4천354억 6천만 원을 바나나은행에 예치한다. 이런 식으로 대출할 수 있을 때까지 대출한다면 5천억 원은 6조 60억 원이 된다.

이렇게 시중은행이 대출을 해서 돈을 불릴 때 그 원금은 중앙은행에서 나온다. 그런데 이 중앙은행도 돈을 불린다. 왜 그럴까? 미국 뉴욕대 금융사학과 리처드 실라 교수의 이야기를 들어보자.

리처드 실라(Richard Sylla)
미국 뉴욕대학교 금융사학과 교수
저서 :『금리의 역사』

"중앙은행은 재정적으로 경제를 안정시키고 불황을 줄이기 위한 금
융기관입니다. 현대 경제에서 중앙은행은 통화량을 관리합니다. 경
제에 돈이 더 필요하면 중앙은행이 돈을 공급할 수 있습니다. 인플
레이션 때문에 통화량을 줄이고 싶으면 중앙은행은 돈을 가져갑니
다. 이게 경제를 안정시키는 방법입니다. 작동하는 방법은 아주 간단
합니다."

중앙은행의 역할은 한마디로 시중의 통화량, 즉 돈의 양을 조절하
는 것이다. 돈이 지나치게 부족해지거나 너무 많아지면 본격적으로
개입해 이 상태를 바로잡는 것이다. 이 과정에서 중앙은행은 두 가지
의 중요한 수단을 활용할 수 있다. 첫째는 이자율(기준금리)을 통제하
는 것이다.

우리나라의 중앙은행인 한국은행은 1999년부터 이자율을 높이거
나 내리는 방법을 사용해 시중에 있는 돈의 양을 조절해 왔다. 이자
율을 낮추면 시중의 통화량이 증가하고, 반대로 이자율을 높이면 통

기준금리가 낮아지면 돈의 양은 늘어나고, 기준금리가 높아지면 돈의 양은 줄어든다.

화량은 줄어들게 된다.

은행도 돈이 부족할 때는 한국은행에서 돈을 빌려야 한다. 그런데 이자율이 낮으면 은행은 돈을 더 많이 빌려도 된다고 생각한다. 은행이 돈을 많이 빌려 많이 보유하고 있으면 자연스럽게 사람들에게 대출해 줄 수 있는 돈도 많아진다. 사람들 역시 이자율이 낮으니까 부담을 덜 느끼고 돈을 더 많이 빌린다. 이렇게 되면 시중에는 돈이 늘어난다. 즉, 이자율이 낮으면 시중에 돈의 양이 늘어난다는 이야기다.

반대로 이자율이 높으면 은행은 선뜻 한국은행에서 많은 돈을 빌리기가 망설여진다. 따라서 은행에도 돈이 부족해지고, 사람들에게 대출해 줄 수 있는 돈도 부족하다. 또 내야 할 이자가 많기 때문에 사람들도 섣불리 많은 돈을 빌릴 수가 없다. 따라서 시중에는 돈의 양이 줄어드는 것이다.

통화량을 늘려야 하는 이유

그런데 이런 간접적인 방법 외에도 중앙은행은 통화량을 조절하는 또 하나의 방법을 가지고 있다. 그것은 바로 직접 새로운 화폐를 찍어내는 일이다. 미국 금융위기 이후 우리가 뉴스에서 가장 많이 들었던 말이 바로 '양적완화quantitative easing'였을 것이다. '미국 FRB 양적완화 단행', '올 하반기 양적완화 축소' 등의 뉴스 말이다. 양적완화를 단행했다는 것은 심각한 위기 상황에서 통화량을 늘리기 위해 미국 중앙은행이 달러를 더 많이 찍어냈다는 의미다. 앞서 말했던 이자율을 낮춰서 경기를 부양하는 것이 한계에 부딪혔을 때 중앙은행은 직접 화폐를 찍어내서 국채를 매입하는 방법으로 통화량을 늘린다.

왜 이런 상황이 발생하는 것일까? 보다 쉽게 이해하기 위해 예를 하나 들어 보겠다.

엄마는 아이에게 한 달에 3만 원의 용돈을 준다. 그러면 아이가 하루 동안 쓸 수 있는 돈은 1천 원이다. 그런데 아이는 어느 날에는 1천200원, 또 어느 날에는 1천500원을 쓰곤 했다. 이대로 가다가는 한 달에 3만 원의 용돈이 얼마 가지 않아 바닥이 날 지경이다. 그래서 엄마는 아이에게 말했다. "이제부터는 꼭 하루에 1천 원만 써야 해. 그 이상은 안 된단다"라고 말했다. 바로 '중앙은행'인 엄마가 '하루 1천 원'이라는 금리 제한을 두어 통화량을 억제하려고 한 것이다.

그런데 아이가 이 말을 듣지 않거나 또는 불가피한 이유 때문에 엄마의 말을 들을 수 없는 상황에 처하게 되었고, 아이는 동네 슈퍼에 외상을 하고 말았다. 그 비용을 따져보니 한 달에 쓴 돈이 총 3만 5천 원. 결국 엄마는 자신의 지갑에서 5천 원을 더 꺼내 아이에게 줄수밖에 없는 상황이다. 이렇게 중앙은행인 엄마는 '하루 1천 원'이라는 금리를 통한 통화량 조절에 실패하자 3만 원 이외에 또 다른 돈 5천 원을 가져오는 '양적완화' 정책을 쓸 수밖에 없는 상황이 되고 만 것이다.

중앙은행이 이렇게 통화량을 조절하기 위해 돈을 찍어낸다고 말했지만, 사실 중앙은행이 계속 돈을 찍어낼 수밖에 없는 이유는 따로 있다. 그것은 바로 '이자' 때문이다.

은행 시스템에는
이자가 없다

로저 랭그릭Roger Langrick의 '새로운 천년을 위한 통화시스템A Monetary System for the new Millennium'이라는 논문에는 이 문제가 쉽게 설명돼 있다.

여기에 외부와 전혀 소통을 하지 않는 단일한 통화체제를 가지고 있는 한 섬이 있다고 가정해 보자. 중앙은행 A는 딱 1만 원을 발행했고, 시민 B는 그 돈을 빌린 후 1년 후에 이자까지 합쳐서 1만 500원의 돈을 갚아야 한다고 해보자. 시민 B는 또 다른 시민 C에게 배를 구입한 뒤 그 배로 열심히 물고기를 잡아서 돈을 벌었다고 해보자. 그렇다면 과연 시민 B는 1년 뒤에 1만 500원을 중앙은행에 갚을 수 있을까? 정답은 '절대로 갚을 수 없다'이다. 왜냐하면 섬에 있는 돈은 딱 1만 원일 뿐, 이자로 내야 하는 돈 500원은 그 어느 곳에도 존재하지 않기 때문이다. 자본주의 체제의 금융 시스템에는 애초에 이자라는 것이 없다는 얘기다. 그렇다면 어떻게 해야 할까. 이자를 갚을 수 있는 방법은 딱 하나밖에 없다. 바로 중앙은행이 또다시 500원을 찍어내고 그 돈을 다시 시민 D가 대출하는 것이다.

이렇게 하면 섬에 있는 돈은 모두 1만 500원이 되고 시민 B가 아주 열심히 일을 해서 섬에 있는 돈을 모두 벌게 되면 그제서야 중앙은행에 1만 500원을 갚을 수 있게 된다. 하지만 문제는 여기서 끝나

외부와 소통하지 않는 단일한 통화 체제를 가진 섬이 하나 있다.

중앙은행 A와 시민 B, 시민 C가 사는데, A가 발행한 돈은 딱 1만 원이다.

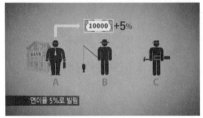

이 돈 1만 원을 시민 B가 연이율 5%로 빌렸다.

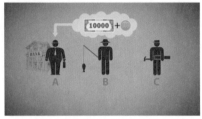

시민 B는 1년 후에 원금 1만 원과 이자 500원을 더해 1만 500원을 갚아야 한다.

시민 B는 1만 원을 주고 시민 C에게서 배를 한 척 빌린다.

시민 B가 열심히 고기를 잡아 돈을 벌면 과연 1년 후에 1만 500원을 갚을 수 있을까?

정답은 갚을 수 없다. 섬에 있는 돈은 딱 1만 원뿐.

애초에 이자 500원은 어디에도 없기 때문이다.

지 않는다. 시민 D는 또다시 중앙은행에 500원에 대한 이자를 지불해야 한다. 하지만 마찬가지로 섬에는 1만 500원 이상의 돈은 없다. 역시 이때에도 방법은 단 한 가지다. 중앙은행은 또다시 돈을 찍어내야 하고, 누군가는 그것을 빌려가야 한다는 이야기다. 결론적으로 은행 시스템에는 '이자'라는 것이 없기 때문에 중앙은행은 이 이자를 만들기 위해서 끊임없이 돈을 찍어낼 수밖에 없다는 이야기다.

미국 공공은행연구소 엘렌 브라운 대표는 이렇게 요약한다.

엘렌 브라운(Ellen Brown)
미국 공공은행연구소 대표, 변호사
저서 : 『달러』

"이자와 과거의 대출을 갚는 유일한 방법은 더 많은 대출을 주는 것
입니다. 이것이 통화량을 팽창시키고 통화의 가치를 떨어뜨립니다."

결국 중앙은행은 '시중의 통화량을 조절한다'는 임무를 가지고 있지만, 통화량이 늘어나는 속도를 늦출 수 있을지는 몰라도 자본주의 시스템 때문에 스스로도 화폐를 계속 찍어내면서 통화량을 늘릴 수밖에 없다는 얘기다. 이렇듯 은행도 중앙은행도 자본주의 시스템 안에서 지속적으로 돈의 양을 늘리면서 인플레이션에 기여를 하고 있는 셈이다.

05
인플레이션의
거품이 꺼지면
금융위기가 온다

무한정 돈을
찍어낼 수는 없다

은행은 대출을 통해 돈의 양을 늘리고 중앙은행은 또 이런저런 이유로 돈을 찍어낸다. 그래도 정말 아무 일 없이 세상은 잘 돌아갈까? 시중에 돈이 많이 도니까 돈을 많이 쓸 수 있어 좋은 건 아닐까?

미국 하버드대 경제학과 제프리 마이론 교수의 이야기를 들어보자.

제프리 마이론(Jeffrey Miron)
미국 하버드대학교 경제학과 교수
저서 : 『자유주의의 모든 것』

"정부가 지폐의 수를 늘리고 돈의 양이 늘어나면 각각의 지폐는 가치가 낮아집니다. 각 지폐 한 장이 덜 희소해지기 때문이죠. 같은 돈으로 살 수 있는 것이 적어지고 인플레이션이 오게 됩니다. 1달러당 살 수 있는 상품과 서비스가 줄어드는 것이죠. 그래서 정부가 돈을 풀면, 인플레이션이 옵니다."

돈의 양이 늘어나면 물가 상승의 원인이 되고, 인플레이션이 따라온다. 자본주의 체제 하에서 '은행'이 있고 '중앙은행'이 있는 한, 인플레이션이란 결코 피해갈 수 없는 치명적인 현상인 셈이다.

이러한 인플레이션의 위험성은 한 나라의 국가 경제를 최악의 상태로 몰고 갈 수도 있다. 2008년 아프리카 짐바브웨에서는 물가 상승이 국가의 통제력을 벗어나 '하이퍼인플레이션'이 발생했다. 한 해에 최고 2억 3천100만%라는 상상을 초월하는 물가상승률을 기록한 것이다. 40여 년을 통치한 무가베 대통령의 무지한 정책이 그 원인이었다. 극심한 실업률을 극복하고 외채를 상환하기 위해서 너무나 많은 화폐를 찍어낸 나머지 이러한 하이퍼인플레이션 상태가 온 것이다. 0이 모두 14개가 붙은 100조 짐바브웨 달러 지폐는 당시의 인

돈은 빚이다
55

플레이션이 얼마나 기록적이었는지 잘 보여준다. 심지어 밥을 먹을 당시와 밥을 먹은 후의 밥값이 달라질 정도였다고 한다.

이러한 하이퍼인플레이션은 1920년대의 독일에서도 발생한 적이 있었다. 1차 세계대전이 끝난 후 연합국과 패전국인 독일 사이에 '베르사유 조약'이 맺어진다. 이때 연합국은 독일에게 엄청난 금액의 배상금을 요구한다. 다음은 그 조약의 내용 중 일부이다.

"독일은 배상금으로 매년 20억 마르크씩 합계 1천320억 마르크를 연합국 측에 배상하고, 독일의 연간 수출액 중 26%를 지불한다. 독일이 약정 기한 안에 이를 지불하지 못하면 연합국 측은 제재조치로 독일의 대표적 공업지대인 루르 지방을 군사적으로 점령할 수 있다."

하지만 전쟁에 많은 돈을 쏟아붓고도 결국 질 수밖에 없었던 패전국 독일에 이 정도의 엄청난 돈이 있을 리가 없었다. 결국 독일은 할 수 없이 중앙은행을 통해 발행하는 화폐의 양을 크게 늘렸고 국채를 발행해 외국에 헐값에 팔기 시작했다. 그 결과 정말로 상상할 수 없는 일이 발생했다. 1923년 7월 독일 내 물가는 1년 전에 비해 7천 500배를 넘어섰고 2개월 뒤에는 24만 배, 3개월 후에는 75억 배로 뛰었다. 우리나라로 치면 5천 원 하던 김치찌개의 가격이 3조 7천5백억이 되었다는 이야기다. 환율로는 1달러당 4조 2천억 마르크가 되기도 했다. 독일인들은 4조 2천억 마르크를 들고 갔을 때 겨우 1달

0이 14개 붙은 100조 짐바브웨 달러이다.

러를 손에 쥘 수 있었다. 그들은 급여를 받는 즉시 물건을 사두어야 했고, 저축은 엄두도 낼 수 없었을 것이다.

물론 독일의 경우에는 패전이라는 특별한 상황에서 발생한 하이 퍼인플레이션이었지만, 국가가 통화량을 무한정 늘릴 때 어떤 결과 가 일어나는지 단적으로 보여주는 사례라고 할 수 있다.

호황의 끝에는
불황이 있다

　　　　　　　　　　　　이러한 극단적인 경우가 아니어도 자본주의 사회에서는 지속적으로 인플레이션과 디플레이션이 반복된다. 러시아의 경제학자인 니콜라이 콘드라티예프는 1925년 자본주의 경제 환경에서 위기가 만들어지는 장기순환주기가 있다는 사실을 발견했다. 그리고 그 주기는 48~60년마다 반복된다고 결론을 내렸다. 또한 금세기의 가장 대표적인 경제학자 중의 한 명인 슘페터 역시 자본주의 경제는 물결처럼 상승과 하강을 반복한다고 주장하면서 이를 '콘드라티예프 파동'이라고 이름 붙였다.

　이렇게 주기적으로 인플레이션-디플레이션이 반복되는 이유는 앞서 말한 대로 통화량이 계속 늘어나기 때문이다. 은행은 대출을 통해 돈의 양을 늘리는 과정에서 처음에는 신용이 좋은 사람에게 우선적으로 대출을 해주지만, 점점 대출받을 사람이 줄어들면 나중에는 돈을 갚을 능력이 없는 사람들에게도 돈을 빌려주게 된다. 그렇게 시중의 통화량은 끊임없이 늘어나고 사람들이 쓸 수 있는 돈이 많아진다. 또 사람들은 그러한 상황이 계속될 것이라고 믿는다. 그래서 사람들은 생산적인 활동에 돈을 쓰기보다는 점점 소비에 많이 쓰기 시작한다. 돈이 많으니 비싼 옷을 사고, 좋은 집을 사고, 차를 바꾼다. 결국엔 더 이상 돈을 갚을 능력이 없는 상태에까지 이르게 된다. 제프리 마이론 교수의 이야기를 들어보자.

"미국 소비자들과 다른 나라의 많은 소비자들이 지나치게 낙관적이 되었다고 생각합니다. 더 많이 소비하고, 돈을 더 많이 빌리고 저축을 적게 하기 시작했죠. 위험이 존재한다고 믿지 않았고 스스로를 위험으로부터 보호하기 위한 적절한 조치를 하지 않았어요. 그러다 지속하기 불가능한 상태에 이르렀고 그제서야 너무 낙관적이었음을 깨달았죠. 그리고 갑자기 무너졌어요."

그리스와 유럽 국가들 역시 지나치게 너무 많은 돈을 지출하면서 결국에는 금융위기를 맞았다고 할 수 있다. 제프리 마이론 교수의 말을 계속해서 들어보자.

"유럽과 미국의 경제는 전반적으로 주요 부분에 있어서 매우 흡사합니다. 유럽에는 은퇴연금과 의료비용을 관대하게 지급하겠다고 약속하는 프로그램이 있습니다. 계산을 해보면 그 약속은 지켜질 수 없습니다. 경제 성장률이 매우 좋다고 해도요. 경제가 매년 3%씩 계속 성장한다는 매우 낙관적인 가정을 해도 지출은 계속 늘어나서 지불할 수 있는 능력을 훨씬 넘어섭니다. 그리스의 결정적인 문제는 매우 낮은 이율로 자금을 빌릴 수 있었고 그렇기 때문에 그 빌린 자금을 생산적인 투자가 아닌 곳에 썼다는 것입니다. 학교나 기관의 연구 개발 등 경제가 빠르게 성장할 수 있는 곳에 쓰지 않고 소비에 사용했다는 것이죠. 미래의 수익을 전혀 만들어내지 못하는 곳에요. 그러니 계속 너무 많이 빌려서 영원히 갚을 수 없는 지점에 이르게 된 것이죠."

통화량이 급격히 늘어나 물가가 오르는 인플레이션 뒤에는 모든 것이 급격하게 축소되는 '디플레이션'이 온다. 계속해서 커져가던 풍선이 결국에는 터져 다시 쪼그라드는 것과 비슷하다. 상황의 심각성을 인식한 정부는 통화량 증가에 제동을 걸고, 사람들은 불안과 혼동 속에서 소비를 줄이게 된다. 이렇게 소비(수요)가 줄어들면 공급도 줄어들면서 기업 활동이 위축된다. 한마디로 그간 폭주하며 내달리던 경제에 갑자기 브레이크가 걸리면서 모든 것이 붕괴 직전의 상황으로 돌변하게 되는 것이다.

문제는 이러한 디플레이션이 시작되면서 돈이 돌지 않는다는 점이다. 기업은 생산과 투자, 일자리를 동시에 줄이기 시작하고, 서민들은 벼랑 끝으로 내몰린다.

그러면 2008년 미국 금융위기 후 지금은 어떨까? 미국 공공은행 연구소 엘렌 브라운 대표의 이야기를 들어보자.

엘렌 브라운(Ellen Brown)
미국 공공은행연구소 대표, 변호사
저서 : 『달러』

"세계의 신용은 무너졌어요. 여전히 디플레이션에 있습니다. 돈이 충분하지 않습니다. 유럽연합을 보면 알 수 있어요. 여러 국가가 빚에 허덕이고 있습니다. 그것은 바로 빚과 이자를 갚을 돈이 충분하지 않기 때문입니다."

인플레이션 후에 디플레이션이 오는 것은 숙명과도 같은 일이다. 왜냐하면 이제껏 누렸던 호황이라는 것이 진정한 돈이 아닌 빚으로 쌓아올린 것이기 때문이다. 돈이 계속해서 늘어나기는 하지만, 그것은 일해서 만들어낸 돈이 아니다. 돈이 돈을 낳고, 그 돈이 또다시 돈을 낳으면서 자본주의 경제는 인플레이션으로의 정해진 길을 걷고, 그것이 최고점에 이르렀을 때 다시 디플레이션이라는 절망을 만나게 된다. 이것은 자본주의가 가지고 있는 부인할 수 없는 '숙명'이다.

06
내가 대출이자를 갚으면
누군가는 파산한다

이자는
어디에서 오는가

우리는 앞에서 로저 랭그릭의 논문에서 나오는 사례를 통해 왜 중앙은행이 돈을 계속 찍어낼 수밖에 없는지 살펴봤다. 그것은 바로 자본주의 시스템 안에 '이자'라는 것이 계산되어 있지 않기 때문이다. 은행에서 대출을 받으면 이자를 내는데, 실제 현실의 시스템에는 그러한 부분이 전혀 고려되어 있지 않다니 어떻게 보면 참으로 이상한 시스템이 아닐 수 없다.

엘렌 브라운 미국 공공은행연구소 대표의 이야기다.

엘렌 브라운(Ellen Brown)
미국 공공은행연구소 대표, 변호사
저서 : 『달러』

"은행은 대출을 통해 돈을 만듭니다. 이자를 위해 돈을 만들지 않습니다. 그런데 우리가 은행에서 돈을 빌리면 이자를 내야 합니다. 은행은 대출해 준 금액보다 항상 더 많이 돌려받죠. 우리는 스스로의 신용에 이자를 내고 있습니다. 그 어느 것도 근거하고 있지 않습니다."

그렇다면 이러한 현실은 도대체 무엇을 의미하는 것일까.

앞에서 봤던 로저 랭그릭의 섬 이야기로 다시 돌아가 보자. 시민 B는 중앙은행으로부터 빌린 돈 1만 500원을 갚기 위해 열심히 일을 했고, 실제 섬에 있는 1만 500원을 모두 벌어서 빚과 이자를 다 갚았다고 해보자. 그렇다면 500원을 빌린 시민 D는 어떻게 될까. 당연히 돈을 갚을 수 없게 되고 결국에는 파산한다.

이는 곧 '내가 이자를 갚으면 누군가의 대출금을 가져와야 한다'는 뜻이 된다. 따라서 현대의 금융 시스템에서 빚을 갚는 것은 개인에게는 좋은 일일지 모르지만 또 다른 문제를 일으킨다. 돈이 적게 돌기 시작하면 누군가는 결국 이자를 갚을 수 없는 상황이 다가오는 것이다. 돈이 부족해지는 디플레이션이 언젠가는 오게 되어 있기 때문에, 결국 자본주의 체제에서 '이자가 없다'는 말은 '누군가는 파산한다'

중앙은행 A가 발행한 1만 원을 시민 B가 대출했고, 섬에 있는 돈은 딱 1만 원뿐이다.

중앙은행 A는 이자를 위해 500원을 더 찍어낼 수밖에 없다.

시민 D가 500원을 대출해 이제 섬에 있는 돈은 1만 500원이 됐다.

시민 B가 열심히 일해서 원금 1만 원과 이자 500원을 다 갚았다.

그러면 시민 D가 빌린 원금 500원과 이자는 어떻게 될까?

또 돈을 찍어내야 하고 또 누군가 빌려가야 한다.

원금과 이자가 없기 때문에 중앙은행은 계속 돈을 찍어낼 수밖에 없다.

인플레이션의 시대가 지나고 돈이 부족해지면 결국 누군가는 파산할 수밖에 없다.

는 말과 같은 뜻이라고 할 수 있다. 모든 돈이 빚에서 시작되기 때문이다.

그렇다면 누가 파산하게 될까. 당연히 수입이 적고 빚은 많은 사람들, 경제 사정에 어두운 사람들, 사회의 가장 약자들이 파산을 하게 된다.

그러므로 자본주의 사회에서 '경쟁'이라는 것은 필연적일 수밖에 없다. 시스템에는 없는 '이자'가 실제로는 존재하는 한, 우리는 다른 이의 돈을 뺏기 위해 끊임없이 경쟁해야만 한다. 저마다 살아남기 위해 필사적으로 싸운다. 바로 이것이 우리가 매일 '돈, 돈, 돈' 하며 살아가는 이유이기도 하다. 자본주의 사회에서는 돈이 전부라는 말이 여기에서 나온다. 화폐경제 역사 연구가 앤드류 가우스는 이것을 '의자 앉기 놀이'에 비유한다.

"현 은행 시스템은 아이들의 의자 앉기 놀이와 다를 바가 없습니다. 노래하고 춤추는 동안은 낙오자가 없기 때문이죠. 하지만 음악이 멈추면 언제나 탈락자가 생깁니다. 의자는 언제나 사람보다 모자라기 때문이죠."

은행 시스템의 이자와 의자 앉기 놀이는 아주 절묘하게도 일치한다. 다음이 바로 그 게임의 규칙이다.

의자 앉기 놀이	은행 시스템에서의 이자
1. 의자는 한정되어 있다.	1. 돈은 한정되어 있다.
2. 의자에 앉아야 할 사람은 의자의 숫자 보다 더 많다.	2. '이자+실제의 돈'은 '실제의 돈'보다 더 많다.
3. 누군가가 '의자에 앉으라'고 말하고, 의 자를 차지하지 못한 사람은 게임에서 탈락된다.	3. 누군가가 '이자를 내야 한다'고 말하고, 이자를 내지 못하면 신용불량자가 되어 파산한다.
4. 따라서 명령이 떨어지면 미친 듯이 의 자에 앉기 위해 몸싸움을 해야 한다.	4. 따라서 돈을 빌렸다면 이자를 내기 위 해 남의 돈을 가져와야 한다.

생존하기 위해
어떻게 해야 하나

　　　　　　　　　　내가 대출이자를 갚으면 누군가는 파산한다는 말은, 곧 누군가 대출이자를 갚으면 내가 파산할 수도 있다는 의미다. 늘 우리는 의자 앉기 놀이의 승리자가 되길 꿈꾸지만, 그것은 그저 바람일 뿐 내가 탈락자가 될 가능성도 얼마든지 있다.

　그리고 대출이자를 갚지 못하는 사람이 한 사람에서 끝나지 않고 점점 늘어나면 문제는 더욱 심각해진다. 이런 일이 연속으로 벌어지면 시중에 돈의 양이 줄어든다. 돈이 부족하니 돈을 못 갚는 사람들은 더 급격하게 늘어난다. 부도 사태가 속출하고 파산이 늘어난다.

동시에 통화량도 계속해서 줄어든다. 통화팽창이 멈추는 순간 우리는 순식간에 추락할 수밖에 없다. 디플레이션이 시작된 것이다. 경기 침체로 돈이 돌지 않아 여기저기서 거품이 터지기 시작한다. 일단 돈이 없으니 기업 활동이 위축된다. 생산과 투자를 줄이고 직원을 새로 뽑기는커녕 일하던 사람들도 내보낸다. 일자리가 부족해지고 돈을 벌기가 더욱 힘들어진다.

그렇다면 우리는 지금 어떤 상황에 있는 것일까? 엘렌 브라운 미국 공공은행연구소 대표의 이야기를 들어보자.

"우리는 인플레이션이 아니라 디플레이션deflation을 겪고 있습니다.
일본과 마찬가지입니다. 많은 양적완화를 시도했음에도 통화량을
올리지 못했습니다."

미국만의 이야기가 아니다. 2013년 8월 중앙일보는 '1% 부자도 중산층도 소비 빙하기'라는 기사를 내보냈다. 한국의 가처분소득 대비 가계부채 비율이 164%라며 일본의 132%, 미국의 120%보다 높다고 지적한 것이다. 기사에서 오정근 고려대 경제학과 교수는 "현상황은 수요위축에 따라 물가가 떨어지는 전형적인 디플레이션 상황이다. 방치하면 일본의 '잃어버린 20년'으로 갈 수 있다는 심각성을 깨달아야 한다."고 말했다.

안타깝지만 이것이 우리가 살아가고 있는 사회의 시스템이다. 그렇다면 우리는 어떻게 해야 할까. 제프리 마이론 미국 하버드대 경제학과 교수의 이야기를 들어보자.

제프리 마이론(Jeffrey Miron)
미국 하버드대학교 경제학과 교수
저서 : 『자유주의의 모든 것』

"젊은 세대들이 일자리를 찾기는 앞으로도 어려울 것입니다. 세계 경제가 빠르게 성장하지 않을 것이기 때문이죠. 무슨 일이든 하는 게 일이 없는 것보다 낫다는 걸 깨닫기 바랍니다. 경험, 제시간에 나가는 것, 낮은 자리에서 시작해서 승진하는 능력, 이런 것들이 노동을 아예 안 하는 것보다 나을 것입니다."

우리는 '생존'해야 한다. 살아남기 위해서는 작은 것이라도, 낮은 위치에서라도 미래를 위해 끊임없이 뭔가를 하면서 새로운 희망을 만들어가야 한다. 비록 지금은 그것이 마음에 차지 않더라도 계속해서 도전하며 생존을 꿈꾸어야 한다. 자본주의 세상에서는 추운 겨울을 지내고 나면 따뜻한 봄이 오기 때문이다.

07
은행은 갚을 능력이
없는 사람에게도
대출해 준다

빚이 없으면
돈도 없다

　　　　　　　돈은 '빚'이다. 은행이 돈을 만들어
내기 위해서는 '대출'이라는 과정을 거쳐야 한다. 즉, 돈은 '빚'이라
는 형태가 되어 많은 사람들에게 나누어진다. 누군가 빚을 지는 사람
이 있어야 자본주의는 정상적으로 작동한다는 말과 같다. 그리고 그
'빚'에 대한 이자를 받아 은행은 수익을 챙긴다. '빚'이 없으면 은행
도 없다.

엘렌 브라운(Ellen Brown)
미국 공공은행연구소 대표, 변호사
저서 : 『달러』

"오늘날 돈은 금과 무관합니다. 은행은 통화 시스템을 부풀리는 역할을 합니다. 그게 은행이 하는 일입니다. 더 많은 대출을 해줘야 통화 시스템에 더 많은 돈이 생깁니다. 은행은 야바위 게임을 하고 있습니다."

루스벨트 정권 당시 FRB^{연방준비은행} 의장을 지냈던 매리너 애클스도 같은 내용의 이야기를 한 바 있다.

"우리의 통화 시스템에 빚이 없으면 돈도 없습니다."

어떻게 보면 돈에 대해, 그리고 빚에 대해서 너무도 순진하게 생각해 왔던 우리에게는 매우 충격적인 이야기가 아닐 수 없다. '빚 지지 말고 성실하게 돈을 벌어라'는 이야기를 귀에 못이 박히도록 들어왔지만, 정작 우리가 살아가는 사회는 빚이 있어야만 굴러갈 수 있다는 사실은 때로 배신감까지 느끼게 한다. 악惡이라고 알아왔던 빚이 자본주의 입장에서는 선善으로 돌변한 것이다. 그런데 자본주의에서 돈이 있는 사람들은 이 '빚' 때문에 더 많은 돈을 벌고, 돈이 없는 사람들은 바로 이것 때문에 파멸에 이른다. 2008년 미국에서 발생한 '서브프라임 모기지론 사태' 역시 같은 맥락이다.

서브프라임
모기지론의 비밀

미국을 금융위기로 몰고 간 이 사태를 들여다보기 전에 우선 '서브프라임'이라는 단어가 무슨 뜻인지부터 알아보자. 미국에서는 개인에 대한 신용등급을 '프라임Prime, 우수', '알트AAlternative-a, 중간', '서브프라임Subprime, 저신용' 순으로 나누고 있다. 즉, 서브프라임 모기지론이란 저신용자에 대한 주택 담보 대출을 의미하는 것이다. 돈을 갚을 능력이 없는 사람들에게까지 돈을 빌려줬던 것이다.

미국 금융사학자인 존 스틸 고든의 이야기다.

존 스틸 고든(John Steele Gordon)
미국 금융사학자
저서 : 『위대한 게임』, 『해밀턴의 은총』

"미국 은행 대부분은 예금액의 10배를 대출해 줍니다. 리먼브라더스는 은행도 아닌 투자은행이었지만 자기자본에 비해 40배의 차입

금이 있었습니다. 10배가 아니라 40배입니다."

처음에는 상당히 성공적인 것처럼 보였다. 돈이 별로 없던 저신용자들이 고급 주택을 구매했다가 가격이 오르면 되팔아 큰돈을 쉽게 벌 수 있었기 때문이다. 특히 저신용자들에 대한 대출은 이자가 높기 때문에 은행 입장에서는 원금도 재빨리 회수하고 높은 이자도 받을 수 있는 일거양득의 효과를 누릴 수 있었다. 하지만 계속해서 오르던 부동산 가격이 어느 순간 그 거품이 터져버렸고, 금융위기의 원인이 되고 말았다.

미국 시카고대 경영대학원 라구람 라잔 교수의 이야기다.

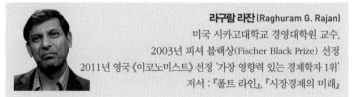

라구람 라잔(Raghuram G. Rajan)
미국 시카고대학교 경영대학원 교수,
2003년 피셔 블랙상(Fischer Black Prize) 선정
2011년 영국《이코노미스트》선정 '가장 영향력 있는 경제학자 1위'
저서 :『폴트 라인』,『시장경제의 미래』

"주택 담보 대출은 최고의 대출 형식이었어요. 주택 가격이 오르고 있기 때문에 돈을 빌린다는 느낌이 안 들어요. 합법적으로 내 자산인 것을 꺼내 쓰는 것 같죠. 집값이 계속 오르니까 그 오른 만큼의 돈을 빌리는 겁니다. 그런데 집값이 내려가기 시작하자 아무 보호장치가 없었어요. 이미 집을 담보로 대출을 했으니까요. 이미 집을

사고 차를 사고 그에 맞는 생활에 돈을 써 왔기에 소득은 늘지 않았
는데도 잘산다는 착각을 하게 된 것입니다."

부동산 가격이 내려가자 사람들은 원금은 물론 더 이상 이자를 갚
을 능력도 잃어버리게 됐다. 심지어 가지고 있는 집을 팔아도 빚을
갚을 수 없는 경우가 속출했다. 게다가 금융기관들은 서브프라임 모
기지론을 기초자산으로 한 파생상품까지 만들어 팔았기 때문에 문
제는 더욱 심각했다.

에릭 매스킨 프린스턴대 사회과학과 교수의 이야기를 들어보자.

에릭 매스킨(Erick Maskin)
2007년 노벨경제학상 수상자
미국 프린스턴대학교 사회과학과 교수

"파생상품이란 금융 계약으로, 신용부도 스왑Credit Defalt Swap이 여기
속하죠. 특정 투자의 위험을 여러 투자자들에게 분산시킬 수 있는
상품입니다."

미국 경제가 침체를 맞아 서브프라임 모기지론이 위험해지자 이
것을 기초자산으로 한 파생상품들까지 하루아침에 휴지조각이 되어
갔다. '신용부도 스왑CDS'은 모기지 채권이 부도가 날 경우 판매자가

이를 보상해 주도록 한 파생상품이었지만 이 또한 위험해지기 시작했다. 연쇄부도가 시작된 것이다. 이미 많은 미국의 투자은행들과 금융기관들이 수익을 위해 파생상품에 투자를 한 상태였고, 전 세계로 팔려 나가기까지 했다.

미국 시카고대 경영대학원 라구람 라잔 교수의 이야기다.

"많은 유럽의 기관들이 매우 해로운 모기지 담보부 증권을 미국 기관들에게서 샀습니다. 왜냐하면 트리플A 등급이었으니까요. 그들의 감시 기준으로 괜찮았던 겁니다. 이자율이 낮을 때도 기준 이상의 두둑한 수익금이 나오니 신이 났고, 널리 퍼졌죠. 그런데 전부 날아가 버렸어요. 트리플A 등급이라고 해서 샀을 뿐인데요. 그 분야에 있는 친구가 괜찮다고 해서 샀고요. 이렇게 위험성을 잘 모르고 충분한 설명을 듣지 않고 산 사람들이 많습니다."

당시 리먼브라더스홀딩스가 보유한 신용부도 스왑CDS만도 8천억 달러에 이르고 있었다. 우리나라 돈으로 900조에 해당하는 돈이 위험에 처했으니 그 여파는 상상을 초월하는 것이었다. 결국 미국 5대 금융회사 중의 하나였던 리먼브라더스홀딩스는 파산에 이른다.

미국 금융사학자인 존 스틸 고든 교수의 이야기도 같은 맥락이다.

"1990년대 중반 주택 가격이 계속적으로 상승하는 주택 거품**housing bubble**이 있었습니다. 많은 사람이 자신이 부자라고 생각했습니다. 왜냐하면 빠르게 가치가 상승하는 재산을 가지고 있으니까요. 그래서 두 번째 모기지를 통해 더 많은 돈을 빌리거나, 아니면 자산이 많다고 생각했기 때문에 소비를 늘렸습니다. 그리고 전혀 저축하지 않았습니다. 왜냐하면 주택가치가 상승해서 순자산**net worth**이 공짜로 늘어나니까요. 그리고는 모든 거품이 그렇듯이, 거품이 터졌습니다. 시장에 너무 많은 주택이 매물로 나왔습니다. 사람들은 점점 채무를 이행하지 않았고, 뭔가 이상하다는 게 감지됐죠. 주택 가격이 하락하기 시작했습니다. 주택 가격은 아직도 2007년 수준보다 낮습니다. 다른 경제에도 영향을 미쳤죠. 내려간 주택 가격 때문에 소비가 줄었습니다."

은행가를 위한
은행가에 의한 시스템

이 모든 것이 돈을 갚을 수 없는 저신용자에게 대출을 확대한 은행에 큰 책임이 있다고 할 수 있다. 그런데 여기서 한 가지 주의 깊게 봐야 할 점은 이 모든 것이 은행의 단순한 실수가 아니라는 점이다. 인플레이션이 막바지에 이른 상태,

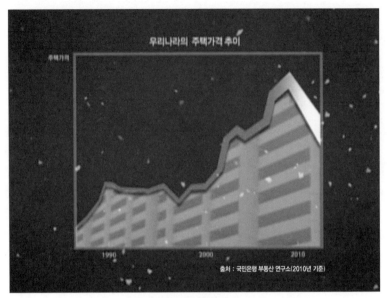

한국의 주택가격 추이

즉 돈이 넘쳐나는 상황에서 은행은 생존을 지속하기 위해 저신용자에게 눈길을 돌릴 수밖에 없었던 것이다. 보통의 기업에서도 상품이 계속해서 팔려야만 기업 활동이 유지된다. 은행의 상품이란 곧 대출을 의미한다. 계속해서 대출을 받는 사람들이 있어야만 은행이라는 기업도 운영이 되는 것이다. 그런데 돈이 많아지자 신용 상태가 좋은 사람들은 더 이상 은행에서 대출을 하지 않아도 됐다. 그러니 결국 은행은 돈이 없는 사람들에게 대출을 해주면서 계속해서 자신의 상품을 팔아야 했던 것이다.

그리고 이제 부동산 가격이 추락하니 빚을 갚지 못하는 사람들이 속출하게 되었다. 세계적인 금융위기라고 부르는 디플레이션이 본격적으로 시작된 것이다. 우리나라도 상황은 비슷하다. 우리의 아버지들은 집값이란 항상 오르기만 하는 것으로 알았다. 그것은 경제의 사계절 중 여름에 사셨기 때문이다. 지금 우리는 부동산 가격이 계속해서 떨어지는 것을 두 눈으로 목격하고 있다.

이 모든 것은 단순한 '경기불황'이나 '경기침체'가 아닌 자본주의에 구조적으로 내재화되어 있는 문제라고 봐도 좋다. 우리는 미국 공공은행연구소 엘렌 브라운 대표의 말처럼 '민주적인 시스템이 아닌, 은행가를 위한, 은행가에 의한 민간은행 시스템'에서 살아갈 수밖에 없는 운명에 처한 것이다. 왜 금융위기가 생겼고, 왜 좀처럼 해결될 기미가 보이지 않으며, 왜 부동산 가격은 좀처럼 오르지 않는지, 왜 젊은 사람들이 취직을 못 하는지 모든 것의 원인은 자본주의 시스템 안에서 찾을 수 있다. 갚아도 갚아도 없어지지 않는 빚, 우리는 결국 벗어날 수 없는 부채의 사슬에 묶여 있는 것이다.

자본주의 사회에서 은행이 돈 갚을 능력이 없는 사람에게 돈을 빌려주는 것은 '사회적 약자에 대한 배려'의 차원이 아니다. 그들이 동정심이 있어서, 또는 가혹한 현실에 처한 저신용자들에게 조금이라도 도움을 주기 위해서도 아니다. 그 모든 것은 이미 자본주의 체제 안에 내재된 법칙이며, 또한 약자를 공멸로 몰아가는 비정한 원리다.

『화폐전쟁』의 저자인 쑹훙밍은 그의 책에서 이렇게 말했다.

"금융재벌들은 경기가 과열되는 과정에서 심각한 거품 현상을 발견했다. 이러한 현상 또한 시중에 돈을 많이 풀어서 생기는 필연적 결과였다. 이 모든 과정은 금융재벌이 어항 속에 물고기를 키우는 것과 같았다. 금융재벌들은 마치 어항에 물을 붓듯 시중에 돈을 풀어 경제주체에게 대량으로 화폐를 주입했다. 돈을 풀면 각계각층에서 더 많은 돈을 벌 욕심으로 밤낮을 가리지 않고 일해서 부를 창출하는데, 어항 속의 물고기가 각종 양분을 열심히 흡수해 점점 살이 오르는 것과 같다. 금융재벌들이 수확의 시기가 왔음을 알고 어항의 물을 빼면, 물고기들은 잡혀 먹히는 순간을 기다리는 수밖에 없다."

자본주의의 이러한 원리로 인해 우리가 처하게 되는 현실은 무엇일까. 그것은 투쟁이다. 각박한 세상에서 살아남기 위한 '무한 투쟁'이라는 삶의 방식이 우리를 지배하게 되는 것이다.

"은행은 당신을 각박한 세상으로 내보내
다른 모든 사람과 싸우라고 한다"

−베르나르 리에테르(Bernard Lietaer)
「돈의 비밀(The Mystery of Money)」 중

08
달러를 찍어내는
FRB는 민간은행이다

미국이 재채기하면
세계가 감기 걸린다

             2008년 미국의 서브프라임 모기지 사태로 인한 금융위기는 전 세계로 퍼져나갔다. 이때 뉴스와 신문에서는 연일 미국의 FRB^{연방준비은행}가 무엇을 했는지, 미국의 경제 상황이 어떤지, 그래서 우리나라의 전망은 어떤지 분석하는 기사를 쏟아냈다. 지금 전 세계는 아직도 불황의 터널에 있다. 우리나라도 상황은 역시 마찬가지다.

    그런데 왜 이렇게 미국, 미국 하는 것일까? 미국이 무얼 하든 어찌됐든 내 지갑 속의 돈과 무슨 상관인가 생각하는 사람도 있을 것이

다. 그럼 생각해 보자. 우리나라는 자원이 거의 없다. 석유도, 철광석
도, 나무도 거의 다 수입한다. 이런 걸 사려면 달러가 필요하다. 국제
거래에 통용되는 결제 수단을 기축통화라고 하는데, 달러가 바로 기
축통화인 것이다. 그래서 세계의 수많은 돈 중에서 가장 의미 있는
돈은 달러이다.

존 스틸 고든 미국 금융사학자의 이야기를 들어보자.

존 스틸 고든(John Steele Gordon)
미국 금융사학자
저서 :『위대한 게임』,『해밀턴의 은총』

"2008년 미국의 금융 문제가 전 세계로 퍼져 나갔습니다. 그 이유
는 미국이 크기 때문입니다. 세계 총생산량의 25%를 차지합니다.
인정하려 하지 않지만 명백한 사실입니다. '미국이 재채기하면 세계
가 감기에 걸린다'는 말이 있습니다. 전 세계에서 미국 기업이 활동
하기 때문입니다. 미국은 전 세계와 무역합니다. 단연 가장 큰 수입
국이고 가장 큰 수출국입니다. 미국 경제가 남쪽으로 가면 세계 모
든 경제가 남쪽으로 따라갑니다."

전 세계에는 200여 개에 이르는 국가가 있는데 미국이라는 단 한
개의 국가가 4분의 1에 해당하는 총생산량을 담당한다는 것은 정말

로 '엄청나게 많은 양'이 아닐 수 없다. 그렇다면 우리나라 경제도 결국에는 미국이 움직이는 방향에 따라 큰 영향을 받을 수밖에 없다. 미국이 남쪽으로 가면 우리도 남쪽으로 가야 하는 것이다. 이는 우리나라의 사정만도 아니다. 일본도, 중국도, 프랑스도 모두 이 달러가 있어야 한다. 그래서 기축통화인 달러는 한마디로 '기준'이 되는 돈이다.

달러가 세계를 지배하게 된 이유

그러면 달러는 어떻게 세계의 기축통화가 되었을까? 처음 달러가 기축통화로 결정된 것은 1944년 7월이었다. 당시 미국을 중심으로 44개 연합국의 대표가 미국 뉴햄프셔주 브레튼우즈에 모여 외환금융시장을 안정시키고 무역을 활성화시킨다는 목적으로 '브레튼우즈 협정'을 맺었다. 35달러를 내면 금 1온스를 주겠다는 약속을 하면서 세계 각국의 통화를 달러에 고정시킨 것이다. 바로 이때가 미국의 달러가 전 세계의 기축통화가 된 시점이다.

그런데 결정적 전환점이 되는 사건이 발생한다. 베트남 전쟁이 시작되고 달러 가치가 하락하자, 각국에서 '우리가 가지고 있는 달러를

1971년 이전의 달러는 'TEN DOLLARS IN GOLD COIN'이라는 문구가 들어 있다. 달러를 가지고 오면 금으로 바꿔주겠다는 약속이다. 하지만 1971년 이후의 달러에는 빠져 있다.

금으로 바꿔 달라'고 하는 요구가 많아진 것이다. 그러자 미국이 보유하고 있던 금의 양이 크게 떨어지기 시작했다. 미국은 돈을 더 찍어내고 싶었지만 금을 확보하기가 힘들었다. 미국이 달러를 금으로 바꿔주지 못하자 세계 여러 나라들이 달러의 가치를 의심하기 시작했고, 미국은 수세에 몰렸다. 그러자 1971년 미국의 닉슨 대통령은 일방적으로 "미국 달러를 보호해야 한다"며 '금태환제'를 철폐하겠다고 발표했다. 더 이상 달러와 금을 바꿔줄 수 없음을 선언한 것이다. 이 사건은 달러의 위상을 근본적으로 변화시키는 계기가 되었다.

달러에 씌어 있던 문구마저 달라졌다. 1971년 이전의 달러에 'TEN DOLLARS IN GOLD COIN'이라고 적혀 있던 것이 1971년 이후에는 그냥 'one dollar'로 바뀌었다. 이는 더 이상 달러가 금에 얽매이지 않는다는 상징적인 문구라고 할 수 있다. 1971년 이후의 달러는 금과는 전혀 무관하다. 그냥 종이돈일 뿐이다.

1971년은 달러가 금으로부터 자유로워진 역사적인 해라고 할 수 있다. 이때부터 미국이 원하기만 하면 얼마든지 돈을 만들 수 있게 됐다는 의미이기도 하다. 사실 이는 거의 '혁명'과도 같은 일이었다. 이 조치를 통해서 미국은 마음만 먹으면 무제한으로 돈을 찍어내고 원하는 대로 빚을 질 수 있게 되었다. 금의 보유량과 전혀 무관한 화폐 발행권을 가지게 된 것이다. 마침내 금융업자들의 오랜 숙원사업이 이루어진 것이다. 이것은 금으로부터 자유로운 진정한 명목화폐의 출현이었고 이는 '세계 역사상 가장 큰 경제적 사건'으로 기록되고 있다.

달러를 발행하는 곳은 정부기관이 아니다

그렇다면 세계 기축통화인 달러는 누가 발행할까? 미국 정부가 발행하는 것일까?

달러를 발행하는 곳은 미국 연방준비은행Federal Reserve Bank, 흔히 줄여서 FRB라고 부르는 곳이다. 우리나라의 한국은행과 같은 중앙은행이다. 그런데 여기서 착각하지 말아야 할 것이 있다. 조금 다른 점이 있다. 한국은행은 정부기관이다. 그러면 FRB의 Federal은 말 그대로 '연방정부의'라는 뜻일까? 미국의 전화번호부를 찾아보면 금세 알 수 있다. 먼저 연방 란을 찾아보면 FRB는 보이지 않는다. 그런데 민간기업 란을 찾아보면 FRB가 보인다. FRB의 건물 간판에는 Federal Reserve Bank로 되어 있지만 공식 명칭은 the Federal Reserve System이다. 12개의 지역 연방준비은행과 약 4천800개의 일반 은행이 회원으로 가입된 곳으로, 용어만 Federal이라고 사용했을 뿐 정부기관이 아닌 순수한 민간은행에 불과하다.

엘렌 브라운 미국 공공은행연구소 대표의 이야기다.

엘렌 브라운(Ellen Brown)
미국 공공은행연구소 대표, 변호사
저서 : 『달러』

"사실은 연방준비제도Federal Reserve System가 돈을 발행합니다. 다른 사람들처럼 정부도 돈을 빌려야 합니다. 연방준비제도 이사회는 상원의 인준을 거쳐 대통령에 의해 임명되지만, 사실은 민간은행의 연합입니다. 은행을 위해서 일합니다. 연방준비은행의 12개 지점에서 달러 지폐를 발행하는데. 달러 지폐를 보면 어떤 지점에서 발행했는지 알 수 있습니다. 은행이 현금이 필요해 연방준비제도에 현금을 요청하면 정부기관인 연방인쇄국(조폐국)에 찾아갑니다. 그냥 인쇄하는 곳입니다."

FRB는 미국 정부를 고객으로 하는 몇몇 이익집단들이 단단히 결합된 모임체일 뿐이다. 정부 예산을 쓰지 않으며, 정부 차원의 감시도 없다. 그들은 금이 없어도 되고 별도의 은행 거래 창구도 필요 없다. 미국 정부가 요청하면 돈을 찍어내 미국 정부에 달러를 빌려주고 거기에 따라서 이익을 얻을 뿐이다. 그래서 어떤 이들은 불, 바퀴와 더불어 이 FRB를 '인류 최고의 발명품'이라고 말하기도 했다. 일반적인 상식으로는 도저히 이해가 불가능한 것이 존재하는 것이다.

그저 한 국가의 힘있는 몇몇 은행가들이 만들어낸 민간은행의 연합이 달러를 마음대로 찍을 수 있고, 그 달러가 전 세계를 쥐락펴락할 수 있다는 사실이 믿기는가? 대개 이러한 종류의 일들은 엄격한 감독과 감시 체계를 가진 정부기관에서 해야 한다고 생각하는 것이 상식일 것이다. 그러나 미국 정부는 여기에 대한 권리를 갖지 못한 채, 그들도 어쩔 수 없이 민간은행에서 돈을 빌려야 하는 처지에 있는 것이다. 한마디로 세계 경제를 쥐락펴락하는 것은 미국 정부가 아니라, 극소수의 금융자본가들인 것이다.

라이트 패트먼Wright Patman 미국 하원 금융통화위원장은 자신의 저서 『화폐 입문A Primer on Money』에서 "연방준비은행은 완전히 돈벌이 기계다"라고 말했다. 과연 이러한 기관이 약자를 배려하고, 우리가 어려움에 처했을 때 우리를 도와줄 것이라고 믿을 수 있을까?

금융자본의 탐욕

FRB는 서브프라임 모기지론 사태를 오히려 더욱 부추겼다는 의혹마저 받고 있다. 1990년대까지만 해도 미국의 부동산 경기는 과도한 열기가 있는 '버블' 상태로는 진입하지 않았다는 것이 대체적인 평가다. 사람들이 부동산을 투기의 대상으로 보지 않았다는 이야기다. 그런데 FRB는 2000년 6.5%였던 금리를 수차례 낮추면서 결국 1.75%까지 낮춘다. 금리가 낮으니 사람들은 쉽게 빚을 내서 투자해 보려는 과도한 희망을 가지게 됐고, 이것이 결국 빚을 내서 집을 사는 과도한 투기 열풍의 진원지가 되었다는 이야기다. 빚이 많아져야 수익이 많아진다는 은행의 원칙에서 본다면 이같은 FRB의 금리인하 정책은 곧 서민들에게 고통을 안기고 자신들의 수익을 늘리기 위한 방법의 하나였다고 볼 수 있다.

과거에도 FRB에 대한 의혹은 있었다. 1914년부터 1919년까지 FRB는 돈을 마구 찍어내 소규모 시중은행에 거의 100% 대출을 해

미국 연방준비은행 (Federal Reserve Bank)에서 달러 발행

federal의 사전적 의미 : 연방정부의

미국 연방준비은행의 간판은 Federal Reserve Bank로 되어 있으나 공식 명칭은
Federal Reserve System이다.

줬다. 지급준비금은 거의 남기지 않았다. 국민들은 이곳 소규모 시중
은행에서도 마음껏 돈을 빌려 쓸 수 있었다. 그런데 1920년 FRB는
갑자기 그간 뿌린 돈을 마구잡이로 거둬들이기 시작했다. 금융 시장
에는 대혼란이 시작됐고, 빚더미에 오른 국민들은 파산하기 시작했
다. 그리고 이게 끝이 아니었다. FRB는 다시 1921년부터 1929년까
지 통화 공급을 늘렸고 국민들은 다시 엄청난 돈을 빌리게 된다. 하
지만 이러한 대출에는 함정이 있었다. 90%의 대출금은 언제든 회수
될 수 있었다. 24시간 이내에 반드시 대출금을 갚아야 한다는 무시
무시한 덫이 있었던 것이다. 1929년 금융 자본가들은 또다시 그동
안 빌려준 대출금을 무지막지하게 거둬들이기 시작했다. 대출을 받

아 주식 투자를 했던 은행과 개인들은 줄도산을 했다. 하지만 이미 록펠러, 모건, 버나드 버럭 등의 여러 큰손들은 주식을 대량으로 매각하고 주식 시장을 빠져나가고 난 후였다. 이 사태로 인해 1만 6천여 개가 넘는 금융회사들이 문을 닫았다. 금융 자본가들은 거의 헐값이나 다름없는 가격으로 은행들을 집어 삼켰고 주식으로 막대한 부를 챙겼다. 이는 미국 역사상 가장 엄청난 '사기 사건'으로 평가받고 있다. 그들 마음대로 통화량을 늘리고 줄이면서 FRB는 소규모 금융회사와 국민들을 희생양으로 삼을 수 있었던 것이다. 이를 통해서 FRB는 수천 개의 금융회사들에 대해 독점적인 지위를 획득할 수 있었고 지금도 그들에게 막강한 영향력을 행사하고 있다.

전 세계는 미국의 금융에 운명을 맡기고 있다. 이는 당신도 예외가 아니다. 그러니 돈의 큰 그림을 보려면 미국의 금융정책을 알아야 한다. 미국 금융사학자인 존 스틸 고든의 이야기를 들어보자.

"미국에 대한 의존도를 줄이자는 주장이 많이 있었습니다. 예를 들면 새로운 기축통화를 찾는다는 것입니다. 하지만 기축통화로 쓸 만큼 경제 규모가 큰 나라가 없습니다. 마음에 들든지, 들지 않든지 간에 당분간 세계는 미국에 고정된 것입니다."

우리가 큰 그림 안에서 돈의 흐름을 보지 못한다면 결국 제자리에서 벗어날 수 없다. 가난을 벗어날 수 없다. 우리의 지갑 속 돈이 사라지는 것은 우연이 아니다. 시작부터 잘못된 통화정책과 탐욕스러운 금융자본에 그 첫 번째 책임이 있다. 그렇지만 빚으로 만든 돈을 흥청망청 써버린 우리의 잘못도 크다. 분명한 건 돈이 돌아가는 원리를 모르면 희생자가 될 수밖에 없다는 사실이다.

자본주의 구조 안에서 돈은 빚이다. 이자가 존재하지 않는 시스템 안에서 우리는 돈의 노예가 될 수밖에 없을지도 모른다. 누군가가 파산을 해야 누군가가 돈을 벌 수 있는 시스템이기 때문이다. 그래서 더욱더 우리는 나무가 아닌 숲을 보는 안목을 가져야 한다. 미국 사회가 어떻게 돌아가는지, 그래서 우리나라의 금융 정책은 어떻게 바뀔지 생각할 수 있어야 한다. 자본주의 시스템 때문에 피해를 입었다고 구조적인 것만 탓해 봐야 우리에게 남는 것은 아무것도 없다. 아무런 도움을 받을 수 없다.

또 지금은 디플레이션의 시대다. 경기불황은 오랫동안 지속될 것이고 회복될 기미는 쉽사리 보이지 않을 것이다. 돈을 빌려가라고, 흥청망청 써도 괜찮다고 아무리 유혹하더라도 스스로 중심을 잡아야 한다. 나와 내 가족을 위해서 말이다.

차세대 기축통화는
'위안화'?

미국에 이어 차세대 기축통화가 될 가능성이 가장 높은 화폐는 중국의 위안화이다. 특히 중국은 그간 꾸준히 위안화의 국제화 전략을 통해 이러한 가능성을 타진해 왔다. 중국의 경제 규모가 커지고 있고, 기축통화가 되면 여러 장점들이 있기 때문에 이를 지속적으로 추진해 왔던 것이다.

전문가들이 말하는 기축통화의 조건은 세 가지다. 첫째, 해당 국가의 경제 규모가 세계 경제에서 상당한 비중을 차지해야 한다. 둘째, 국제 거래에서 거부감 없이 많이 사용되어야 한다. 셋째, 안전성이 있어야 한다.

그런 점에서 달러를 이을 유일한 화폐는 위안화라는 것이 현 시점에서는 공통적인 의견이다. 하지만 그 시점은 전문가들마다 다르다. 어떤 이들은 최소 30년 이상 있어야 한다고 말하고, 또 어떤 전문가들은 10년 만에 위안화가 기축통화로 성장할 수 있을 것으로 전망하고 있다.

"나는 어떤 꼭두각시가 권력을 획득하는지 신경쓰지 않는다. 영국의 통화를 지배하는 자가 대영제국을 지배하는 것이고, 나는 영국의 통화를 지배한다"

-네이선 로스차일드(Nathan Rothschild 로스차일드 금융 설립자)

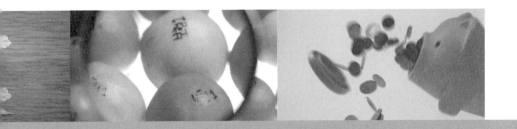

2

위기의 시대에
꼭 알아야 할
금융상품의 비밀

금융지능은 있는가

재테크. 언젠가부터 한국 사회에 유행처럼 사용된 말이다. 지금 가지고 있는 돈으로 여러 가지 다양한 금융상품에 투자해 돈을 불리는 것을 의미한다. 힘든 노동을 하지 않고 '머리만 잘 써도' 돈을 벌 수 있다는 이 신세계는 많은 사람들의 마음을 들뜨게 했다. 그런데 정작 이러한 재테크 열기로 인해 돈을 번 사람들은 누굴까?

재테크에 열중했던 당신일까? 안타깝게도 그렇지 않다. 재테크로 제일 많은 돈을 번 사람은 바로 은행이다. 은행은 조그만 위험도 감수하지 않은 채 당신의 투자에 올라타 수익이 오르면 그만큼의 수익을 얻어갔으며, 설사 당신의 투자가 실패해도 웃으며 칼같이 수수료를 떼어갔다. 제대로 알아보고 뛰어들지 않으면 결코 성공할 수 없는 게임, 그것이 바로 은행과 함께 하는 재테크라는 게임이다.

자 본 주 의

Capitalism

資 本 主 義

01
재테크 열기는 우리를 위한 것이 아니었다

금융자본주의의 시작

돈이 최고의 가치인 자본주의 세상에서 우리는 모두 부자가 되고 싶어 한다. 그리고 많은 사람들이 자신의 돈을 불리는 수단으로 '재테크'를 떠올린다. 물론 재테크에는 부동산, 예금, 투자 등 다양한 방법들이 있지만, 재테크의 상당 부분은 은행과 반드시 연관되어 있다. 금융자본주의 사회를 살아가고 있는 우리들은 은행이 내부적으로 어떻게 돌아가고 있는지, 그들이 투자를 권하는 각종 상품이 어떤 것인지 반드시 알아야 한다.

1990년대 이전까지 우리 사회에서 '금융'이라는 부분은 크게 중요시되지 않았다. 물론 '재테크'라는 말도 유행하지 않았다. 그저 열

은행원은 이제 더 이상 예금 · 적금만 권하지 않는다.

심히 일해서 저축을 하고 조금씩 돈을 모으면 그것이 최고라고 생각했다. 거기에다 한두 푼씩 붙는 이자만 봐도 얼굴에서는 빙그레 웃음이 피어오르기도 했다. 그렇게 저축은 기업에 투자돼 대한민국의 산업을 일으켰고, 해외 수출이 증가하면서 국가의 부가 늘어났다. 개개인 역시 그 발전 양상에 따라 점점 풍요로운 생활을 누릴 수 있었다.

그런데 1990년대부터 상황은 조금씩 달라지기 시작했다. 그때부터 세계 시장에서 우리 경제의 비중이 크게 확대되면서 금융 시장 개방에 대한 압력이 거세지기 시작했던 것이다. 1992년 '금융자율화 및 개방시행 계획'이 발표되고 금융 시장이 급속도로 개방되었다. 그때부터 국내에는 외국 자본들이 물밀 듯이 들어왔고 외국 자본과 선진 금융회사들의 휘황찬란한 금융상품들이 선을 보이기 시작했다. 그때부터 금융자본주의 세상은 급박하고 변화무쌍하게 돌아가기 시작했다. 통화량은 하루가 다르게 변했고 환율은 오르락내리락했고 주가는 심하게 요동쳤다.

그리고 2000년대가 되자 은행은 본격적으로 펀드와 보험을 팔고 신용카드 발급을 확대하면서 금융자본주의의 한가운데에 서기 시작했다. '저축'에만 초점이 맞춰졌던 은행의 위상과 역할이 크게 확대, 발전한 것이다. '재테크'라는 것이 유행처럼 번졌던 시기도 이와 맞물려 있다. '금융자본주의'라는 말은 노동력을 중심으로 하던 자본주의에서 금융을 중심으로 하는 자본주의로 전환됐다는 것을 의미한다. 과거에는 근로자들이 회사에서 일을 하고, 일하면서 만들어내는 상품과 서비스가 부富의 근원이 되었다. 그런데 언제부터인지 실제 노동력이 돈을 만들어내는 것이 아닌 '돈이 돈을 만드는 사회'가 본격적으로 시작됐다. 상품을 만들어내는 노동을 하지 않고, 서비스를 제공하는 수고를 하지 않았는데도 불구하고 부富가 생겨나기 시작한 것이다.

어떻게 그것이 가능할까? 바로 '투자'라는 과정을 거치는 것이다. 투자라는 명목으로 수많은 돈이 한꺼번에 은행으로 들어온다. 그래야 은행은 그 돈을 굴리면서 또 다른 돈을 벌 수 있기 때문이다. '재테크'라는 말은 명목상 '당신의 돈을 투자해서 수익을 벌어가라'는 말이지만, 그 이면의 진실은 '어서 은행에 당신의 돈을 쏟아부어 달라'는 의미이기도 하다. 하지만 여기에는 아주 큰 위험이 도사리고 있다. 미국 시카고대 경영대학원 라구람 라잔 교수는 재테크의 위험성에 대해서 이렇게 이야기한다.

라구람 라잔(Raghuram G. Rajan)
미국 시카고대학교 경영대학원 교수,
2003년 피셔 블랙상(Fischer Black Prize) 선정
2011년 영국《이코노미스트》선정 '가장 영향력 있는 경제학자 1위'
저서 :『폴트 라인』,『시장경제의 미래』

"무엇에 손을 대면 안 되는지 모르고 덤비다간 손가락이 잘리기 십상이죠. 조심해야 합니다. 금융 시장의 구성 요소에 대해 전혀 모른 채 금융 시장에 가도 된다고 생각하는 것은 화를 자초하는 일입니다. 특히 쉽게 돈을 벌 수 있다고 생각하면 더욱 그렇죠. 불행히도 금융 열기로 인해 사람들은 아주 쉽게 돈을 벌 수 있다고 생각합니다. 미용실에서도, 가게 주인한테도 그런 말을 전해 듣죠. 여기에 돈만 넣으면 두 배가 된다고요. 그럴 때는 매우 경계해야 합니다. 불행히도 많은 사람들이 돈을 그냥 가져올 수 있는 것처럼 보일 때 금융 시장에 들어가죠. 함정이나 위험에 대해 배우는 것은 굉장히 중요합니다. 그리고 너무 많은 사람들이 금융으로 돈을 버는 모습이 보인다면 뭔가 잘못된 것이고 곧 무슨 일이 터질 겁니다."

은행 창구의 은행원은 오로지 당신을 위해 재테크 방법을 권하는 것일까? 재테크란 누구나 뛰어들 수 있지만, 아무나 돈을 벌 수 있다고 생각하다가는 큰코다친다. 2장에서는 알지 못한 채 뛰어드는 금융재테크란 얼마나 위험한 것인지에 대해 이야기하려고 한다.

은행을 위한 투자
나를 위한 투자

은행이 금융자본주의의 핵심이 되기까지 1999년 미국에서 제정된 '금융서비스현대화법'의 영향이 컸다. 이 법의 역사는 1930년대로 거슬러 올라간다. 당시 미국은 물론 전 세계를 휩쓸었던 대공황의 원인을 상업은행의 방만한 경영 때문이라고 판단한 미국 정부는 1933년 상업은행과 투자은행을 명백하게 분리한다는 '글라스-스티걸' 법을 제정했다. 은행들이 고객의 돈을 마음대로 유용할 수 있는 '도박'을 금지했던 것이다. 그런데 1999년 제정된 '금융서비스현대화법'은 바로 그와 같은 법을 다시 폐지하고, 금융지주회사가 은행 외에 증권회사, 즉 투자회사를 둘 수 있게 했다. 다시 은행이 고객의 돈으로 투기할 수 있는 권리를 허가해 준 셈이다.

이에 따라 우리나라도 금융업의 경쟁력을 강화한다는 명목으로

1999년 미국 클린턴 정부는 은행이 투자은행을 겸할 수 있는 '금융서비스현대화법'을 통과시킨다.

'금융지주회사법'을 제정했다. 은행들은 기다렸다는 듯이 저마다 투자은행을 설립했고, 고객들을 상대로 저축보다는 투자를 하라고 설득하기 시작했다. 1970년대부터 급격한 고도성장을 해왔던 우리나라는 '고금리의 시대'를 이어왔다. 하지만 1997년 IMF 이후부터 경제 전반의 상황이 크게 달라지기 시작했다. 기업들은 공격적인 경영보다는 안정적인 경영을 추구했고 국가 경제 역시 저성장의 추세로 접어들었다. 고도성장이 끝나자 이제까지의 고금리 시대도 끝나버렸고, 이와 동시에 재테크의 화려한 시대가 펼쳐지기 시작했다. 예금, 적금만 권하던 은행들도 이제는 펀드, 보험, 신용카드, 체크카드, 텔레뱅킹, 인터넷뱅킹 등 다양한 금융상품으로 무장하고 고객들에게 가입을 권하고 있다.

　이러한 상황을 두고 '세계 금융의 황제'라고 부르는 조지 소로스는 '유조선의 칸막이가 열린 것과 같다'고 말했다. 금융 시장의 탐욕이 봇물 터지듯 터져나와 누구도 막을 수 없는 사태가 벌어질 것을 예감한 것이다. 물론 이러한 상황은 2002년 이후 시작된 저금리 시대도 한몫을 했다고 볼 수 있다. 예금이나 적금으로 받을 수 있는 이자가 물가상승률을 따라가지 못했기 때문에 '투자가 최고'라는 말이 사람들의 귀를 솔깃하게 만든 것이다.

　이러한 투자 열풍은 때로 최악의 상황을 낳기도 했다. 은행원의 권유에 펀드에 가입했던 고객들 중에는 10년, 20년간 한푼 두푼 모은 전 재산을 몽땅 투자하는 사람도 있었다. 그런데 연일 최고치를 자랑하던 펀드들도 때로는 순식간에 곤두박질치기도 했다. 그렇다 해도 투자자들이 하소연할 수 있는 곳은 아무 데도 없었다. 은행은 애초에 투자 실패에 대한 책임이 전혀 없었고, 그 손실을 보전해 줄 수 있는 기관도 아니기 때문이었다. 그러다 보니 퇴직금 전부를 날렸거나 전 재산을 잃은 투자자들은 좌절과 절망의 그림자 속에서 스스로를 자책하며 살아갈 수밖에 없었고, 최악의 경우 자살하기도 했다.

　문제는 많은 사람들이 왜 이런 일들이 자신에게 일어났는지 원인조차 모른다는 사실이었다. 그때까지 은행원이라면 '우리에게 틀린 말을 할 리가 없는 사람'이라는 인식이 강했다. 선망의 직업이기도

실질금리와 소비자 물가지수 상승률 비교

했다. 그런 은행원의 말을 듣고 '수익률 최고'라는 펀드를 샀는데 왜 나는 있는 돈도 까먹었을까? 은행원이 말하는 '순식간에 돈을 벌 수 있는 파생상품'을 샀는데 왜 나는 원금도 못 건지고 실패했을까? 이에 대한 답변은 그 누구도 들려주지 않았다.

속 시원한 답을 얻을 수 없다면 때로는 질문을 바꿔보는 것도 좋다. '투자자인 나에게 무슨 잘못이 있었던 것이 아니라 은행에 뭔가 잘못이 있는 것은 아닐까?', '내가 너무 순진하게 은행원을 믿었던 것은 아닐까?' 하고 말이다.

02
은행이란
수익을 내야 하는
기업일 뿐이다

은행은
때로는 이웃이 아니다

우리는 은행을 '정직한 기업'이라고 생각한다. 돈을 다루는 곳이니 정확하고 투명하지 않으면 안 될 것이라고 여기기 때문이다. 거기다 내 돈을 안전하게 보관해 주고, 이자까지 주고 있으니 더 할 수 없이 좋지 않은가. 또 원할 때는 언제든 다시 찾을 수 있기 때문에 은행은 참 고마운 곳이다. 이러한 기대에 어긋나지 않게 은행들은 최고의 서비스를 선보인다. 창구에 있는 은행원들은 과도하다 싶을 정도로 친절하고, 또한 은행은 늘 청결하고 고급스러워서 그곳에 들어가는 것만으로도 기분이 한결 나아지기도 한

광고를 보면 은행은 나를 위해서 내 소중한 돈을 지켜줄 것만 같다.

다. 거기다가 청원경찰까지 버티고 있으니 마음까지 든든하다. 그래서 '가족같이 돌봐주겠다'는 은행의 광고는 더욱 믿음직스럽다.

'그곳에 가면 행복이 있다. 사람에서 사람으로 이어주는 금융'

'내 인생이 술술 풀린다'

'대한민국의 행복한 2012년을 위해 당신의 기쁨을 하나하나 키워가겠습니다'

이 말들 그대로라면 정말로 은행은 우리의 든든한 이웃이고, 내가 어렵고 힘들 때 경제적으로 나를 도와줄 수 있는 좋은 곳이라는 느낌이 든다.

하지만 정말 광고처럼 은행은 고객을 이웃처럼 생각하고 최선을 다할까? 또한 은행원은 고객들의 돈을 지키고 불려주기 위해 많은 노력을 기울일까? 결론부터 말해보자면, 이러한 믿음은 우리가 은행에 대해서, 그리고 은행원에 대해서 너무도 모르기 때문에 가질 수 있는 것이다. 은행원들이 고객들에게 특정 상품을 권유하고, 그 상품을 선택하도록 설득하는 것은 은행 상품에 무지한 고객들의 돈을 지켜주고 불려주기 위한 것이 아니다. '뭔가 다른 이유'가 있기 때문이다. 전문가들의 이야기를 들어보자.

전영준
법무법인 한누리 변호사

"직원들이 특정 상품을 추천하는 이유는 딱 하나입니다. 본사에서 프로모션이 나온 거죠. 이 상품을 판매하라고 지시가 내려온 것입니다. 또한 이 상품이 판매되었을 때 직원들도 보다 많은 인센티브를 받기 때문에 특정 상품을 권하게 되는 것입니다. 그래야 자신들의 인사고과에도 좋은 영향을 미칩니다. 그렇지 않으면 특정 상품을 판매할 이유가 없지 않겠습니까?"

송승용
희망재무설계 이사

"은행이건 증권사건 특정 상품에 대해서 많이 판매를 해야 되는 기간이 있습니다. 그럴 때는 고객들한테 아무래도 그 상품을 많이 권할 수밖에 없거든요. 갑자기 어떨 때는 카드를 가입하라 그러고, 어떨 때는 펀드를 가입하라 그러고, 어떨 때는 보험 상품을 가입하라 그럽니다. 은행 내부적으로 특정 기간 동안 이 상품을 많이 판매해야 된다는 할당이 떨어진 거예요."

하지만 믿기 어려운 말이다. 그토록 달콤한 말로 우리를 위한다고 해놓고 판매촉진이라고? 그래도 은행원들이 최소한 상품에 대해 잘 알고 있으니까 투자자들에게 최대한 유리한 상품을 권해주는 것은 아닐까. 하지만 우리의 이러한 기대는 여지없이 무너지고 만다. 전영준 변호사의 이야기를 더 들어보자.

"어느 저명한 미국의 교수가 이런 말을 한 적이 있습니다. 월스트리트에서도 잘 알지 못하는 상품을 한국에서는 일반 개인들에게 판매하고 있다고 말이죠. 이것이 제일 큰 문제입니다. 전문가들도 모르고 개인도 모르는 상품들이 버젓이 거래되고 있다는 것입니다. 금융 전문가들도 모르는 상품이 판매되고 있는데, 지점에서 판매하는 직원들이 그 상품을 안다는 건 불가능하죠. 금융기관 본사에서 내려준 공문을 가지고 판매하고 있다고 봐야죠."

은행도
다 알지 못한다

사실 은행원이 모든 걸 다 알고 있다고 생각하는 것도 문제다. 금융투자협회의 발표에 따르면 2012년 7월 현재 국내에서 판매되는 펀드의 수는 1만 4개. 놀랍게도 이는 '세계 1위'의 수준이다. 금융상품의 종류가 이렇게 많은데 일개 은행원이 아무리 공부를 열심히 한다고 해도 그것들을 다 파악하고 분석하는 것이 가능한 일일까. 복잡하고 어려운 1만여 개의 상품을 모조리 안다는 것 자체가 불가능하지 않을까.

이는 고객의 입장에서는 참으로 어처구니없는 상황이기도 하다. 우리의 상식으로 생각하면, 판매자는 해당 상품에 대해서 누구보다도 잘 알고 있어야 한다. 보통의 경우 유능한 세일즈맨은 자신이 판매하는 상품을 보다 잘 이해하고, 그것을 통해 고객들에게 최선의 서비스를 제공하고 싶어 한다. 하지만 은행원들은 다르다. 그들은 자신이 잘 모르는 상품도 판매한다. 또한 그것에 책임을 지지도 않는다.

고객에게 어떤 금융상품에 대해 정확하게 설명을 해주지 않았다가 나중에 고객에게 피해가 생겼을 때에는 어떻게 될까? 해외펀드에 가입했다가 피해를 입었던 김수철(가명) 씨의 이야기를 들어보자.

"제가 펀드를 구입할 때 은행원은 삼성전자와 국민은행에 투자하는 것으로 설명하고 연 수익률은 12%다, 이 정도로만 설명했는데, 2년 후에 리먼브라더스 사태가 생기니까 삼성전자에 투자한 것이 아니고 리먼브라더스에 투자한 거다, 이렇게 말을 바꿨습니다."

수많은 펀드 홍보물들은 제각각 높은 수익률을 자랑하고 있으며, 안정성도 탁월하다는 이미지를 전하는 데 여념이 없다. 하지만 실제 이러한 금융상품의 판매는 대부분 상당히 '대충대충'인 경우가 많다. 전영준 변호사의 이야기를 들어보자.

"우리가 금융상품에 대해 투자를 할 때는 그 금융기관에 가서 계약서를 작성하고 해당 금융상품에 대해 설명을 들었음을 확인하는 확인서를 작성해야 합니다. 그런데 그 과정들이 실제로는 그냥 대충대충 하는 설명으로 채워질 뿐이고, 마지막에 은행 직원들이 형광펜으로 체크한 특정 부분에 사인만 하는 형식적인 과정으로 진행이 되고 있습니다."

은행원이 특정 금융상품의 장점만 부각시키고 단점은 거의 설명을 하지 않는 것은 예삿일이다. 상품의 수익성뿐만 아니라 그 상품이 얼마나 위험한 상품인지 함께 설명해야 함에도 불구하고 그러한 과정을 거치지 않는 것이다. 송승용 희망재무설계 이사의 이야기를 들어보자.

"요새 금리가 낮다 보니까, 예금이나 적금 이자율에 만족을 못하는 분들이 많이 있거든요. 그런 분들을 위해서 파생상품의 성격을 가진 복합적인 상품들이 많이 나오고 있는데, 대표적인 게 ELS라든지 저축성 보험 상품들이 있습니다. ELS라는 것은 일정한 조건을 만족시키면 이익이 발생할 수도 있지만 그 조건이 충족이 안 되면 굉장히 많은 손실을 볼 수도 있거든요. 그래서 ELS 상품들을 잘못 가입해서 피해를 보는 사례들도 있고요. 이제는 방카슈랑스라 그래서 저축성 보험 상품들을 은행에서 많이 판매합니다. 근데 적금인 줄 알고 가입했는데 나중에 알고 보니까 10년 정도 부어야 되는 보험 상품이었다는 거죠. 가입하고 1, 2년 있다가 찾아서 돈을 빼서 쓰고 싶었는데 창구에서는 금리가 적금보다 높고 비과세가 된다, 요런 말만 하는 거죠."

일반인들은 잘 모르지만 금융권에서는 이를 '완전 판매'와 '불완전 판매'라는 개념으로 설명하고 있다. 송승용 희망재무설계 이사의 설명을 들으며 좀 더 자세하게 알아보자.

"내가 가입한 상품에 대해서 정확하게 이해를 하고서 그 상품을 가입했을 경우에는 '완전판매'입니다. 고객이 모든 것을 다 알고 가입을 하는 거죠. 하지만 좋은 점이나 나쁜 점을 모르는 상태에서 가입하게 되는 것을 불완전 판매라고 보면 됩니다. 대부분의 경우에는 안 좋은 점은 대충 넘어가고 좋은 점만 이야기를 하죠. 따라서 '굉장히 좋은 상품이 나왔으니까 은행이 나를 위해서 추천해 주는구나'라고 생각하기 전에 '아, 지금 은행이나 증권사에서 이 상품을 많이 팔려고 하는구나'라고 생각해야 합니다. 그래서 그것이 내가 원하는 상품인지, 아닌지 판단을 해보고 자신이 원하는 상품일 때만 가입하는 것이 자신의 돈을 지킬 수 있는 방법이라고 생각합니다."

이러한 사실은 투자자들에게 상당히 불쾌한 일이며 심하게 말하면 '사기성'이 있는 것이다. 상품의 단점을 설명하지 않는다는 것은 상품의 특성을 '왜곡'하는 것이고, 그것으로 인해 발생할지도 모르는 피해에 대해서 '난 그런 건 모르겠어. 책임지지도 않겠어'로 일관하겠다는 이야기다. 대개의 사기 수법들도 특정 상황에 대한 은폐와 왜곡, 그리고 무책임으로 일관하는 과정으로 이어진다.

너무 과도한 이야기라고 생각되는가? 이제껏 당신이 은행에 대해 가졌던 좋은 이미지가 한꺼번에 무너져 내려 믿기 어렵다고 이야기하고 싶은가? 하지만 이건 진실이다.

송승용 희망재무설계 이사의 말이다.

"우리가 흔히 알고 있는 삼성전자나 현대자동차는 가전제품이나 자동차를 팔아서 이익을 내지 않습니까? 금융회사, 즉 은행들은 '금융상품을 팔아서 이익을 내는 회사다'라고 이해하면 쉽습니다. 특히 외국 투자자본들의 국내 은행들에 대한 투자가 가능해지면서 굉장히 영리 위주로 많이 전환이 됐습니다. 특히 대주주들에게 많은 배당을 해주어야 한다는 압박감도 있다 보니까 아무래도 고객들 중심이라기보다는 주주 중심적인 회사로 전환된 것이죠. 우리나라 금융회사들도 점점 그렇게 영리를 추구하는 성향들이 강해지고 있다고 보시면 될 것 같습니다."

은행은 그저 기업일 뿐이다. 은행은 당신의 친구도 아니고, 조력자도 아니며, 이웃도 아니다. 그저 당신에게 금융상품을 팔고, 그것으

상품의 종류가 너무 많아 은행원도 다 알지 못한다. 따라서 수익률만 따지지 말고 얼마나 위험한
상품인지 반드시 확인해야 한다.

로 수익을 올리면 되는 회사일 뿐이라는 이야기다. 이 말은 곧 당신
과 은행의 이익이 상충될 때, 은행은 분명 자신의 이익을 먼저 챙길
수밖에 없다는 것을 알려준다.

특히 은행원들은 상대적으로 공략하기 쉬운 사람들을 적극적으로
물색한다. 만약 당신이라면 본사에서 특정 상품에 대한 판매 지시가
떨어졌을 때 어떻게 하겠는가. 깐깐하고 금융지식이 많은 사람을 공
략하겠는가, 아니면 그저 순진하게 은행원을 믿고 금융에 대해서 잘
모르는 사람을 공략하겠는가. 그래서 60, 70대의 노인들, 금융지식
이 별로 없는 주부들, 갑작스럽게 보상금이나 퇴직금을 받아 어디에
써야 할지 모르는 사람들이 주요 타깃이 될 수밖에 없다. 실제로 잘
못된 투자로 인해 피해를 본 상당수의 사람들이 이런 사람들이었다.

과거에 은행은 '돈을 안전하게 보관할 수 있는 곳', '이익은 아니더라도 최소한 손해는 끼치지 않는 곳'이라는 이미지가 있었기에 사람들은 더욱 쉽게 은행에 큰돈을 맡길 수 있었다.

송승용 희망재무설계 이사의 말을 계속해서 들어보자.

> "과거에는 시중은행들이 일부 공적인 역할을 했습니다. 서민들을 위한 주택자금을 저리로 대출해 준다든지, 기업들을 위해서 산업자본을 공급해 준다든지 이런 역할을 했습니다. 하지만 1990년대 접어들면서부터는 공적인 기능보다는 주식회사적인 기능이, 자신의 이익을 먼저 추구하는 성격이 더욱 강해지기 시작했습니다."

이제 우리는 은행에 대한 생각을 바꿔야 한다. 은행을 너무 믿어서는 안 된다. 물론 그렇다고 은행과의 거래를 안 할 수는 없다. 모든 투자를 하지 말라는 이야기도 아니다. 모든 상품은 장단점이 있게 마련이란 사실을 인식하고, 그 상품의 수익률과 함께 위험성에 대한 설명도 반드시 들어야 한다. 모르면 묻고, 이해가 될 때까지 질문해야 한다. 그것이 '자신의 이익을 먼저 추구하는 은행'과의 공정한 거래법이다.

03
8%의 이자를 주는
후순위채권의 비밀

은행과
저축은행은 다르다

'이자를 많이 주는 상품'이라는 이야기를 들으면 어떤 생각부터 떠오르는가? 아마도 대부분의 사람들이 '와, 좋은 상품이네'라고 생각할 것이다. 하지만 실제로 이자를 많이 주는 상품이란 '위험한 상품'이다. 우리는 이러한 사례의 전형을 저축은행 사태 당시의 '후순위채권'에서 찾아볼 수 있다.

2012년 5월 솔로몬, 미래, 한국, 한주 등 4개 저축은행이 영업정지를 당했다. 그 후 각종 불법대출과 비자금 조성 문제로 은행장뿐만 아니라 정치권의 핵심 인물들이 줄줄이 구속됐다. 이러한 사건이 발생한 원인은 2001년 3월 '상호신용금고법'이 '상호저축은행법'으로 개정된 것에 있다고 볼 수 있다. 이 법을 통해 하루아침에 '상호신용금고'는 '저축은행'이라는 이름을 얻으면서 환골탈태를 하게 된다. 물론 '저축은행'이라고 표기함으로써 국민들이 제1금융권의 은행과 착각하기 쉽다는 우려가 제기되기도 했다. 하지만 이에 대한 법적인 대안으로 나온 것이 간판에 '저축 은행'이라고 띄어쓰면 안 된다는 것이었다. 하지만 솔직히 일반인들이 '저축은행'과 '저축 은행'의 차이를 알기는 거의 불가능하다. 송승용 희망재무설계 이사의 설명을 들어보자.

송승용
희망재무설계 이사

"원래는 신용금고죠. 쉽게 말하면 사채금고이며, 새마을금고와 같은 작은 금융회사에 불구한 것입니다. 하지만 여기에 '은행'이라는 이름을 붙여주니까 사람들은 은행과 혼동을 하기 시작했고 그래서 '많은 돈을 맡겨도 문제가 없을 것이다'라고 착각을 했던 것입니다."

사람들은 저축은행이 제1금융권에 비해 이자도 많이 준다고 했기 때문에 피땀 흘려 번 돈을 저축은행에 입금하기 시작했다. 하지만 황

당하게도 그 돈은 각종 비리와 불법대출, 심지어 은행장 개인을 위한 횡령으로 빼돌려지기 시작했다. 그리고 이러한 상황은 '영업정지'라는 부메랑으로 돌아왔고 결국 서민들의 뒤통수를 치게 된 것이나 마찬가지다.

이 과정에서 특히 문제가 됐던 것이 바로 후순위채권이다. 사람들은 '이자를 많이 준다'는 말에 현혹되어 정작 이 상품이 어떤 상품인지도 모르는 상태에서 서둘러 구매를 한 경우가 많았다. 2011년 2월 영업정지를 당한 대전저축은행의 피해자 사례들을 보면 얼마나 많은 사람들이 후순위채권으로 피해를 입었는지 알 수 있다. 금융피해자협회에 따르면 피해자 67명이 손실을 입은 액수만 계산해도 총 80억 원에 이른다고 한다. 오인용 금융피해자협회 부회장의 이야기를 들어보자.

오인용
한국 금융피해자협회 부회장

"한 분의 사례를 보면 예금 가입자였습니다. 창구 직원이 좋은 상품이 있으니까 가입을 하지 않겠느냐 그렇게 물었고요. 근데 그분 같은 경우에는 나는 돈이 없다, 했죠. 그러니까 직원이 지금 선생님이 가입하고 있는 저축성 예금을 해지해서 그 돈으로 가입하시면 됩니다, 라고 설명을 해주었습니다. 그러면 해지하게 되면 약정이자율로 계산되는 이자를 손해를 보는데 어떻게 해지를 할 수 있느냐, 그렇게 얘길 했더니 약정이자대로 해서 주겠다, 그렇게 권유를 받아서 예금을 해지하고 후순위채권을 구매하게 된 거죠. 근데 그 투자상품에 대해서 이게 채권이다, 라는 언급이 전혀 없었습니다. 채권이라는 것은 모르고 예금전환이라고 그렇게 표현했습니다."

부채를 자본으로 바꾸는
BIS의 꼼수

당시 피해자들은 후순위채권이 뭔지도 모르고 가입을 했고 저축은행 역시 이 상품의 위험성에 대해서는 전혀 알려주지 않았다. 저축은행은 '장기고수익 특별상품', '연 8.5% 확정금리' 등의 듣기 좋은 말들만 안내장에 써놨고, '후순위특약'이라는 용어를 표기해야 함에도 불구하고 심지어 '후순위'라는 말을 아예 쓰지 않았다고 한다. 피해자들은 저축은행들이 영업정지가 된 이후에야 후순위채권이 무엇인지 알게 된 것이다.

그렇다면 과연 후순위채권이란 어떤 것일까?

채권을 발행하면 그것은 부채이다. 그 채권을 발행한 회사가 큰 문제가 없으면 전혀 문제가 안 되지만, 채권을 발행한 회사가 부도가

도대체 후순위채권이란 무엇일까?

저축은행이 파산했을 경우

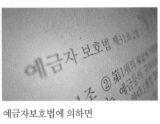
예금자보호법에 의하면

원금을 5천만 원까지
보장해 주도록 돼 있다.

선순위 채권자라면
먼저 돈을 돌려받는다.

후순위 채권자들은

순위가 밀려나

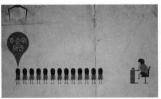
모든 부채를 갚은 후에 순위가 돌아온다.

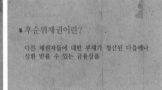

난다든지 도산이 되는 경우에는 채권자들한테 돈을 되돌려주게 된다. 여기엔 되돌려주는 우선순위가 있는데, 일반적인 채권 회사와 일반적인 채권을 가지고 있는 사람들이 우선권을 가지기 때문에 이들에게 먼저 돈을 주고 그 다음에 후순위채권을 가지고 있는 사람들한테 돈을 지급한다. 다시 말해 회사가 망해서 빚잔치를 하는데 돈을 돌려주는 우선순위에서 순위가 밀리는 게 바로 후순위채권이다. 선순위채권, 그 다음에 후순위채권, 그 다음에 주식을 갖고 있는 주주들 순으로 돈을 돌려받을 수 있다. 저축은행의 경우에는 자산보다 부채가 더 많기 때문에 그러다 보면 아무래도 채권자들한테 돈을 다 주기가 힘들고 후순위채권을 가지고 있는 사람들은 돈을 돌려받기가 힘들어지는 것이다. 송승용 희망재무설계 이사의 말을 들어보자.

> "후순위채권은 일반적인 채권보다 금리를 더 많이 줍니다. 위험하니까 더 많이 주는 거거든요. 선순위채권보다도 후순위채권의 금리가 상당히 높습니다. 금리도 높은 데다가 만기도 깁니다. 보통 한 5년 반 정도 오랫동안 가지고 있어야 됩니다."

그렇다면 저축은행이 이러한 후순위채권을 파는 이유는 무엇일까. 바로 여기에는 일반인들은 모르는 '꼼수'가 숨어 있다. 이 꼼수의 비밀은 바로 BIS이다. BIS는 은행의 자산이 얼마나 건전한지,

BIS란?

총 자산 중에서 자기자본이 차지하는 비중을 나타내는 지표로서 기업 의무구조의 건전성을 나타내는 가장 대표적인 지표.

$$BIS = \frac{기준자기자본}{위험가중자산} \times 100$$

은행자산의 건전성을 나타내는 BIS

그러니까 얼마나 '믿을 수 있는지'를 나타내는 대표적인 지표라고 할 수 있다.

이 지표가 5% 미만이면 경영개선권고, 3% 미만이면 경영개선요구, 1% 미만이면 경영개선명령을 내릴 수 있다. 즉, BIS가 5% 아래로 내려가려면 감독기관으로부터 개선권고나 요구, 명령을 받게 되는 것이다. 여기서 중요한 사실이 하나 있다. 만약 은행이 예금을 빼서 후순위채권으로 돌리면 부채가 줄어들게 된다. 그렇게 해서 BIS가 높아지면 '자산이 건전하다'는 인정을 받을 수 있는 것이다. 한국금융피해자협회 오인용 부회장의 이야기다.

"은행은 BIS비율을 높이기 위해서 후순위채권을 발행합니다. 채권은 부채입니다. 언젠가 고객에게 돌려주어야 하니까 부채로 잡힙니다. 하지만 만기 5년 이상 후순위채권은 자본으로 인정해서 부채로 잡히지 않습니다. 따라서 BIS비율을 높일 수 있는 것입니다."

고수익은 고위험이다

결국 이미 구멍이 난 독을 서민들의 피땀 어린 돈으로 막으려고 한 셈이다. 사실 이는 '은행이 이자를 많이 주겠다'고 했을 때부터 이미 예견할 수 있는 일이다. 은행이 고객들에게 이자를 많이 주기 위해서는 다소 위험한 곳에 투자를 해서 수익을 많이 내야만 한다. 하지만 위험한 곳에 투자를 한다는 이야기는 곧 그 돈을 잃을 가능성도 더 높아진다는 것을 의미한다. 그리고 이것이 현실화되었을 때, 그 피해는 곧바로 고객들에게 돌아갈 수밖에 없다. 송승용 희망재무설계 이사는 이렇게 경고한다.

"금융소비자들이 반드시 아셔야 할 것이 있습니다. 그것은 높은 이자를 주는 곳에는 반드시 위험이 숨어 있다는 것입니다. 예를 들어 저축은행에서 이자를 더 많이 주는 것은 은행보다 더 쉽게 망할 수 있기 때문에 이자를 좀 더 주는 것입니다. 특정 상품이 이자가 많다는 것은 또 그만큼 실패할 확률도 높다는 것을 의미합니다. 하지만 이러한 점을 모른 채 '이자가 많으면 좋은 상품이구나'라고 생각해서는 안 됩니다."

결국 우리는 너무 몰라서, 너무 믿어서, 그리고 너무 순진해서 돈을 잃어버리고 마는 것이다. 『톰 소여의 모험』을 쓴 마크 트웨인은 이렇게 이야기했다.

'은행은 맑은 날에는 우산을 빌려줬다가 비가 오면 우산을 걷는다.'

아직도 많은 은행장들이 새로 취임할 때 '비 오는 날에 우산을 뺏지 않겠다'는 말을 하곤 한다. 과연 우리는 그 말을 믿을 수 있을까? 물론 한 개인으로서는 그러한 희망을 비출 수 있을 것이다. 하지만 그것은 절대 쉽게 실천할 수 있는 말이 아니다. 은행들은 계속해서 돈을 벌어야 하는 회사다. 보다 많은 돈을 벌기 위해서는 고객들이 보다 위험한 상품에 가입해야 한다. 만약 그렇지 않고 안전한 상품에만 투자하게 되면 고객에게 돌아가는 이익도 낮아질 뿐 아니라 자신들이 벌어들이는 이익도 낮아진다. 이자율이 높은 위험한 상품에 고객들이 투자해야 은행에 돌아오는 이익도 많다. 그렇다면 은행이 부담해야 하는 위험도 많지 않을까 생각할 수도 있다. 하지만 은행은

은행장이 새로 취임할 때마다 마크 트웨인의 말은 단골로 인용된다.

그런 위험을 애초에 '고객님'의 탓으로 돌려놓기 때문에 아무런 걱정이 없다.

물론 저금리 시대에 '8~10%의 이자를 주는 금융상품이 있다'는 식으로 말하면 누구라도 관심을 가질 것이다. 하지만 저축은행이 파산했을 때 예금자보호는 원금과 이자를 합해 5천만 원까지만 가능하다는 사실만 알고 있었어도 피해가 커지진 않았을지 모른다.

송승용 희망재무설계 이사는 이렇게 말한다.

"금융회사들은 돈을 벌어야 되기 때문에 계속 위험한 상품을 추천할 것입니다. 그렇게 할 수밖에 없습니다. 예금, 적금, 대출처럼 간단한 상품 같은 경우에는 큰 문제가 없는데 좀 복잡한 상품들이 많이 나오거든요. 복잡한 상품일수록 설명할 게 많고 또 주의할 점들이 많이 있습니다. 거꾸로 말하면 그런 상품일수록 금융회사한테 이득이 많이 발생하거든요. 금융회사의 수익을 창출할 수 있는 상품을 소비자가 모르는 상태에서 판매하다 보면 불완전 판매의 동기 유발이 될 수 있다고 봅니다."

이제는 알아야 한다. 나를 가족처럼 여긴다는 은행의 말에 막연한 안도감을 가져서는 안 된다. 은행은 때로 당신 편이 '전혀' 아닐 수 있기 때문이다.

04
은행은 판매수수료가
많은 펀드를 권한다

펀드는 저축이 아니라
투자다

우리나라에 '펀드'라는 것이 처음 등장한 것은 1970년 5월로 거슬러 올라간다. 당시 한국투자개발공사가 설정한 1억 원 규모의 '안정성장 증권투자신탁 1월호'가 그 시초였다. 이후에도 꾸준히 펀드는 출시됐지만 대중적인 '펀드 열풍'이 불었던 것은 1999년 3월에 출시된 '바이 코리아 펀드'가 계기였다. 이 펀드는 대대적인 광고와 함께 판매되었으며 4개월 만에 무려 12조 원의 돈이 몰렸을 정도로 큰 인기를 얻었다. '펀드'는 금세기 최고의 투자방법이라는 말까지 나오기도 했다.

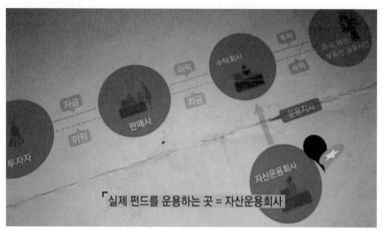

실제 펀드를 운용하는 곳 = 자산운용회사

펀드를 파는 곳과 운용하는 곳

그러나 본격적인 활황세를 이어나가던 국내 펀드 시장은 '좋은 시절'이 그리 오래 가지 않았다. 2000년 벤처 열풍이 꺼지기 시작하면서 바이 코리아의 펀드 수익률은 -70%가 될 정도로 크게 폭락하고 말았다. 이후 펀드 시장은 인기가 시들해졌지만 2004년에 '적립식 펀드'라는 것이 도입되면서 또다시 '펀드 광풍'이 불기 시작했다. 그간의 펀드는 일정 금액을 한꺼번에 펀드에 투자했지만, 적립식 펀드는 정기적금처럼 일정 시기마다 일정 금액을 지속적으로 투자하는 방식이었다. 목돈이 없어도 투자가 가능했고 한꺼번에 많은 돈을 투자하지 않기 때문에 투자 위험도 낮다는 장점이 있었다. 심지어 대학생들마저도 펀드에 투자했으니 당시의 펀드 광풍이 어느 정도인지 알 수 있을 것이다. 하지만 이 역시 얼마 가지 않았고 2007년 10월 미국의 서브프라임 모기지 사태는 이러한 상황을 더욱 악화시켰다.

분명히 은행원은 '수익률이 좋은 펀드다'라고 설명했겠지만 실제 고객에게 돌아가는 돈은 얼마 되지 않았을뿐더러 원금을 잃어버리는 일도 허다했다. 그렇다면 왜 이런 일이 발생하는 것일까. 도대체 펀드라는 것이 무엇이길래 이러한 상황이 벌어질 수 있는 것일까? 우선 펀드란 무엇인가에 대해서 차근차근 알아보도록 하자.

펀드란 다수의 사람들에게서 자금을 끌어모은 후, 이 돈을 채권이나 주식에 투자해서 그 수익을 나눠 갖는 금융상품이다.

내가 펀드를 사면, 나와 같은 상품을 산 사람들의 돈을 합쳐서 '수탁회사'로 가게 되고, 수탁회사는 돈을 보관하고 있으면서 자산운용회사에 있는 펀드매니저와 협의를 해 투자를 결정한다. 그러면 수탁회사는 가지고 있던 돈을 주식 등에 투자하고, 거기에서 이익이 나면 투자한 비율대로 수익금을 나눠 갖는다. 하지만 이 단계에서 분명하게 알아야 할 것은 펀드는 저축이 아니라 투자라는 점이다. 투자라는 말은 한마디로 돈을 전부 날릴 수도 있다는 뜻이다.

투자상품이기 때문에 펀드 역시 위험성을 지닌다. 펀드는 어디에 투자하는지에 따라서 주식형, 채권형, 혼합형으로 나뉜다. 그중에서 주식형은 고수익이 가능하지만 위험이 큰 '고위험 상품'으로 분류된다. 여기에는 일반적인 투자의 법칙이 적용된다. 수익이 높으면 위험도 높고, 수익이 낮으면 위험도 낮다. 그렇다면 혹시나 '수익은 높고 위험은 낮은 상품'은 없을까? 법무법인 한누리 전영준 변호사의 이야기를 들어보자.

전영준
법무법인 한누리 변호사

"저도 금융 광고를 보면서 가끔은 솔깃해서 '어, 저 상품에 투자해볼까' 하는 생각을 가끔은 합니다. 근데 막상 투자하려고 보면 위험을 생각하게 되고 결국에는 투자를 안 하는 게 보통이죠. 고수익과 저위험은 완전히 반대되는 개념입니다. 그래서 그런 상품이 만약 있다고 하면 제가 먼저 투자해야 할 것 같습니다. 제가 아는 바에 의하면 그런 상품은 없습니다."

펀드를 고를 때에는 수익성과 위험성이 정비례한다는 사실을 반드시 염두에 두고 자신의 목적과 스타일에 맞는 상품을 선택하는 것이 무척 중요하다. 만약 그렇지 않을 경우 손해는 예정되어 있다고 해도 과언이 아니다. 펀드에 대해 잘 알고 있을 것만 같은 은행원들도 펀드에 투자했다가 실패하는 경우가 있기 때문이다. 전영준 변호사의 이야기다.

"주로 외국계 금융기관들이 선진 금융 기법이라고 하는 금융공학을 활용해서 만든 상품을 한국 금융기관에 팔고 한국 금융기관은 그 상품들이 어떤 내용인지도 모르고 고객한테 파는 경우도 많습니다."

결국 투자를 권유하는 사람도, 그 권유를 받은 사람도 그 내용을 자세하게 알지 못하는 웃지 못할 일이 발생한다는 이야기다.

원금을 잃어도 수수료는 내야 한다

펀드 상품을 구매할 때 절대로 잊지 말아야 할 것이 하나 있다면 그것은 바로 '수수료'에 대한 부분이다. 여러 사람이 펀드를 구매하고 돈이 모인 후 그 펀드를 운용하는 것은 결코 은행이 아니다. 은행은 그저 펀드를 고객에게 판매하는 '판매자'로서의 역할과 그 판매한 대금을 잠시 맡아놓는 '수탁자'로서의 역할을 할 뿐이다. 실제 펀드운용은 자산운용회사에서 한다. 참으로 많은 전문가들이 나의 돈을 불려주기 위해서 노력하고 있는 것처럼 보인다. 그래서 내심 고마운 마음까지 생기기도 할 것이다. 하지만 이미 알고 있다시피 세상에 공짜란 없다.

우선 은행이나 증권회사에서는 펀드를 판매하면서 수수료를 챙긴

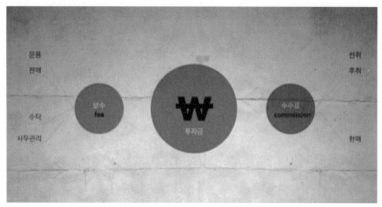

펀드에 투자하면 내 돈에서 수수료와 보수가 빠져나간다.

다. 상품을 팔 때 수수료를 챙기면 선취, 나중에 챙기면 후취, 또 상품 구매 후 90일 이전에 다시 되팔고 싶다면 그때까지 생긴 수익금의 70%를 환매수수료로 내야 한다. 송승용 희망재무설계 이사에 따르면 상당수의 사람들이 이 부분을 간과하고 있다고 한다.

송승용
희망재무설계 이사

"펀드에 투자하기 위해 내가 10만 원을 내면 펀드 통장에는 9만 9천 원이 찍혀 있단 말이죠. 이럴 때 '왜 1천 원이 모자라지?'라고 생각하는 분들이 있습니다. 아예 1천 원이 모자란다는 사실 자체도 모르는 분들도 있죠. 모자라는 1천 원은 바로 은행이 판매에 대한 수수료로 가져가는 돈입니다. 선취 수수료 1천 원이 빠져나갔다는 의미가 되는 것이죠."

뿐만 아니라 수탁회사와 투자운용회사에도 매번 보수^{fee}를 주어야 한다. 펀드가 잘 나가서 그나마 50% 이상의 이익을 낼 때에는 그나마 괜찮다. 수익에서 일정 부분을 떼어준다고 생각하면 큰 부담이 들지 않기 때문이다. 하지만 문제는 수익을 내지 못했다고 해서 보수를 안 주는 것은 아니라는 사실이다. 그렇다고 수탁회사와 운용회사가 '수익을 못 냈으니 미안하다'고 하면서 보수를 깎아주는 것도 아니다. 수익이 안 나면 결국 원금에서 주어야 한다.

해외펀드에 투자했던 김수철(가명) 씨는 이 때문에 적지 않은 피해를 보았다.

"수수료를 백만 원, 이백만 원씩 이렇게 계산했습니다. 그런데 그 수수료에 대해서는 사전에 설명 없이 일방적으로 계산을 했고, 또 상환 기일이 됐을 때 원금과 이자를 줄 때에는 일방적으로 회사 자체의 이익금을 먼저 챙기고, 이익이 없으면 고객의 원금에서 일방적으로 삭감하는 것을 나중에 알게 되었습니다."

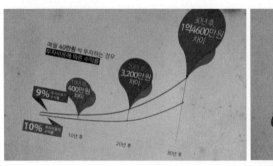

판매보수가 1% 오르면 나는 얼마를 줘야 하나

보통 판매보수가 1% 높아지면, 투자자의 수익률은 0.31%가 낮아진다는 통계가 있다. 어떻게 보면 1%가 뭐 그리 큰돈이냐고 생각할 수도 있다. 그런데 매월 40만 원씩 투자한다고 했을 경우를 계산해 보면 엄청난 차이가 난다. 30년 후에는 무려 1억 4천600만 원의 돈을 수수료로 더 내야 한다는 이야기다. 결국 수수료라는 것은 0.1%라도 아껴야 한다는 결론이 나온다.

그렇다면 은행의 입장에서 고객에게 상품을 추천하는 1순위는 무엇일까? 당연히 보수와 수수료가 높은 상품이다. 다시 말하면 그 상품이 절대로 고객에게 유리한 상품이 아니라는 것이다. 게다가 여기서 끝이 아니다. 수수료와 보수는 그저 보이는 비용일 뿐이고, 보이지 않는 비용이 또 있다.

주식을 매매할 때마다
수수료가 나간다

그것은 바로 '주식매매 수수료', 즉 주식을 매매할 때마다 지불해야 하는 비용이다. 증권거래가 얼마나 빈번한지 말할 때 '매매회전율'이라는 말을 사용한다. 매매회전이란 고객의 돈으로 주식을 샀다가 다시 돈으로 환매하는 것을 말한다. 이렇게 한 바퀴를 도는 것을 '회전율 100%'라고 말한다.

자산운용회사가 우리가 모아준 100억 펀드로 주식을 다 샀다가 그대로 팔면 매매회전율은 100%이다. 두 바퀴를 돌면 200%가 된다. 미국의 경우에는 평균이 100% 정도인데, 200% 정도만 돼도 미국 펀드 관련업자들은 깜짝 놀란다고 한다. 그런데 우리나라의 경우 대형 펀드 중 매매회전율이 1400%, 1500%인 것이 허다하다. 심지어 6200%인 것도 있었다. 문제는 이렇게 회전을 할 때마다 고객이 그 매매수수료를 지불해야 한다는 점이다. 회전율이 높다면 당연히 수수료가 높아지고 이는 투자자의 손실로 돌아온다. 따라서 펀드를 살 때에는 꼭 매매회전율을 따져봐야 한다. 송승용 희망재무설계 이사의 말이다.

"주식이나 채권을 사고팔 때 거래 비용이 발생하는데 '회전율이 높다'고 하는 건 많이 사고팔았기 때문에 투자자들이 모르고 있지만 지급해야 하는 비용들은 많아진다는 거거든요."

좋은 펀드
고르는 법

그렇다면 도대체 어떤 펀드를 골라야 할까? 손실은 최소로 낮추고 이익은 최대로 높이는 것이 목표일 것이다. 종류도 많고 이름도 하도 복잡해서 모르겠다는 사람이 많을 것이다. 하지만 그렇다고 해서 무조건 판매자의 말만 믿고 따를 수는 없다. 펀드를 볼 수 있는 눈을 높여야 한다. 다행히도 펀드의 이름에는 일정한 형식이 있다.

제일 앞에 있는 'M에셋'이라는 것은 자산운용사를 가르키는 말이다. 즉, '이 펀드의 자금은 M에셋에서 운용한다'라는 것을 표기한 것이다. 그 다음에 '디스커버리'라는 것이 있다. 이는 일종의 투자전략을 의미한다. 디스커버리란 '유망기업을 발굴해 내서 투자하겠다'는 의미다. 세 번째로 '주식형'이라는 것은 어디에 주로 투자하는지 나타낸다. 이 경우에는 주식에 투자하겠다는 뜻이다. 그 뒤에 붙은 4라는 숫자는 이 펀드의 시리즈 번호라고 할 수 있다. 즉, 1이라고 씌어 있으면 해당 펀드의 첫 번째 시리즈이고 2라고 씌어 있으면 두 번째 시리즈라는 의미다. 이 숫자가 올라갈수록 나름대로 잘 나가는 인기

펀드의 이름을 보면 자산운용사, 투자전략, 투자할 금융상품, 수수료의 체계까지 알 수 있다.

있는 펀드라고 할 수 있다. 전체 모집금액이 1조 원이 넘었을 때에만 다음 시리즈가 허용되기 때문에 3이라고 씌어 있으면 이미 그전의 시리즈에서 2조 원에 달하는 펀드를 모집했다는 뜻이 된다. 그리고 마지막에 씌어 있는 A는 수수료의 체계를 의미한다. A라고 씌어 있으면 선취, B라고 씌어 있으면 후취, C는 둘 다 없는 경우이다.

이름이 정말 길고 복잡하다. 그래도 펀드에 가입할 때는 누구에 의해, 어디에 투자되는지, 그리고 어떤 방식으로 투자되는지, 수수료는 어떤지 다 확인해 봐야 한다. 전영준 법무법인 한누리 변호사의 이야기다.

전영준
법무법인 한누리 변호사

"보통 금융기관에 가면 그 상품에 대한 팸플릿을 받으실 겁니다. 팸플릿에는 주로 유리한 내용들이 많겠죠. 법으로도 불리한 내용은 나열하도록 되어 있기 때문에, 그냥 작은 글씨나 회색, 해상도가 낮은 글씨체로 표기가 돼 있습니다. 그래서 그런 부분들은 자세히 보시라고 말씀을 드리는데, 그런다고 해서 과연 피해자가 발생하지 않느냐, 그렇진 않을 것 같고 상품설명서라든지 이런 것들 가지고 전문가들과 상의하시는 게 좋겠다, 라고 조언을 드리겠습니다."

펀드 투자를 하고 싶은데 다 알기 힘들어도 그냥 넘어가지 말고 판매자에게 반드시 다 확인하면서 물어보고, 그래도 모르겠다면 전문가 상담도 고려해야 하는 것이다.

이렇게 펀드의 종류를 꼼꼼하게 따져보는 것과 동시에 또 하나 주의해야 할 것은 바로 수익률에 속지 않는 것이다. 은행은 펀드를 판매할 때 대부분 특정 수익률을 제시하곤 한다. '시장 수익률의 3.5배'라든지, '3년 수익률 상위 1%', '수익률 1032.27%'와 같은 광고를 봤을 것이다. 주의할 것은 펀드 가입 시에 판매자가 제시하는 수익률은 다 '과거의 데이터'라는 것이다. 앞으로 이 펀드가 어떤 수익을 낼지, 과거와 같은 수준의 수익률을 낼 수 있을지 아는 사람은 아무도 없다. 과거와 달리 원금을 모두 날린다고 하더라도 은행과 자산운용 회사는 결코 그것에 대해 책임지지 않는다는 사실을 명심해야 한다. '지금 제일 잘 나가는 펀드다'라는 것은 이미 꼭대기에 있어 앞으로 하락할 가능성이 높다는 것을 의미할 수도 있다. 따라서 수익률만 보고 판단하는 것은 결코 옳은 선택이라고 할 수 없다. 고수익 상품은 곧 고위험 상품이라는 점을 꼭 기억해야 한다.

또 수익률이 좋다고 해서 펀드에만 무조건 투자하는 것도 올바른 투자방법은 아니다. 자산을 부동산, 예금, 펀드 등 각각의 특성을 고려해 분산투자하는 것이 가장 올바른 투자 방법이다. 송승용 희망재무설계 이사는 이렇게 조언한다.

송승용
희망재무설계 이사

"너무 상품들이 많으면 혼란스럽거든요. 라면의 종류가 3~4가지라면 선택하기가 쉽겠지만, 수백 가지의 라면이 있다면 나한테 맞는 라면을 고르기가 굉장히 힘들 겁니다. 펀드도 마찬가지입니다. 종류가 너무 많습니다. 그러면 결과적으로 금융회사 직원들의 추천에 의지할 수밖에 없거든요. 결과적으로 금융소비자들은 추천을 받되 여러 가지 상품들을 비교해서 좋은 상품을 고를 수 있는 그런 안목을 기르는 게 필요합니다. 특히 내가 위험이 다소 있더라도 수익을 추구하는 스타일인지, 아니면 수익은 좀 낮더라도 안정적인 수익을 기대하는 성향인지 파악한 다음, 성격이 전혀 다른 상품들, 즉 펀드, 예금, 채권, 부동산 이런 식으로 다양한 상품들을 잘 섞는 게 진정한 의미의 분산투자라고 생각합니다."

05

보험,
묻지도 따지지도 않다가
큰코다친다

보험은
재테크가 아니다

그렇다면 보험은 어떨까? 보험이란 우리가 다 알고 있듯이 위험 관리를 위한 비용이다. 이는 곧 보험이 저축이나 펀드와 같은 재테크 수단이 아니라는 의미다. 하지만 '본전'을 아까워하는 우리나라 사람들의 경우에는 원금을 나중에 한 푼이라도 다시 돌려받을 수 있는 저축성 보험 상품을 선호하는 것이 사실이다.

정말 이러한 저축성 보험은 계약자들에게 실질적인 이익을 줄 수 있을까? 고객이 원하는 '본전'도 챙기고 위험이 생겼을 때 보장도 받을 수 있는 아주 효과적인 보험 상품이 될 수 있을까?

한동안 인기몰이를 했던 변액보험의 경우를 살펴보자. 변액보험이란 '보험계약자가 납입한 보험료 가운데 일부를 주식이나 채권 등에 투자해 그 운용 실적에 따라 계약자에게 투자 성과를 나눠주는 보험 상품'이다. 만약 한 달에 20만 원의 보험료를 낸다면 그중에서 위험보험료를 떼고 사업비, 수수료 등의 부가보험료를 뗀 다음에, 나머지 88~95%를 저축보험료로 따로 떼서 펀드에 투자하는 구조로 돼 있다. 그리고 수익이 나면 그것을 연금 형태로 되돌려주는 보험이다. 즉, 한 달 보험료 20만 원 중 17만 7천500원 정도만 투자되며 1년에 약 3% 수익을 얻는다고 가정하면 10년 후 23만 750원을 받을 수 있다.

그런데 2012년 4월 'K-컨슈머리포트'는 우리나라 변액연금 상품 60개를 비교한 결과, 대부분의 상품이 실효수익률에서 지난 10년간의 물가상승률 3.19%에 미치지 못했다고 발표했다. 이 조사 결과를 발표한 이후 변액연금보험의 가입률은 50~70%가량 뚝 떨어졌다. 사람들은 '보장도 받고 투자수익도 얻을 수 있으니 일거양득이다'라고 생각했겠지만, 실제로는 물가상승률에도 미치지 못하는 투자상품이었던 것이다.

송승용 희망재무설계 이사의 이야기를 들어보자.

송승용
희망재무설계 이사

"보험을 저축이라고 생각하시면서 보장성 보험에 가입을 하게 되면 굉장히 많은 금전적 손실을 감수해야 하고, 또 내가 원하는 저축의 효과도 별로 없습니다. 보험이라는 건 장기적으로 유지하면 세금 혜택도 보고 좋을 수 있지만 2, 3년 내에 찾는다 그러면 손실도 발생할 수 있거든요. 최소한 10년 정도는 불입해야 제대로 된 저축의 효과를 볼 수 있습니다."

한마디로 보험은 펀드와 같은 투자상품이 아니다. 따라서 차라리 보험금이 낮은 보장성 보험에 가입하고, 나머지 돈은 투자로 불리는 것이 더 나은 선택이라고 할 수 있다. 결국 보험에 쓸 수 있는 돈이 10만 원이 있다면 모두 저축성 보험에 쓰지 말고, 3만 원은 보장성 보험에 들고 나머지 7만 원은 다른 곳에 투자하는 것이 훨씬 낫다는 이야기다.

보험도
수수료가 있다

　　　　　　　　　　보험에 가입할 때 잊지 말아야 할
것 중 하나는 바로 과다한 사업비와 수수료이다. 변액보험의 경우에
는 그것이 평균 10% 정도라고 한다. 그런데 그중에서 상당한 비용
이 대형 보험대리점의 집기를 사는 비용이나 과다한 광고비로 낭비
되고 있다.

　일명 연금보험은 사고나 질병이 생겼을 때에는 보장을 받으면 되
지만, 만약 그런 일이 일어나지 않을 경우에는 나중에 연금으로 전환
해서 쓸 수 있다. 보장 기능과 저축 기능을 다 가지고 있으니 은행은
이 상품을 많이 권하기도 한다. 그런데 문제는 보험 가격이 비싸고
은행이 떼어가는 사업비도 적지 않다는 것이다. 자신이 불입한 돈이
사업비를 떼고 원금을 다시 회복하기까지는 최소 16년에서 20년이

보험회사의 관리비나 광고비도 우리의 보험금에서 차감된다.

넘게 걸린다. 이 말은 곧 16~20년이 지나기 전까지는 원금보다 많이 받을 수 없다는 이야기다. 또 20년이 지난 후에는 돈의 가치가 떨어질 것이니 결국 '20년 동안 돈을 납입하고 겨우 원금을 되찾는다'는 것은 별 의미가 없지 않을까. 아니, 오히려 손해라고 해도 과언이 아니다.

보험 약관을 확인하라

소비자들이 광고만 보고 '어, 저렇게 좋은 상품이 다 있었네?'라고 생각하며 얼른 가입하는 경우가 많을 것이다. 이때 굉장히 치명적인 비용에 대해서는 이야기하지 않고 넘어가는 것이 문제다. 보험은 특히 장기로 가입하는 경우가 많기 때문에 수수료와 비용의 차이가 적게 나도 나중에 받는 보장금액에 있어서는 큰 차이를 만들 수 있다.

또 '묻지도 따지지도 않는다는 상품'은 더욱 주의가 필요하다. '건강검진 없이 심사 없이 가입'이라고 해도, '명품 부모님보험'이라며 효도하라고 해도 흔들리면 안 된다. 쉽게 가입할 수 있다는 이야기는 소비자 쪽에서 뭔가 손해 볼 게 있다는 뜻이지 않을까.

송승용 희망재무설계 이사의 말을 들어보자.

"쉽게 가입할 수 있는 보험 상품은 온갖 문제점이 있습니다. 보장 내용이 적거나 아니면 굉장히 극단적인 경우에만, 즉 확률이 작은 경우에만 보험 혜택을 받을 수 있기 때문이죠. 광고를 볼 때에도 이런 점들을 인식해야만 그 피해를 줄일 수 있습니다.

일반적으로 홈쇼핑 채널이라든지 케이블 채널에서 보험 상품에 대한 광고들을 많이 볼 수 있거든요. 마치 뭐든지 다 보장이 되는 것처럼 이야기하죠. 우리가 흔히 말하는 '이순재 보험'이라는 거 있잖아요. 묻지도 따지지도 않고 가입을 시켜준다는 것입니다. 그런데 보험 상품이라는 것은 건강해야 가입을 할 수 있고 그래야 제대로 된 보장을 받을 수 있습니다. 근데 아픈데도 가입을 할 수가 있고 나이 많으신 어르신들이 가입을 할 수 있다고 말하는 것은 거꾸로 숨은 함정이 많다는 것입니다. 결과적으로 그 상품에 가입을 해서 내가 혜택을 볼 가능성이 작다는 거죠. 예를 들어 '질병에 대한 보장은 되지 않고 사고로 죽어야지만 사망보험금이 나온다'와 같은 한정적인 내용이 있습니다. 따라서 이런 상품들은 보장 내용이 적거나 그게 아니면 굉장히 극단적인 경우, 확률이 작은 경우에만 보험 혜택을 받을 수 있습니다. 이런 점들을 꼭 인식하시고 광고들을 보셔야 됩니다."

전영준 법무법인 한누리 변호사도 같은 말을 하고 있다.

전영준
법무법인 한누리 변호사

"보험 상품의 경우 판매할 때에는 조금만 문제가 있으면 보험금을 지급할 것처럼 얘기하지만 실제 보험사고가 발생하면 굉장히 복잡한 약관을 들고 와서 이것 때문에 안 된다, 저것 때문에 안 된다, 라면서 거부하는 것이 문제입니다. 보험사들이 얘기하지 않는 것은 보험사고가 발생해도 보험금을 지급하지 않을 수 있는 예외 규정들입니다. 약관에는 굉장히 복잡한 예외 규정들이 많이 있습니다. 판매할 때는 예를 들어 병원에 3일 이상만 입원하면 보험금을 지급한다고 하지만, 실제 3일 이상 입원해서 보험금 청구를 해보면 '이러이러한 예외 때문에 보험금 지급이 안 된다' 하는 경우가 많습니다."

따라서 보험 상품을 선택할 때에는 반드시 약관을 살펴봐야 한다. 질병이라든지 자신이 특수한 상황에 있다면 잘 설명한 후, 가입 후 보장이 가능한지 사전에 확인하는 절차를 반드시 거쳐야 한다. 작은 글씨로 쓰여진 복잡한 약관을 다 읽고 따져보기 힘들더라도 말이다. 특히 광고와 약관의 보장 내용이 다르거나, 가입자에게 불리한 내용은 너무 작은 글씨로 쓰여 있어서 가입자가 모르고 지나치는 경우도 있으니 유념해야 한다.

보험 가입하기 전에
하나만은 꼭 기억하라

어떻게 하면 좋은 보험을 고를 수 있을까? 대원칙은 '최소의 비용으로 최대의 보장을 받는 것'이다. 물론 이러한 목표와 나의 욕구를 모두 충족시켜 주는 완벽한 상품은 없다. 중요한 것은 내 목적에 정확하게 들어맞는 것인지, 아닌지 꼼꼼하게 따져보는 것이다.

보험은 크게 '정액보장 상품'과 '실손보장 상품'이 있다. 정액보장 상품은 중복보상이 되고, 실손보장 상품은 비례보상이 된다. 좀 더

실손보험은 1억짜리 3개를 들었어도 손해액을 나눠 지급하기 때문에 받을 수 있는 보험금은 총 1억 원뿐이다. 따라서 실손보험은 하나만 들어야 한다.

쉽게 설명해 보자.

예를 들어 정액보장 상품으로 1억짜리 암보험 세 개를 든 후 암에 걸렸다면 중복보상이 가능하기 때문에 각각 1억씩, 총 3억 원을 받을 수 있다. 하지만 실손보장 상품은 말 그대로 실제 일어난 손실에 비례해 보상해 주는 상품이다. 보험을 세 개나 들었어도 손해액을 나눠서 지급하기 때문에 받을 수 있는 돈은 딱 1억 원뿐이다.

종합해 보면 무척 간단하다. 생명보험회사에 들든, 손해보험회사에 들든 아무 상관 없다. 중요한 것은 정액보장 상품인지, 실손보장 상품인지만 우선 확인해 보면 되는 것이다. 그리고 실손보장 상품은 중복보상이 되지 않기 때문에 하나만 들면 충분하다.

06
파생상품은
투자를 가장한
도박과 같다

썩은 사과를
골라낼 수 있을 것인가

　　　　　　　　　　이제 마지막으로 파생상품에 대해
알아보자. 파생상품은 '그 가치가 통화, 채권, 주식 등 기초금융자산
의 가치변동에 의해 결정되는 금융계약'이다. 여기에 사과가 하나 있
다고 해보자. 이 사과를 이용해 사과식초, 사과파이, 사과잼, 사과주
스 등 여러 가지 상품을 만들어내면 그것이 바로 '파생상품'이라고
할 수 있다. 파생상품에는 선도계약, 선물, 옵션, 스왑이 있다.

　사실 파생상품은 너무 어려워서 다 설명하기도 어렵고 설명해도
쉽게 알아들을 수가 없다. 그래서 여기에서는 그중에서도 가장 쉬운

사과식초　　　사과파이　　　사과잼　　사과주스

VINEGAR　　　　　　　　APPLE JAM　　Apple Juice

선도계약　　　　　선물　　　　옵션　　　스왑

파생상품 : 그 가치가 통화, 채권, 주식등 기초금융자산의 가치변동에 의해 결정되는 금융계약

파생상품의 종류

'선물'에 대해서만 설명하겠다.

　한 농부가 사과 농사를 짓고 있다고 하자. 그런데 사실 농부도 올해의 사과 농사가 잘 될지, 아니면 잘 되지 않을지 모른다. 그런데 한 판매업자가 사과 한 개당 100원을 '보장'해 주겠다고 제안한다. 만약 실제 농사를 해본 결과 사과 값이 100원이 넘으면 농부가 손해를 보는 것이고, 100원이 안 되면 이 제안을 했던 판매업자가 손해를 보는 것이다. 이는 예측할 수 없는 행운을 기대한다는 점에서 도박이나 투기와 크게 다르지 않다.

　투기성이 있어서 그런지 몰라도, 이 파생상품은 그 수익률이 상당하다. 하루아침에 수천만 원, 수억 원대의 수익을 얻을 수도 있는 것이 바로 파생상품이다. 그러다 보니 투자를 좀 안다거나 일확천금을 노리는 사람들은 이런 파생상품에 투자하는 경우가 적지 않다. 하지만 수익률이 높다는 것은 동시에 실패할 확률도 크다는 것을 뜻한다. '파생상품의 수익률이 높다'는 말만 믿고 '묻지마 투자'를 하는 사람도 있지만 그로 인한 위험의 대가는 아무도 책임져 줄 수 없다.

파생상품이
금융위기의 주범

이러한 파생상품은 지난 2008년에 발생한 미국 금융위기의 주범으로 꼽히고 있기도 하다. 그 이유는 무엇일까. 대출업자는 주택을 담보로 대출해 준 서브프라임 모기지론의 돈을 받을 권리를 증권으로 만들어서 투자은행에 팔았다. 그런데 투자은행은 모기지론에서 파생된 상품들, 심지어 모기지론을 갚지 못했을 때를 대비한 상품까지 만들어서 전 세계에 팔았던 것이다. 그러나 부동산 가격이 떨어지고 빚을 갚지 못하는 사람들이 늘어나자, 서브프라임 모기지론이 부실해지고 말았다. 파생상품의 원재료가 부실해졌으니 이를 근거로 만든 파생상품이 부실해지는 것은 당연한 일이었다. 썩은 사과로 만든 주스가 신선하지 않고 맛이 없는 것과 마찬가지의 이유이다. 결국 이를 직접 판매하고 투자한 베어스

파생상품은 썩은 사과와 성한 사과가 섞여 있는 것과 같다.

턴스와 리먼브라더스가 손실을 감당하지 못하고 쓰러지고 말았다.

설상가상으로 이미 부실이 된 파생상품과 연계된 또 다른 파생상품들이 유럽, 인도, 브라질, 러시아, 한국 등 전 세계 투자자들에게 팔려나간 상황이었다. 결국 전 세계 금융 시장이 동시에 마비될 수밖에 없는 상황이 된 것이다. 심지어 2012년 5월, 세계적인 투자회사인 JP모건은 "파생상품 투자로 6주 만에 20억 달러가 넘는 돈을 날렸다"는 충격적인 고백을 했다. 그 덕분에 미국의 다우지수는 일주일간 계속해서 폭락해 3% 넘게 추락했고, 우리나라 주식 시장은 무려 7%나 폭락하는 일도 있었다. 게다가 2012년 6월 〈뉴욕타임스〉는 실제 손실액은 JP모건이 주장한 20억 달러가 아니라 그것의 무려 4.5배인

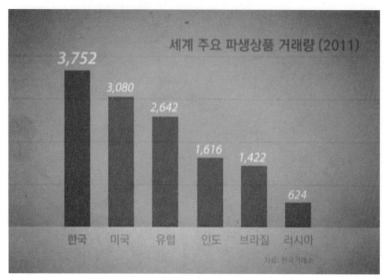

세계 주요 파생상품 거래량 (2011)

3,752 · 3,080 · 2,642 · 1,616 · 1,422 · 624

한국 · 미국 · 유럽 · 인도 · 브라질 · 러시아

자료: 한국거래소

세계 주요 파생상품 거래량

90억 달러에 달할 수도 있다고 보도했다. 전 세계의 어느 국가보다 세계 경제에 가장 큰 영향력을 행사하고 있는 미국이라는 '공룡'이 대형사고를 쳐, 지금까지도 엄청난 여파를 주고 있는 것이다.

2011년 전 세계 주요 파생상품의 거래량을 보면 우리나라의 거래량은 약 38억 건, 전 세계 거래량의 27%에 달하면서 3년 연속 세계 1위를 달리고 있다. 파생상품은 한마디로 '성한 사과와 썩은 사과'를 섞어서 판매하는 것과 다르지 않다. 이런 상황에서 오직 자신만은 성한 사과만 골라낼 수 있다고 자신하는 태도는 문제가 있을 수밖에 없다. 그러니 '일확천금'의 망상은 당장 버려야 한다.

전영준 법무법인 한누리 변호사의 이야기를 들어보자.

전영준
법무법인 한누리 변호사

"금융기관이 활동하고 있는 자본 시장에서는 딱 하나의 논리가 제일 중요합니다. 그것은 '돈의 논리'인 거죠. 여기만큼 탐욕적인 데가 있겠습니까. 당연히 금융기관은 탐욕을 부릴 수밖에 없는 곳이고 탐욕적일 수밖에 없는 것 같습니다. 문제는 금융이라는 게 어렵다는 거예요. 금융공학이라는 생소함 때문에 마치 금융공학자들 또는 금융전문가들이 얘기하면 마치 그것이 진실이고 그것이 합법적인 것이라고 우리가 오해하고 있는 것 같습니다."

우리가 금융전문가라는 사람들의 말을 무조건 액면 그대로 믿을 수 없는 이유가 바로 여기에 있다. 금융상품에 투자하고 그것으로 돈을 벌기 원한다면 우리도 공부를 해야 하고, 그것의 함정과 숨어 있는 이면을 보기 위해 안목을 키워야 한다. 그렇지 않으면 우리는 '금융전문가'의 말에 속아, 또 당장 눈앞에 제시되는 엄청난 이익에 속아 결국에는 많은 것을 잃을 수밖에 없을 것이다.

07
저축만으로는
행복해질 수 없다

초등학생의
금융이해력 조사

금융상품에 대해서 들으면 들을수록 머리는 더 아파지고 돈 벌 자신은 더 없어진다는 사람도 있을 것이다. 돈 잘 버는 사람들은 특별한 재주가 따로 있는 건 아닐까 하는 생각도 들 것이다. 그런데 금융상품으로 돈을 잘 굴리려면 금융에 대한 이해력이 있어야 한다. 한국개발연구원 전문위원인 천규승 박사의 이야기를 들어봤다.

천규승
한국개발연구원(KDI) 경제교육전문위원, 경제학 박사
저서 : 『경제는 습관이다』

"금융 생활을 좀 더 효율적으로, 또 합리적으로 이뤄서 좀 더 나은 풍요로운 세상을 살기 위해서 개개인에게 필요한 자질이 바로 금융 이해력입니다."

이제 현대인의 일상은 '금융'과는 떼려야 뗄 수 없는 관계가 되었다. 금융도 일반 상품처럼 국민 대다수가 이용하는 상품이 됐다. 금융과 연결되어 있지 않은 사람은 거의 없다고 해도 무리가 아니다. 게다가 앞으로 그 중요성은 더욱 커질 것이다. 그렇다면 미래 사회의 주인공으로 커갈 우리 아이들의 금융지식은 어느 정도일까. 특히 어릴 때의 습관과 태도가 성인이 되어도 잘 바뀌지 않는다는 점에서 어린 시절의 금융 교육은 무척 중요하다.

EBS다큐프라임 취재팀은 성인의 금융이해력 지수에 관한 연구를 토대로 해 초등학생의 금융이해력 지수를 측정해 보기로 했다. 한국개발연구원과 함께 2011년 9월부터 12월까지 '초등학생 금융이해력 조사'란 제목으로 실시했다. 한국개발연구원 경제정보센터 전문위원인 천규승 박사가 연구 목적을 정리해 주었다.

"그 사람의 금융 경향은 그대로 굳어지게 되거든요. 그래서 우리

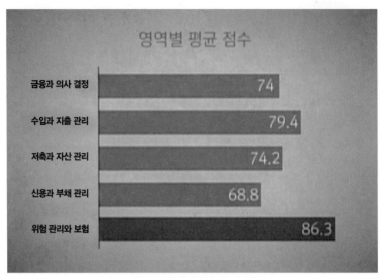

영역별 평균 점수

금융과 의사 결정	74
수입과 지출 관리	79.4
저축과 자산 관리	74.2
신용과 부채 관리	68.8
위험 관리와 보험	86.3

전국 초등학생 금융이해력 조사 영역별 평균 점수

국민 전체의 금융 복지를 위해서 어떤 방향으로 금융 교육을 이끌어 나가야 할지, 이걸 이해하기 위해서는 초등학교 금융이해력 테스트를 해볼 필요가 있습니다."

조사는 전국 초등학교 고학년 656명을 대상으로 실시됐다. 그 결과 전체 응답자의 평균 점수는 76점으로 나왔다. 가장 높은 점수는 위험 관리와 보험 영역에서 86.3점이 나왔고, 가장 낮은 점수는 신용과 부채 관리에서 68.8점으로 나왔다.

사실 이는 애초의 예상을 뛰어넘는 결과였다. 그러나 아이들은 신용관리가 중요하다는 것은 알고 있었지만 실질적으로 신용카드를

전국 초등학생의 금융이해력과 용돈의 관계

어디에 어떻게 써야 하는지, 빚은 어떻게 갚아야 하는지에 대한 이해
력은 전혀 높지 못했다.

　여기에서 주목할 만한 점은 정기적으로 용돈을 받는 아이들의 경
우 금융지능이 상대적으로 높게 나왔다는 점이다. 용돈을 정기적으
로 받아 용돈 관리를 하는 아이들은 금융이해력이 굉장히 높다는 결
론을 내릴 수 있다. 돈에 대해서 스스로 접촉하다 보니 돈에 대한 관
리능력도 생기게 된 것이다. 또한 바람직한 습관을 가지고 있는 아이
들도 금융이해력이 매우 높게 나타났다. 빚을 지면 안 된다는 태도가
매우 강하게 나타났고, 또한 금융이해력이 높은 아이일수록 부채에

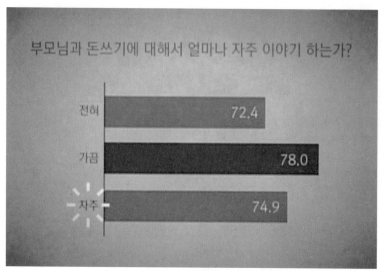

부모님과 돈쓰기에 대해서 얼마나 자주 이야기 하는가?

전혀 72.4
가끔 78.0
자주 74.9

전국 초등학생의 금융이해력과 부모의 관계

대해서는 더욱 강한 부정적인 견해를 가지고 있었다.

또 부모님과 돈 쓰기에 대해서 대화하는 횟수와 금융지능의 차이를 분석한 결과에 대해서는 의외로 가끔, 즉 한 달에 1~2회 정도 부모님과 대화한다는 학생들의 점수가 모든 영역에서 더 높게 나타났다. 오히려 자주 대화한다는 아이들이 더 낮은 점수를 받은 것은 가정에서의 돈 쓰기 교육이 잔소리에 그치고 있다는 뜻이다. 천규승 박사의 이야기를 들어보자.

"부모들 교육이 안 돼 있기 때문에 가정 교육이 이뤄지지 못하는 거죠. 부모들이 우리 아이들한테 뭘 교육해야 하는지 어떤 이야기를 하면 안 되는지 그런 분별 있는 금융 교육이 이뤄졌으면 좋겠습니다."

부모와 청소년의
경제인식 조사

우리의 부모님들은 돈 얘기를 하는 것 자체를 창피하게 여겼다. 없어도 없는 척 안 하고, 있어도 있는 척을 안 하셨다. 그렇다면 우리는 어떨까? 과연 우리는 아이들에게 어떻게 교육하고 있을까? 우리의 아이들은 가정의 경제 사정에 대해서 얼마나 잘 알고 있을까?

다큐프라임 취재팀은 서울대학교 심리학과 곽금주 교수팀과 함께 '부모와 청소년들을 대상으로 하는 경제인식 조사'를 실시했다. 실험은 서울 지역에 거주하는 중학생 총 524명과 학부모 396명을 대상으로 7개의 세부항목으로 구성된 총 40문항의 질문지를 사용했다.

먼저 가정의 총소득을 물어보는 질문에서는 각 항목마다 청소년과 부모의 비율이 눈에 띄게 차이를 보였다.

서울대 심리학과 곽금주 교수의 이야기를 들어보자.

가정의 총소득에 대해 부모와 자녀의 인식 차이

곽금주
서울대 심리학과 교수
저서 : 『습관의 심리학』, 『아동발달』

"실제 부모가 이야기한 소득과 청소년들이 생각한 가계에 대한 소득을 보면, 청소년들이 훨씬 더 높게 인식하고 있었습니다. 그만큼 청소년들은 '우리 가정은 풍부하다'고 생각한다는 거죠."

한마디로 청소년들이 가정 형편을 잘 모른다는 뜻이다.

10단계의 사다리로 현재 가족의 사회적인 위치를 물어본 질문에서도 역시 자녀가 부모보다 자신의 위치를 더욱 높게 평가하고 있었다.

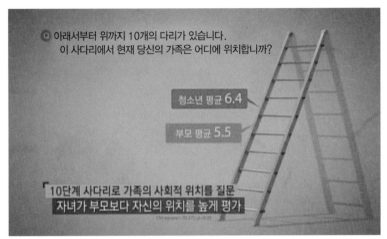

사회적 위치에 대한 부모와 자녀의 인식 차이

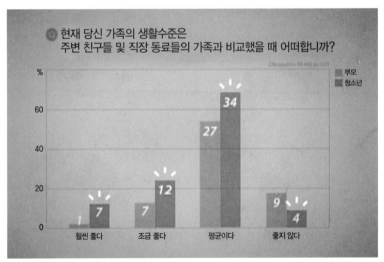

생활수준에 대한 부모와 자녀의 인식 차이

그리고 가정의 생활수준을 주변과 비교했을 때에도 결과는 마찬가지였다. 자녀가 부모보다 훨씬 풍족하다고 인식하고 있었다. 결국이는 상황은 그렇지 않음에도 불구하고 부모들은 자녀들이 부끄럽지 않도록 많은 지출을 하고 있다는 뜻이다.

불경기를 느끼는지 묻는 질문에 대해서도 청소년은 48%가, 부모는 25%가 느끼지 못했다고 대답했다. 부모님들이 불경기를 느껴도 자식들의 기를 죽이지 않으려고 그 여파가 가지 않도록 노력을 했다는 말이 된다. 곽금주 교수의 이야기를 계속해서 들어보자.

"결국은 청소년들이 풍요로움을 어느 정도 느끼고 있다면 부모님들은 그렇지 않은 상황에서 자식들에게 많은 것들을 지출하고, 남부럽지 않게끔 해주기 위해서 어떠한 투자를 하고 있다는 것입니다. 아직까지 우리나라 부모님들이 자식에 대한 투자는 옛날과 마찬가지로 하고 있다는 거죠. 옛날에 소 팔고 논밭 팔아서 대학을 보냈다고 한다면 요즘에는 사교육비를 지출할 형편이 못 되어도 학원은 다 보내고 있고, 그 정도의 가계 수입이 없음에도 불구하고 조기유학을 보내거나 '우리 아이도 한 1년 정도 가서 영어는 하고 와야 하지 않나'라는 생각을 합니다. 이런 식으로 부모님들이 자식들에 대해서 아직은 투자를 많이 하고 있기 때문에 아이들이 느끼기에는 '우리는 웬만큼 수입이 된다'라고 생각하는 것이 아닌가 싶습니다."

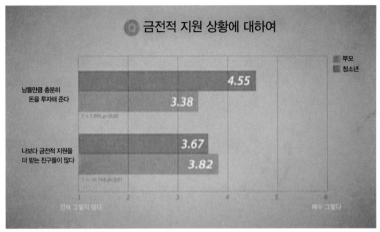

금전적 지원에 대한 부모와 자녀의 인식 차이

금전적인 지원 상황을 묻는 질문도 마찬가지였다. 자녀들은 내가 어느 정도 투자를 받고 있다고 생각하고 앞으로도 그렇게 해줄 거다, 라는 생각을 더 하고 있었다. 조사 과정에서 만난 어떤 아이는 "어차피 부모님은 나한테 쓰려고 돈 버는 건데요"라고 말하는 경우도 있었다. 이런 돈에 대한 막연한 기대감은 청소년의 자립심을 떨어뜨려서 결국 나이가 들어도 계속 부모에게서 금전적인 독립을 하지 못하는 상황을 만들 수도 있다. '부모의 눈물로 울리는 웨딩마치', '50, 60대 자녀 신혼집에 골병', '3대 동거 캥거루 대가족 부모가 자녀 부양하는 시대', '부모 집 얹혀 사는 어른 10년 새 91% 증가' 같은 신문

기사들이 당신의 이야기가 될 수도 있는 것이다.

금융이해력이 있어야
살아남는다

　　　　　그러므로 이제는 가정 형편에 대
해 쉬쉬하며 숨길 필요가 없다. 가계 경제에 대해 제대로 알려주는
것이 금융 교육의 첫걸음인 것이다. 송승용 희망재무설계 이사는 이
를 위해서 먼저 '돈은 행복을 위한 수단이다'라는 사실을 인식해야
한다고 말한다.

송승용
희망재무설계 이사

"아이들의 교육에 있어서 돈에 대해 너무 터부시할 필요는 없습니
다. 그러니까 '애들이 너무 돈을 밝혀서는 안 돼', '공부만 해야 하고
돈에 대해서는 나중에 알아도 돼'라고 하지 말아야 합니다. 돈이라
는 것이 나쁜 것이 아니고 행복하게 살기 위한 수단이라는 것, 그리
고 그렇게 하기 위해서는 금융이라는 것을 알아야 한다는 태도를 가
지실 필요가 있습니다."

한국개발연구원 경제정보센터 천규승 전문위원도 이렇게 말하고 있다.

천규승
한국개발연구원(KDI) 경제교육전문위원, 경제학 박사
저서 : 『경제는 습관이다』

"지금은 금융 교육의 프레임 자체가 바뀌었다는 것을 인정하고 획기적인 변혁이 필요할 때입니다. OECD에서도 금융이해력이라는 것이 더는 알면 좋고 몰라도 그만인 상식이 아니라고 말합니다. 금융이해력이 없으면 생존을 할 수 없다, 금융이해력은 생존의 도구가 되고 있다고 이야기합니다."

개인이나 가계의 금융 의사결정은 개개인이 지닌 금융이해력에 의해 좌우되는 것이다. 이는 청소년기의 학교와 사회, 가정에서 이루어지는 금융 교육의 깊이와 넓이에 비례하게 돼 있다. 이제 금융에 관한 지식과 활용 능력이 빈부 격차를 더 벌려놓을 것은 분명한 사실이다. 그러므로 금융이해력은 우리가 갖추어야 할 필수 능력이다.

미국 초등학생들은 4칸으로 나뉘어진 돼지 저금통을 가지고 부모와 이야기하며 배운다.

금융 생활의 네가지 축
저축·투자·소비·기부

　　　　　　　　그렇다면 금융 선진국이라고 할
수 있는 미국에서는 과연 아이들에게 어떤 교육을 시키고 있을까. 지
난 2002년 미국은 '금융 교육을 활성화시킨다'는 연방정부의 정책
에 따라서 재무부에 '금융교육국'을 신설했고 국민에 대한 금융 교
육을 적극적으로 지원하기 시작했다. 또 각계 전문가들이 만든 '점프
스타트(소비자 금융 교육 표준안)'를 이용한 금융 교육의 체계를 잡았
다. 미국의 금융 교육은 우리와 어떻게 다를까.

　그중에서 '머니 세이비'는 미국 시카고 재무부에서 마련한 금융 교
육 프로그램으로 해마다 학교를 선정해 특별활동을 하는 금융 수업

이다. 이 금융 수업은 네 개의 부분으로 나뉘어진 돼지 저금통을 이용한 수업이다. 첫 번째 칸이 가장 중요한 저축이고 다음이 소비, 기부, 투자의 순이다. 돼지 저금통을 이용해 각각의 방법이 뭔지, 왜 중요한지에 대해 부모와 소통하며 배우게 된다.

미국 시카고에 위치한 '웨스트리지 초등학교'는 2011년 머니 세이비 금융 교육을 실시한 학교이다. 저축만이 아닌 소비하고, 기부하고, 투자하는 습관과 방법을 어렸을 때부터 가르치는 모습은 지축만 강조했던 이제까지의 우리 교육과는 많이 다른 접근이다. 이 학교 교사인 필리스 디아카토스의 이야기다.

필리스 디아카토스
미국 시카고 웨스트리지 초등학교 교사

"봄에 학생들은 '머니 세이비' 어린이 프로그램 학습장을 받았어요. 이 학습장 표지에 그려져 있는 저금통도 받았죠. 어릴 때부터 어떻게 저축하고, 쓰고, 투자하며 기부할지 배우면 10대나 어른이 되어도 잘할 수 있겠죠."

미국 시카고 스테파니 닐리 재무관 역시 금융 교육을 어릴 때부터 시작해야 한다고 말한다.

스테파니 닐리
미국 시카고 재무관

"학교가 시작이라고 생각합니다. 우리가 시카고 공립학교들과 하는 프로그램은 학부모들도 참여하고 있습니다. 가정으로 학습자료를 보내 토의하도록 하죠. 학부모들은 금융 교육을 어떻게 할지 몰라 두려워합니다. 그래서 학교에서 시작하되 가정에서도 일상적으로 금융에 대한 이야기를 나누도록 합니다. 저는 저축, 소비, 투자에 대해서 늘 이 표어를 말하죠. '당신의 돈, 당신의 선택입니다'라고 말이죠."

학교와 집이 함께 하는 교육, 그리고 변화된 금융 시장에 적응할 수 있도록 새롭게 개발된 학습 과정이 상당히 인상적이다. 다행히 최근 우리나라에서도 새롭게 변화된 금융 환경에 적응할 수 있도록 초중고 금융 교육 표준안을 마련했다. 그리고 그 내용을 반영한 교과서가 개발, 보급되고 있다. 이제 좀 더 현실적이고 체계적인 금융 교육이 가능해진 것이다. 그러나 과연 학교에서만 배운다고 될까. 또 이미 학교를 졸업한 우리는 어떻게 할까. 미국 시카코대 경영대학원 라구람 라잔 교수는 성인 금융 교육의 중요성을 강조하고 있다.

라구람 라잔(Raghuram G. Rajan)
미국 시카고대학교 경영대학원 교수,
2003년 피셔 블랙상(Fischer Black Prize) 선정
2011년 영국《이코노미스트》선정 '가장 영향력 있는 경제학자 1위'
저서 : 『폴트 라인』, 『시장경제의 미래』

"어릴 때 주식과 채권이 뭔지 알면 물론 유용하죠. 하지만 투자를 시작할 때는 재교육이 필요합니다. 그 시점에서 가장 중요한 메시지는 돈을 벌기란 매우 어렵다는 것입니다. 하지만 그 메시지가 충분히 전해지지 않은 것 같습니다. 불행히도 금융에 대한 열광 때문에 사람들은 아주 쉽게 돈을 벌 수 있다고 생각합니다."

실제 투자할 나이가 되면 재교육이 필요하며, 여기엔 투자의 위험성에 관한 것도 반드시 포함돼야 한다. 돈이 없으면 한시도 살 수 없는 금융자본주의 사회에서 금융에 대해 모르는 것은 총 없이 전쟁에 나가는 것과 크게 다르지 않다. 하루가 다르게 바뀌는 금융자본주의에서 살아남기 위해서는 이제 아이와 부모가 함께 금융 교육에 관심을 기울이고 적극 참여해야 할 것이다.

08
금융지능이 있어야
살아남는다

금융 때문에 위험한 생활
금융 덕분에 윤택한 생활

　　　　　　　　　　복잡하고 어렵고, 거기다가 위험하기까지 한 자본주의 금융 시스템에서 우리가 살아남기 위해서는 스스로도 금융에 대해 공부하고 그것을 이해하려는 노력이 필수로 동반돼야 한다. 금융에 대한 이해력, 즉 금융지능**FQ, Financial Quotient**에 대해서 심층적인 연구를 해온 한국개발연구원 천규승 박사의 이야기를 들어보자.

천규승
한국개발연구원(KDI) 경제교육전문위원, 경제학 박사
저서 : 『경제는 습관이다』

"금융 흐름이 바뀌고 있기 때문에 바뀌는 정보에 대해서 재빠르지 않으면 금융이해력이 더 떨어질 수 있습니다. 어렸을 때 내가 접하는 금융 환경과 나이가 들어 성인이 돼서 접하는 금융 환경이 너무 달라지기 때문에 어릴 적 금융이해력이 그대로 유지돼서 성인까지 이어진다는 보장이 없습니다. 새로운 경험, 새로운 정보가 자꾸 필요한 거죠."

금융 생활을 좀 더 효율적으로, 또 합리적으로 이뤄서 좀 더 나은 풍요로운 세상을 살기 위해서 개개인에게 필요한 자질이 금융지능^{FQ}이다. 천규승 박사의 이야기를 더 들어보자.

"돈이 어딘가에 멈춰 있다가 돌기도 하고, 내 주머니에 있다가 밖으로 나가기도 하는 흐름을 금융이라고 할 수 있습니다. 이 돈의 흐름이라는 것이 산업사회가 발달하면서 굉장히 의미가 달라졌죠. 공장들이 제대로 운영되려면 돈이 필요한데 그 돈을 조달해 주는 곳이 금융기관이다, 라는 인식이 강했고 일반인들과 금융회사는 별로 큰 상관이 없었습니다. 금융에 대해서 특별한 지식이 없어도 '저금이나 좀 할까' 생각하는 것 외에는 생활에 큰 지장도 없었죠. 그러나 금융 상품이 점점 발달하면서 이제 금융은 더 이상 '산업의 지원'으로서의 의미만 갖고 있지 않습니다. 우리 생활 속으로 들어왔죠. 갑자기 병이 나서 목돈이 필요할 것을 대비해서 보험상품에 들 수도 있고, 여윳돈이 있어서 돈을 굴리고 싶은 경우에는 주식이나 펀드에 투자할 수도 있습니다. 예전에는 적금의 형태밖에 없었던 것에 비하면 크게 달라진 모습입니다. 그런데 문제는 금융에 사고가 났을 때 그 위험성이 개인의 부담으로 돌아왔다는 점입니다. 금융 덕분에 위험해지는 것이 아니라 금융 덕분에 풍요로운 생활을 하기 위해서, 이제는 사람들이 금융의 기본 원리를 얼만큼 알고 있느냐 하는 것이 중요해졌습니다."

그런데 우리가 금융에 관한 공부를 아무리 열심히 해도 하루가 다르게 변화하는 금융 시장과 매일 쏟아져나오는 상품들을 분석하는 것은 만만치 않은 일이다. 투자에는 언제나 위험이 도사리고 있기 때문이다. 금융업에 종사하는 증권회사 직원조차 '썩은 사과'를 제대로 골라내기란 쉬운 일이 아니다. 법무법인 한누리 전영준 변호사의 말을 들어보자.

전영준
법무법인 한누리 변호사

"증권회사 직원도 본사에서 나온 교육자료 팸플릿 보니까 그럴듯하거든요. 그렇기 때문에 본인도 뭉칫돈 모아놨다가 투자한 거죠. 그런데 그 상품이 잘못되어서 소송을 당했습니다. 그러자 그 증권회사 직원이 어느 날 조용히 저희 사무실에 전화를 한 거죠. '저 이 펀드 판매한 직원인데 저도 손실을 봤습니다. 저도 소송에 참여할 수 있나요?'라고 물어보는 경우도 많이 있습니다. 또 어떤 경우에는 직원이 팔고 난 다음에 너무 후회가 돼서 본인이 권유해서 그 상품을 구매한 고객 분들을 모시고 와서 소송을 하라고 저희한테 권유한 경우도 있습니다."

은행이 아닌
나를 위한 전문가

이렇게 금융회사 종사자도 헷갈리는 금융상품이라면 일반인들이 스스로 금융상품을 파악하기란 불가능한 것은 아닐까. 그렇다면 어떻게 해야 할까.

만약 나의 수입과 지출을 고려해 내 인생 전반에 걸친 맞춤형 상

담을 해주고, 여러 가지 금융상품의 장단점을 분석해 진심으로 조언
해 주는 전문가가 있으면 좋지 않을까. 그들이 소속한 금융회사를 위
해서 우리에게 상품을 권하는 직원들의 말을 믿을 수 없다면, 우리를
위해서 어떤 금융상품이 나을지 권해 줄 수 있는 또 다른 전문가가
있으면 좋지 않을까. 다른 나라의 경우에는 어떤지 영국 런던정경대
법학과 줄리아 블랙 교수의 이야기를 들어봤다.

줄리아 블랙(Julia Black)
영국 런던정경대(LSE) 법학과 교수

"독립재정상담사Independent Financial Advisor라고 부르는 사람들이 있
습니다. 독립재정상담사IFA는 금융상품 제공자(보험회사와 은행 등)를
대신해서 금융상품을 팔게 됩니다. 이러한 제도가 도입된 이유는 금
융 시장의 미로에서 길을 찾을 수 있도록 소비자를 돕기 위해서예
요. 금융상품은 특별한 성격이 있는데, 신용상품credence goods이라고
불러요. 경험재experience goods가 아니죠. 연금을 집에 가져가서 상자
를 열고 잘 작동하는지 확인해 볼 수 없어요. 세탁기를 구매하면 집
에 가져가서 확인해 보고 작동이 안 되면 반품해요. 아이패드를 샀
는데 작동이 안 되면 반품하듯이 말이죠. 하지만 금융상품은 달라요.
최소 5년에서 길면 25년 동안 투자가 성공하고 당신의 돈이 견뎌낼

거라는 믿음과 신뢰를 가져야 해요. 대부분이 장기투자입니다. 25년 후에 받을 연금이 좋은지 나쁜지 모르는 거죠. 형편없는 연금이라도 반품할 수가 없어요. 따라서 소비자 혼자서 정보를 찾고 그 정보에 의지해서 좋은 결정을 내리는 건 아주 어려운 일이에요. 가끔 날조된 상품도 있고요, 이해하기도 어렵죠. 바로 이런 일을 도와주는 사람이 독립재정상담사예요."

물론 국내에도 금융자문을 하는 사람들은 있다. 보험상품 판매원이나 은행에 소속된 금융자문들이다. 또 '재무상담사' 또는 '재무설계사'라는 이름으로 활동 중인 사람들이 있다. 이들은 개인의 수입과 지출, 부채 등과 같은 총체적인 금융 상태를 진단하고 이를 기반으로 미래에 가장 효과적인 재무 계획을 수립해 주는 사람들이다. 하지만 이들은 대개 특정 금융회사에 속해 있기 때문에 고객의 입장만을 생각해서 고객의 형편에 맞는 상품을 추천하기는 어렵다는 것이 현실이다. 자본시장연구원 김갑래 연구위원의 말이다.

김갑래
자본시장연구원 연구위원

"지금은 보험회사를 중심으로 해서 금융상품 판매망이 이루어져 있습니다. 아무래도 자문업계가 워낙 취약하다 보니까 금융상품의 판매업자인 보험회사에 종속되고, 또 이해관계 역시 그들과 독립되지 않고 있습니다. 따라서 여러 가지 금융상품 추천에 있어서 본인들이 고객을 위한 최선의 이익을 생각한다기보다는 아무래도 판매 보수가 높은 쪽을 선택하는 경우가 많죠. 불공정 거래의 우려가 굉장히 큽니다."

자신에게 아무런 수익도 생기지 않는다면 고객을 생각해서 각종 상품을 비교 분석하고 추천해 주는 '봉사'를 할 사람은 없다. 지금 우리에게 필요한 것은 금융회사에 소속되지 않은 독립적인 상담사, 즉 '독립재정상담사'이다. 금융상품 판매업자의 이해관계와는 독립해서 따로 판매수수료를 받지 않고 자문 대상인 고객이 최선의 이익을 얻을 수 있도록 그에 합당한 금융상품을 추천하는 사람을 말한다. 현재 미국과 영국, 홍콩에서는 이미 이러한 제도를 시행하고 있다. 이들은 금융상품의 판매에 따른 수수료가 아닌 좋은 금융상품을 추천하는 자문료를 받으며 금융회사로부터 독립되어 있다. 런던정경대 줄리아 블랙 교수의 이야기를 더 들어보자.

"독립재정상담사들은 금융상품을 팔아요. 동시에 조언해야 하죠. 의뢰인과 전문가의 관계를 유지해야 해요. 변호사랑 비슷하다고 볼 수 있어요. 독립재정상담사는 수수료를 받을 수 없고, 자문료를 받게 돼 있어요."

독립재정상담사의
자격 요건

하지만 이러한 전문가들이 양성되기 위해서는 여러 조건이 필요하다. 자신의 전문성을 입증할 수 있는 자격증 제도와 상담사들이 자신의 의무를 충실하게 이행하고 있는지 살펴볼 수 있는 규제 장치가 있어야 한다. 또한 독립재정상담사들은 자신들이 독립적인지, 즉 모든 상품 제공자의 모든 상품을 파는지, 아니면 몇 개의 상품과 제공자로 한정되어 있는지 공지해야 한다. 그렇게 되면 고객은 자신이 좋은 상담을 받고 있는지 아닌지 확실히 알 수 있다. 그러나 아직은 우리나라는 외국에 비해 부족한 부분이 많다. 자본시장연구원 김갑래 연구위원은 이렇게 아쉬움을 토로한다.

"아직까지 미흡합니다. 외국의 경우, 시장 전체에 있어서 가장 좋은 금융투자 상품을 고객에게 추천할 의무가 있습니다. 하지만 우리나라 같은 경우에는 아직 그 정도 수준의 선관 의무를 자문업자에게 부여하지 않고 있습니다."

'선관 주의 의무'란 선량한 관리자의 주의 의무로서, 그 사람이 속한 사회적, 경제적 지위 등에서 일반적으로 요구되는 정도의 주의를 다 하는 것이다.

투자자가 아니라
금융소비자다

우리 정부도 금융자본주의의 폐해를 막기 위한 노력을 기울이고 있다. 대표적인 것 중의 하나가 바로 '금융소비자 보호에 관한 법률'이다. 이 법률은 2012년 7월 국회에 제출되어 입법이 추진되고 있다. 그런데 이 법률을 지칭하는 용어에서 우리가 주의 깊게 봐야 할 것이 있다. 그것은 '금융소비자'라는 말이다. 이 말은 금융자본주의에서 이제 우리는 '투자자'가 아니라 '소비자'로 칭해져야 한다는 새로운 개념을 반영하고 있다. 법무법인 한누리 전영준 변호사의 이야기다.

"지금은 일반인들이 가까운 금융기관 지점에서 언제든지 금융상품을 구매할 수 있는 시대가 됐고, 이런 분들을 그대로 투자자 개념으

2010년도
금융소비자보호
업무백서

1332

금융감독원

1. 개 요

금융시장에서는 변액보험, ELS(주가연계증권), KIKO 등 새로운 금융상품이 끊임없이 개발되고 있고 금융소비자는 다양한 형태의 투자기회를 제공받고 있다. 그러나 일반적으로 새롭게 출시되는 금융상품은 대체로 그 구조가 복잡하여 전문가나 숙련된 금융이용자가 아니면 금융상품을 정확히 이해하기 매우 어렵다. 뿐만 아니라, 상품을 제대로 이해하지 못할 경우 금융회사와 예기치 못한 분쟁이나 경제적 불이익을 입을 위험이 항상 존재하고 있다.

금융감독원은 우리나라의 금융산업 발전을 위해 금융회사의 건전성 감독·검사업무와 시장중심의 금융구조조정, 자본시장 활성화 등의 업무를 수행하는 동시에 다음과 같이 금융소비자의 권익보호를 위한 각종 제도를 운영하고 대국민 서비스를 제공하고 있다.

2. 금융상담 및 콜센터 (☎1332)

금융감독원이 2010년 발행한 '금융소비자 보호 업무백서'를 보면 금융상품은 정확히 이해하기가 어렵기 때문에 권익 보호가 필요하다고 명시되어 있다.

로 두면 보호할 수 없기 때문에 '금융소비자'라는 개념을 사용해서 보호의 대상으로 봐야 한다는 것입니다."

투자는 '돈을 잃을 수도 있다'는 것을 전제하고 있기 때문에 '투자자' 역시 '언제든 돈을 잃을 수도 있는 사람'이라는 의미이고, 이 부분에 대해서는 전적으로 투자자가 책임을 지기 때문에 사회적인 보호 장치가 필요 없다는 결론에 이르게 된다. 하지만 투자자라는 개념과는 다르게 '금융소비자'라는 개념을 사용한다면, 일반 상품을 구매하는 경우처럼 상품에 문제가 있을 때 보호를 받을 수 있는 대상으로 볼 수 있게 된다. 현재 입법이 추진되고 있는 '금융소비자 보호에 관한 법률'은 금융상품을 구매하는 사람을 '투자자'가 아닌 '소비자'로 본다는 점을 전제로 하는 것이다. 또한 모든 금융상품 판매에 관해 '6대 판매행위 규제원칙'과 건전한 금융상품 자문업을 육성한다는 내용을 포함하고 있다. 금융상품 자문업자에게 독립성 요건을 일정 부분 부과하고 있기도 하다. 지금까지 자문업은 보험, 은행, 증권 등이 각각 개별적으로 규제되었지만, 이제 '금융상품 자문업자'라고 통합하겠다는 것이 요지다.

이는 '소비자'들이 올바르게 금융상품을 선택할 수 있는 토대를 마련하고 있다는 점에서 분명 우리에게 꼭 필요한 법률이 아닐 수 없다. 또한 이러한 법률을 근거로 향후 독립재정상담사의 육성도 더욱 활성화할 수 있을 것으로 보인다.

이외에도 현재 국내에서는 금융소비자를 위한 다양한 정책과 기구들이 활성화할 조짐을 보이고 있다. 그러나 여전히 미흡한 점이 많다. 2013년 8월 금융위원회 산하 '금융소비자보호기획단'이 출범했지만 애초 예상했던 규모보다 훨씬 축소되었고 그 운영 기간도 우선은 2년 정도로 한시적으로 운영될 뿐이다. 뿐만 아니라 예산의 문제도 있다. 금융소비자보호기획단의 예산은 금융감독원의 예산을 나눠 갖도록 되어 있다. 하지만 예산의 대부분이 감독의 대상인 금융회사들의 분담금에서 나온다는 사실은 아이러니한 일이 아닐 수 없다.

아직도 우리가 금융소비자로서 정당한 대접을 받고, 또 법적인 보호장치 안에서 자유롭게 투자를 결정하기에는 부족한 부분이 많다. 니얼 퍼거슨 미국 하버드대 역사학과 교수의 이야기다.

니얼 퍼거슨(Niall Ferguson)
미국 하버드대학교 역사학과 교수
저서 : 『현금의 지배』, 『금융의 지배』

"우리는 10년 뒤에 지금보다 더 금융이 중요한 세상에 살게 된다는 사실을 알고 있어야 합니다. 10년 전보다 지금 금융이 훨씬 중요한 것처럼요."

우리는 아직도 너무 게으르고 순진하고 무지하다. '은퇴자금 거덜 내도 투자자문사, 증권사는…', '주식형 펀드 추풍낙엽 신세', '증권 전광판 앞에 온통 노인들… 아! 내 노후자금 한숨', '투자손실 비관 증권사 직원 자살', '한국저축 회장 4000억원대 불법 대출' 등 지난 1년 동안의 금융 관련 사건만 모아놓아도 온 벽을 가득 메우고도 남는다. 물론 그 피해는 우리가 고스란히 지고 있다. 그런데 몰랐다는 이유만으로 그저 내 탓이요, 하는 게 잘하는 짓일까. 우리가 아파서 의사를 찾아가면 의사는 우리의 병과 치료방법을 설명해 줘야 한다. 그것은 의사로서의 의무이다. 니얼 퍼거슨 교수의 이야기를 다시 들어보자.

1년 동안의 금융사건 기사만 모아도 한쪽 벽을 가득 채울 수 있다.

"오늘날 많은 사람이 금융계의 윤리란 존재하지 않는다고 생각합니다. 은행, 헤지펀드에서 일하는 사람들은 도덕 관념이 전혀 없고 온 갖 수단을 동원해 오로지 돈을 버는 데만 집중한다고요. 의사들이 하는 히포크라테스 선서가 금융권에도 있어야 합니다. 그런데 우리는 그런 것이 없어요. 은행가가 되는 사람들이 공식적인 선서를 하지 않습니다. 문제가 있죠."

불량 식품만 사람을 죽이는 것이 아니다. 불량 금융상품은 온 가족의 삶을 파괴하는 가정파괴범이자 사회악이다. 그러니까 당당하게 요구해도 된다. 금융상품 판매자들에게 '제대로 설명해 달라', '모르겠으니 다시 설명해 달라', '이 상품이 얼마나 위험한 상품인지 확실하게 알려 달라'고 말하는 것이 무엇보다 필요하다. 바로 그것이 본인의 선택이 가져올 위험을 최소화할 수 있는 가장 우선시해야 할 중요한 원칙 중의 하나이다. 우리는 스스로 자신을 지켜야 하기 때문이다.

"한 나라를 정복해 예속시키는 방법은 두 가지다.
하나는 칼로 하는 것이고, 다른 하나는 빚으로 하는 것이다"

- 존 애덤스(John Quincy Adams 미국 대통령)

3

나도 모르게
지갑이 털리는
소비 마케팅의 비밀

소비는 감정이다

생활 속에서 자본주의는 어떤 모습을 하고 있는지 알아보기 위해서 이제까지 우리는 금융 측면에서 자본주의를 조명해 봤다. 돈이 만들어지는 원리를 알았으니 이제는 돈이 어떻게 쓰이는지 알아볼 차례다. 이렇게 양측을 동시에 바라봤을 때 우리는 자본주의의 진실에 한층 더 다가갈 수 있다. 소비가 없는 자본주의란 상상도 할 수 없다. 소비는 자본주의가 굴러가는 또 다른 핵심 원리라고 할 수 있다.

그런데 이 소비의 차원에서도 우리는 끊임없이 자본주의에 속고 있다는 사실을 알고 있는가. 소비 마케팅은 최첨단 기술과 과학을 동원해 우리를 '착각'과 '불안' 속에 빠뜨리고, 끊임없이 과소비를 유도하고 있다. 자신의 수입에 맞지 않는 과소비를 했다면 우리는 어떻게 될까? 그렇다. 빚을 지게 된다. 독자 여러분의 경우는 어떤가? 과연 당신은 합리적인 소비를 하고 있다고 자신하는가?

자 본 주 의

Capitalism

資 本 主 義

01
어릴 때부터 우리는
유혹당한다

소비에 길들여지는
아이들

　　　　　　　　　　매일 끊임없이 쏟아져나오는 생산
품들, 현대 사회에서 소비는 미덕일까? 왜 우리는 소비를 멈출 수 없
을까? 브랜드는 어떻게 우리를 유혹할까? 소비로 드러나는 우리의
감춰진 모습은 어떤 것일까? 여기에 대한 해답을 찾기 위해 취재팀
은 세계적인 석학들과 전문가들을 만나봤다.

　　『상식 밖의 경제학』을 집필했던 미국 듀크대학교 경제학과 댄 애
리얼리 교수는 이렇게 말한다.

댄 애리얼리(Dan Ariely)
듀크대학교 경제학과 교수
저서 : 『상식 밖의 경제학』, 『경제 심리학』

"우리가 사는 상업적인 세상은 당장 무엇을 하라고 강하게 유혹하죠. 지금 당장 사라고, 돈을 쓰라고 하는 유혹에 둘러싸여 살고 있죠. 온갖 전략을 동원해요."

『쇼핑의 과학』, 『여자는 언제 지갑을 여는가』를 집필했으며 쇼핑컨설팅사 인바이로셀의 CEO인 파코 언더힐도 이렇게 말한다.

파코 언더힐(Paco Underhill)
쇼핑컨설팅사 인바이로셀 CEO
저서 : 『쇼핑의 과학』

"저는 고객이 상품을 주목하도록 합니다. 음악 소리로 고객의 마음을 움직이죠. 상품을 볼 때 맛까지 느껴지게 합니다. 몸에 닿는 촉감도 느껴지게 하죠."

우리는 자신도 모르는 사이에 끊임없이 '소비'를 강요당하는 사회에서 살아가고 있다. 그런데 이러한 일은 사실 우리가 생각하는 것보다 훨씬 어릴 때부터 시작된다. 무수히 쏟아져나오는 캐릭터 상품들

속에서, 어린이 프로그램이나 TV 광고 등을 끊임없이 반복해서 보는 우리의 아이들은 매일 뭔가를 손에 쥐고 있다. 이렇게 시작된 쇼핑으로 아이들은 아주 특별한 기억을 갖게 된다. 이러한 기억은 나도 모르게 그 상품을 좋아하게 만들고, 특정한 상품을 선호하는 취향으로 발전한다. 미래의 잠재적인 고객으로 길들여지는 것이다.

브랜드 컨설턴트인 마틴 린드스트롬의 이야기를 들어보자.

마틴 린드스트롬(Martin Lindstrom)
세계적인 브랜드 컨설턴트
저서 : 『쇼핑학』, 『오감 브랜딩』

"아기가 한 살 반이 되면 최소 백 개의 브랜드를 기억하는 것으로 밝혀졌습니다. 뿐만 아니라 아이들이 2개월 때부터 이미 브랜드에 영향을 받아 자기 정체성을 브랜드를 통해 묘사하게 됩니다. 슬픈 일입니다."

그리고 우리들은 어른이 되어서도 이러한 소비 습관을 가진다. 하지만 그 소비 습관은 내가 자발적으로 키운 것이 아니라 바로 마케터들에 의해 '길들여진' 것이다. 내가 어렸을 때부터 먹던 과자를 어른이 된 지금도 집어들고 또 내 아이에게도 먹인다. 어렸을 때의 습관이 어른이 된 후에도, 그리고 자녀들에게까지 대물림되는 것이다.

이 모든 것은 바로 우리가 어렸을 때부터 무의식적으로 수많은 광고에 노출된 결과이다. 임상심리학자이자 머니 코치인 올리비아 멜란은 이렇게 표현한다.

올리비아 멜란 (Olivia Mellan)
임상심리학자, 머니 코치

"아이들은 광고를 보면서 최면에 걸립니다. 광고를 보기 전에는 필요하다는 생각조차 안 했던 물건들을 원하게 됩니다."

듀크대학교 경제학과 댄 애리얼리 교수의 의견도 마찬가지다.

"아이들은 다양한 방식으로 영향을 받습니다. 그중 한 가지는 아이들이 그 상품만 찾도록 선호를 형성하는 것입니다. 자신이 좋아하는 것과 싫어하는 것을 생각해 보세요. 우리가 어떤 것을 좋아하게 되었는지 보면 아주 재밌어요. 예를 들어 우리는 맥주를 좋아하게 되었죠. 참 이상하죠? 아이에게 맥주를 주면 처음엔 좋아하지 않잖아요. 하지만 시간이 흐르면서 좋아하게 되죠. 위스키도, 담배도 마찬가지입니다. 우리가 처음에는 안 좋아하다가 시간이 흐르면서 선호를 형성하는 것들이 무척 많이 있죠. 이것은 바로 습관을 형성하는 것입니다. 아이들에게 어떤 습관을 갖게 하는 거죠. 예를 들어 점점 많은 은행들이 아이들이 일찍부터 저축을 시작하게 만들려고 해요. 저축은 일찍 시작해서 습관이 되는 것이 중요하죠. 일찍 저축을 시작하게 하면 장기적인 관계로 발전하리라 기대하는 것입니다. 그러니까 선호 개발, 즉 무엇을 좋아하게 만드느냐, 그 다음은 습관화를 시키는 것입니다."

부모의 소비에 영향을 주는
키즈 마케팅

키즈 마케팅은 또 다른 변형된 형태로 어른들의 소비 욕구를 자극하기도 한다. 예를 들면 자동차가 그렇다. 자동차를 판매하기 위해서는 항상 아빠들의 마음을 사로잡아야 한다고 생각하기 쉽다. 그런데 자동차 매장 역시 어린이들이 좋아할 만한 여러 가지 요소를 갖추고 있다. 왜 그럴까? 브랜드 컨설턴트 마틴 린드스트롬의 이야기다.

"자동차 대리점에 가도 풍선이 잔뜩 있습니다. 부모들이 풍선을 좋아할까요? 물론 아니죠."

엄마 아빠를 따라 자동차 매장에 온 아이들이 풍선을 가지고 놀고 있다.

　아주 특별한 취향을 가진 사람이 아니면 어른이 되어서도 풍선을 좋아할 리는 없다. 그렇다면 왜 자동차 매장에 풍선이 있을까? 부모들은 일단 내 아이에게 잘해주면 기분이 좋다. 그곳에 있는 사람들이 참 좋아 보이고 믿음이 가게 된다. 그럼 이왕이면 그 매장에서 자동차를 구매하게 되지 않을까.

　게다가 아이들은 뭔가를 갖고 싶으면 끊임없이 칭얼대고, 조르고, 울기까지 한다. 결국 부모는 못 이기고 아이가 원하는 물건을 사주게 된다. 키즈 마케팅은 이런 놀라운 힘 때문에 빠른 속도로 그 영역을 확대해 나가고 있다. 마틴 린드스트롬의 이야기다.

"마케터들이 키즈 마케팅을 하는 이유는 부모의 구매 행동에 영향을 주기 때문입니다. 이것을 바로 '조르기의 힘pester power'이라고 하죠. 아이들이 원하는 제품도 그렇지만, 아이들의 의견은 어른들의 구매 행동에도 실제로 영향을 미칩니다. 부모가 자동차를 구매할 때 약 67%가 아이들의 결정에 의한 것으로 추정됩니다. 부모가 사용하는 자동차 타이어조차 55%가 아이들이 정한 것이라고 합니다. 아이들이 부모의 구매 행동에 엄청난 영향을 주는 것이죠. 그런데 이런 경향은 더욱 심해지고 있습니다. 아이가 단 한 명뿐인 중국의 경우를 보세요. 부모는 '소황제'의 말을 열심히 들어주기에 아이는 엄청난 영향력을 행사하죠. 한국에서도 지금 세대는 아이를 위해 모든 것을 해주고 싶어합니다. 아이의 말을 듣고, 그 의견에 따르게 돼요. 그래서 마케팅 업계가 아이들 의견을 많이 반영합니다."

듀크대 경제학과 댄 애리얼리 교수도 이렇게 이야기한다.

"어린이들은 당연히 부모에게 큰 영향을 미칩니다. 부모들은 비용과 이익을 분석하고 정말 마음에 드는지 돈을 쓸지 따져보지만, 어릴 때는 칭얼대고, 불평하고, 어른들을 조르죠. 무언가 원하고 유혹을 느끼면 그대로 하는 경향이 더 많아요. 때로 마케터가 아이들에게 접근하는 건 아이들 자신이 아니라 가족에게 영향을 주기 위해서입니다."

더욱 놀라운 사실은 광고의 타깃 층이 전반적으로 점점 더 낮아지고 있다는 점이다. 광고가 점점 30세 미만에게 집중되고 있으며 10세 미만을 대상으로 하는 것도 증가하고 있다. 사실 30세만 넘어가도 일하기에 너무 바쁜 나머지 TV 광고를 잘 보지 않는다. 그 결과 광고와 미디어의 공격은 전 세계 아이들에게 동시다발적인 영향을 미치게 된다. 사는 곳이 다르고, 사는 수준이 달라도 아이들이 알고 있는 브랜드는 동일하다. 쇼핑컨설팅사인 인바이로셀의 CEO 파코 언더힐의 이야기를 들어보자.

"우리 문화의 아이러니 한 가지가 있어요. 리우데자네이루의 빈민가와 최고로 부유한 뉴욕 교외에서 8살짜리 어린이를 한 명씩 만나 보면 브랜드와 관련된 어휘가 거의 똑같습니다. 미디어와 인쇄물에 노출이 많이 됐다는 뜻이죠. 롤렉스 시계가 뭔지, 아이팟, 스마트폰이 무엇인지 알고 있어요."

어린 시절부터 광고에 익숙해진 아이들은 청소년기에 접어들면서 광고의 논리와 메시지를 그대로 내면화하면서 소비를 통해 자신의 정체성을 구축해 가는 과정을 겪는다. 파코 언더힐의 이야기를 계속해서 들어보자.

> "어린 시절에는 아직 자신이 누구인지 모르죠. 자신이 누구인지 알
> 게 되면서 우리는 보다 확신이 생기고 자의식을 갖게 돼요. 하지만
> 14살 때에는 '이 립스틱이 나를 원래의 나와 다른 사람으로 만들어
> 줄 수 있을까?', '내가 저 립스틱이 아닌 이 립스틱을 바른 것을 보면
> 그 연예인이 나를 더 좋아해 줄까?' 하고 생각하죠."

결국 성인이 된 우리의 소비 습관과 성향은 이미 수십 년간 진행된 '키즈 마케팅'의 산물이라고 할 수 있다. 우리는 매 순간 합리적으로 결정해서 소비하는 것처럼 보이지만, 사실은 어린 시절에 형성되었던 습관의 산물로 소비하게 된다는 것, 그리고 부모는 상당수가 아이들의 영향에 의해 소비하고 있다는 것은 자본주의 세상에서 살고 있는 우리가 의식하지 못했던 놀라운 비밀 중의 하나이다.

02
쇼핑할 때 여자는
훨씬 감정적이다

마케팅의 꽃,
여성 마케팅

성인의 경우는 어떨까. 성인 마케팅의 가장 중요한 공격 대상은 바로 여성이다. '여성 마케팅'을 마케팅의 꽃이라 부를 정도다. 그만큼 여성들이 쉽게 사고 많이 산다는 이야기다. 그 이유는 무엇일까? 남성과 다른 어떤 점 때문에 여성이 많이 사게 되는 걸까?

브랜드 컨설턴트 마틴 린드스트롬은 이를 '화장품 병 속의 희망'이라고 비유한다.

마틴 린드스트롬(Martin Lindstrom)
세계적인 브랜드 컨설턴트
저서 : 『쇼핑학』, 『오감 브랜딩』

"남성과 여성은 큰 차이가 있어요. 여성이 감정적으로 훨씬 더 약하죠. 이 말을 듣는 여성들이 화낼 것 같아 두렵지만, 일반적으로 소비에 있어서 남성보다 여성이 더 나약합니다. 화장품 업계를 보면 알수 있죠. 요즘은 새로운 화장품이 매일 나옵니다. 정말 놀라운 기능이 있다고 하죠. 하지만 대부분 거짓말입니다. 실제로 화장품 제품간에는 큰 차이가 없어요. 촉감이나 냄새가 조금 다를 수는 있지만결국 원료는 아주 비슷해요. 여성들은 크림을 사서 정말 좋다고 생각하다 곧 별로 효과가 없다며 잡지에서 새 광고를 찾죠. 신상품이나온 걸 보고 달려가서 사요. 몇 주 써보고 또 별로라고 하죠. 60대가 될 때까지 계속 그렇게 합니다. 이 사이클을 화장품 업계가 정확히 알고 있어요. 거기에 맞춰서 새로운 상품을 출시하죠. 새로운 기능을 계속해서 내놓지만 그 이면에 숨겨진 사실은 새로운 마케팅만계속 나오고 실질적인 신기능은 별로 없다는 것이죠. 여성들은 때로더 나약하고, 그래서 '화장품 병 속의 희망'을 찾죠."

광고는 끊임없이 여성에게 속삭인다.
"난 당신을 위해 태어났어요. 당신의 삶은 달라질 거예요."

최근 프로야구 관람객 중 여성팬들이 눈에 띄게 증가하고 있다.

잘생긴 연예인이 하는 달콤한 말이 꼭 내게 하는 말처럼 느껴진다. 하루 한 끼 맛있게 먹기만 하면 살이 빠질 거라는 말, 바르기만 해도 피부가 금방 좋아질 거라는 말에 쉽게 흔들린다.

게다가 여성은 판매자와의 감정적 교류도 상당히 중요하게 생각한다. 여성이 상대적으로 비합리적인 소비를 하는 또 하나의 이유는 '관계지향적 소비'를 한다는 점이다. 엄밀한 의미에서 보자면 소비는 '필요'에 의한 것이다. 내가 필요하면 사는 것이고 필요하지 않으면 사지 않는 것이다. 여기에는 '관계'라고 하는 것이 특별히 개입될 여지가 없어 보인다.

하지만 여성의 소비에서는 관계도 무척 중요하다. 1차적으로 여성들은 판매자와의 감정적 교류에서도 나약한 모습을 보이는 것이 사실이다. 자신이 필요한 것을 판매자가 먼저 알아차리고 동조해 주기를 바란다. 또한 판매자가 선뜻 감정적인 교류에 응해주면, 자신의 필요 여부와는 상관없이 구매를 하기도 한다. 이렇게 사람이 마음에 들면 단골이 되어 오랜 관계를 지속하고 계속 소비를 한다.

여자는 집안의
쇼핑 가장이다

더 큰 소비인 집을 사는 문제에서도 여성들의 의견은 결정적이다. 남성의 전유물이라고 생각했던 프로야구까지도 여성들을 끌어모으고 있다. 그 이유는 무엇일까? 인바이로셀의 CEO 파코 언더힐은 이렇게 이야기한다.

파코 언더힐(Paco Underhill)
쇼핑컨설팅사 인바이로셀 CEO
저서 : 『쇼핑의 과학』

"현재의 여성은 음식과 옷만 사지 않습니다. 전자제품, 자동차, 모든 범위의 상품을 모두 구매하죠. 여기에 아이러니가 있습니다. 어떤 상

여성은 쇼핑 현장에 있지 않은 사람의 물건도 산다. 이것을 '부재자 쇼핑'이라고 부른다.

품은 남성에게, 어떤 상품은 여성에게 판다고 말하곤 하지만, 더 이상 그런 구분이 없어졌어요. 그거 아세요? 우리는 2003년에 매우 마법적인 순간을 지나왔습니다. 2003년 뉴욕, 런던, 파리, 댈러스에 살고 있는 30세의 직장인 여성이 같은 나이의 남성보다 수입이 거의 20%나 많았습니다. 여성이 교육도 더 잘 받고 일에 더 집중하며, 학습장애나 읽기 능력에 문제가 있을 확률도 적고, 약물이나 알코올 중독도 훨씬 적습니다. 우리 문화 속에서 일하는 남성과 일하는 여성의 관계에 대대적인 변화가 일어났어요. 한국과 일본은 여러 가지 면에서 매우 발전한 나라이지만 그들이 다른 많은 개발도상국에 뒤처진 것 중 하나가 일하는 남성과 여성의 관계입니다."

여성은 지금 쇼핑하는 현장에 있지도 않은 사람, 즉 남편, 아이, 다른 가족의 물건까지 산다. 여성이 가정 내 소비에서 절대적인 영향력을 행사하게 되니, 여성이 마케터들에게 중요해진 것이다. 이제 여성은 집안의 쇼핑 가장이고, 그래서 언제나 마케팅의 표적이 된다.

뿐만 아니라 여성의 소비는 '친구와의 관계'에도 연결되어 있다. 자신의 아는 사람이 계속해서 제품을 마음에 들어하지 않음에도 불구하고 이를 무시하고 소비하기는 힘든 경우가 많다. 주변 사람들이 인정을 해줘야 비로소 여성은 자신이 했던 소비에 만족감을 느끼곤 한다.

그렇다면 남성들은 어떨까. 사실 남성들은 여성들과 '나약한 지점'이 다를 뿐, 결국 또 다른 방식으로 자본주의의 공격을 받고 있다. 마틴 린드스트롬의 이야기다.

"남성도 나약한 면이 있지만 방식이 다릅니다. 예를 들어 카메라를 산다고 해보죠. 5~6메가픽셀의 카메라를 샀어요. 매장에 가 보니 요즘 신제품은 10메가픽셀이에요. 그럼 더 좋은 것이라며 사죠. 그런데 실험을 했어요. 서로 다른 화질의 사진을 일부러 보여줬죠. 10메가픽셀의 사진이 5메가픽셀의 사진보다 훨씬 안 좋았어요. 재밌게도 사람들은 화소가 더 높다는 사실에 현혹된 나머지 화질이 더 나쁜 걸 보지도 않았죠. 사람들은 아이패드 3를 아이패드 5로 업그레이드하면 더 많은 권력을 가지고, 더 똑똑해진 듯한 착각에 빠지죠. 사실 이것도 '화장품 병 속이 희망'과 똑같아요. 남자들의 방식이

죠. 반대로 여성들은 '버전 4', '버전 5'라는 크림을 사지 않겠죠. 남
성들은 성분이 추가됐고 더 어려 보인다는 화장품을 안 사고요. 이
남녀간의 차이는 미묘하지만 매우 중요합니다."

　남녀의 차이만 비교해 보자면 마케터가 공략하기에 훨씬 편리한
대상은 여성이다. 남성에 비해 여성은 광고의 논리에 쉽게 넘어가고,
신상품에 민감하고, 가정의 모든 소비를 책임지고 있기 때문이다.
　여성 마케팅을 '마케팅의 꽃'이라 부르는 것이 소비자 입장에서
는 긍정적인 의미가 아니다. '여성 마케팅'이란 곧 '소비에서는 여성
들이 훨씬 더 약점을 가지고 있으니 더 집중공략하라'는 자본주의의
주문일 뿐이다.

보안용 CCTV가
당신을 지켜보고 있다

우리를 조종하는
마케팅

자본주의의 소비 마케팅은 시간이 흐를수록 점점 더 치밀해지고 있으며 새로운 마케팅 기법을 위해서라면 그 어떤 것도 마다하지 않는다.

곳곳에 설치되어 있는 보안용 CCTV는 위험한 사회에서 범죄 예방을 위해 설치한다. 범죄가 발생했을 때는 단서를 제공해 범인을 잡을 수 있도록 해주기도 한다. 그런데 보안을 위해 설치된 CCTV는 또 다른 목적으로도 이용된다. 마케터들은 보다 고도화된 각종 첨단 기법을 활용해 타깃들을 움직이려고 한다. 이 과정에서 가장 대표적

SEX : Female
AGE : 26
COLOR : Yellow
How many company : 2
INTERESTS : Cloths

SEX : Female
AGE : 28
COLOR : Black
How many company : 2
INTERESTS : Handbag

나도 모르는 사이에 나에 관한 모든 것이 파악되고 있다.

으로 이용되는 것이 바로 CCTV다.

　한 여성이 백화점 매장에 들어선다고 해보자. 그때부터 여성은 철저하게 분석의 대상이 된다. 누구와 함께 오는지, 어떤 상품을 유심히 보는지, 또 기분은 어떤지도 살펴본다. 뿐만 아니라 나이, 직업, 수입까지 모두 관찰한다. 물론 이 여성은 누군가가 자신을 관찰하고 있다는 사실을 전혀 눈치 챌 수가 없다.

마케터가 CCTV를 통해 내 모습을 고스란히 분석하고 있다는 사실을 알고 있었는가. 충격적이지만 진실이다. 그리고 이러한 관찰을 토대로 고도의 마케팅 기법을 만들어 우리를 조종하고 있는 것이다. 쇼핑컨설팅사인 인바이로셀의 CEO 파코 언더힐의 말이다.

파코 언더힐(Paco Underhill)
쇼핑컨설팅사 인바이로셀 CEO
저서 : 『쇼핑의 과학』

"저는 관찰합니다. 우리 회사는 전 세계에 140명의 관찰 마케터를 두고 있고, 이들은 주중이나 주말에 쇼핑몰, 상점, 공항, 기차역에 가서 사람들이 어떻게 움직이고 교류하는지 관찰합니다. 우리는 다양한 첨단 기술을 사용해서 단순히 쳐다보는 행위를 보다 확장해서 쇼핑하는 모습을 자세히 분석합니다."

파코 언더힐은 세계 최초로 관찰카메라를 사용해 고객들의 일거수일투족을 분석해 마케팅에 활용했던 인물이다. 그는 마이크로소프트를 비롯해 맥도날드, 스타벅스, 에스티로더, 휴렛패커드 등 세계적인 기업들의 제품과 매장을 컨설팅해 획기적인 매출 신장을 유도해왔다. 그는 부산에 있는 쇼핑몰인 센텀시티의 설계자이기도 하다. 파코 언더힐의 쇼핑컨설팅이 실제 매출에 영향을 미쳤다는 것은 소비를 촉진하는 마케팅이 어느 정도 막강한지 알려주는 것이다.

브랜드 컨설턴트 마틴 린드스트롬의 이야기를 계속 들어보자.

마틴 린드스트롬(Martin Lindstrom)
세계적인 브랜드 컨설턴트
저서 : 『쇼핑학』, 『오감 브랜딩』

"마케팅이란 다양한 기술을 사용해 전략적으로 유혹해서, 이유는 모르지만 그 상품이 필요하다고 느끼게 하는 것입니다."

그렇다면 과연 우리는 어떻게 마케팅에 조종당하고 있을까. 파코 언더힐의 말이다.

"우리 모두 그런 경험이 있을 겁니다. 무언가 사서 집에 가져가서 보니 생각했던 것과 다르다는 것을 깨닫죠. 현대의 매장이라는 환경에서는 상품에 극적인 조명을 비출 수 있죠. 멜론이나 사과는 집에 가져왔을 때보다 매장에서 훨씬 더 좋아 보여요. 21세기 시각 마케팅의 일환입니다. 우리가 사물을 보는 방식과 조명의 구조를 이용해 대상을 아주 근사해 보이게 만드는 것이죠. 마치 영화 세트에서처럼요."

마트에서는 시간이
천천히 간다

             대형 슈퍼마켓의 설계 방식에도 이러한 마케팅이 침투해 있다. 마트에 들어가면 사람들은 시계 반대 방향으로 걷도록 되어 있다. 이는 대부분의 사람들이 오른손잡이이기 때문이다. 그래야 상품을 집어들기 쉽다. 멀리 있는 상품을 집기 위해 수고스럽게 손을 뻗을 필요가 없도록 만들었다는 이야기다. 마틴 린드스트롬의 설명을 좀 더 들어보자.

"실제로 반시계 방향으로 매장을 돌 때 7% 더 많이 구매합니다. 또한 과속 방지 턱을 설치하기도 하죠. 그러면 쇼핑 카트가 진동하기 때문에 천천히 걷게 돼요. 그 결과 상품을 더 사게 되죠. 쇼핑 카트의 크기를 더 크게 만들기도 합니다. 클수록 더 많이 구매하니까요. 게다가 쇼핑하러 백화점에 갔는데 좋은 향기와 음악이 있다면 아주 기분 좋은 경험이죠. 긍정적인 면이 있는 반면, 부정적인 면에서는 소비자로서 누군가에게 조종당하고 누군가가 머릿속을 엿보는 듯합니다. 하지만 통제할 수 없는 것이죠. 매우 다른 두 가지 작용입니다. 오늘날 많은 마케터와 판매자들이 지나칠 정도로 정교한 전략을 사용해 소비자들의 구매를 자극합니다."

한국의 마트에서 흔히 만날 수 있는 장면이 있다. 그것은 바로 어른과 아이들이 모두 좋아하는 '시식'이다. 마틴 린드스트롬은 이것이 현대의 신경과학과 연결되어 있다고 말한다.

"한국의 마트에 가면 재미있어요. 시식이 많죠. 커피를 맛보거나 음식을 먹어볼 수 있어요. 중요한 사실이에요. 우연이 아닙니다. 현대 신경과학에 설명돼 있죠. 음식 등 무언가의 냄새를 맡으면, 감각을 자극하고 오감 모두를 통해 허기를 더 느껴요. 결국 더 많이 사게 되죠. 음식뿐 아니라 모든 상품을 더 많이 사게 됩니다. 몸에 갈망이라는 감각을 심어놓기 때문이에요."

연예인이 나오면
나도 산다

많은 대중들이 선호하는 유명 연예인을 광고 모델로 내세우는 것도 결국 마찬가지 이유이다. '나도 저 사람처럼 되고 싶다'는 욕구를 활용해 소비를 촉진하는 것이다. 마틴 린드스트롬의 이야기를 들어보자.

"광고 모델을 보면 그 사람과 동일시하고, 그 사람이 되고 싶어지죠.

판매나 광고에서 모델을 내세워 '나도 저 사람이 될 수 있다'라고 느끼게 만듭니다. 그러면 소비자는 꿈을 꾸는 상태가 되죠. 이렇게 꿈꾸는 상태가 되면 자신의 모습을 거울에 비춰서 보는 게 아니라 그 모델을 통해서 봅니다. 저 사람이 곧 자신이라고 믿으면서요"

자본주의는 소비를 완전히 다른 차원으로 이동시켰다. 과거에 소비라는 것은 그저 '필요'를 만족시켜 주는 것이었다. 배가 고프면 쌀을 사고, 옷이 해어져 입을 수 없게 되면 옷을 샀다. 하지만 그것만 가지고는 차고 넘치는 자본주의의 생산품들이 다 소비될 수가 없다. 잉여생산물들이 많아지고, 그것이 회전이 되지 않으면 자본주의에는 시스템적인 문제가 생기게 된다. 이것을 해결할 수 있는 유일한 방법은 바로 소비를 권장하는 것, 또는 강요하는 것이다. 그리고 이것을 무엇보다 '자연스러운 과정'으로 보이게 하기 위해 첨단기술과 첨단과학, 고도의 심리 기술, 그리고 유명인을 내세운 광고가 필요하다. 결국 소비자들은 '필요한 것을 구매하는 사람'이 아니라 '필요하지 않은 것까지도 소비해 자본주의의 잉여생산물을 떠맡는 사람'이 되어주어야 하는 것이다.

오른손 잡이인 나는 언제나 좌회전을 하고 있고

가다보면 자꾸 무언가에걸려 천천히 가게되고

엘리베이터는 어디 있는지 찾을 수가 없고

1층엔 화장실도 없고

카트 크기는 자꾸 커지고

시간은 언제나 천·천·히 가지

04

'사고 싶다'고 느끼면
'필요한' 것 같다

쇼핑은 무의식이다

우리는 수없이 다양한 방면에서 소비 마케팅의 공격에 노출되어 있다. 그런데 왜 우리는 그러한 마케터들의 술수를 눈치 채지 못하는 것일까. 어쩌면 우리는 '상술'이라는 이름으로 그들의 유혹을 어렴풋이 알고 있었는지도 모른다. 하지만 그럼에도 불구하고 우리는 매번 그 유혹에 넘어가게 되고 또다시 소비를 한다. 그 원인은 과연 무엇일까. 그 해답을 얻기 위해 취재팀은 최고의 심리학자와 중독을 연구하고 있는 정신의학 전문가를 만났다. 그들과 함께 소비를 불러일으키는 우리 안의 감정에 대해 심층 분석했다.

첫째로 놀라운 사실은 바로 우리의 무의식에 관한 것이었다. 무의식이란 어떤 것일까? 머리에 안경을 얹고 있으면서도 우리는 의식하지 못하고 안경을 찾을 때가 있다. 또 전화를 하면서 걷는데도 웬만한 장애물은 안 보고도 척척 잘 피한다. 우리가 하는 행동 중 많은 부분은 바로 이 무의식이 이끌고 있다. 이것은 쇼핑할 때도 마찬가지다. 옷을 사러 가서 이것저것 골라보지만 결국엔 같은 스타일의 옷을 사고 만다. 전문가들의 이야기를 들어보자.

곽금주
서울대학교 심리학과 교수
저서 : 『습관의 심리학』, 『아동발달』

"우리가 쇼핑할 때는 합리적으로 의식적인 상태(알파)에서 하기보다 뇌의 베타 상태에서 하는 경우가 많습니다. 거의 대부분이 그렇다고 볼 수 있습니다."

김병후
신경정신과 전문의
저서 : 『너』, 『여자는 절대 모르는 남자 이야기』

"의식이 차지하는 부분은 사실 빙산의 수면 윗부분보다 더 적어요. 우리의 행동은 무의식이 대부분 다 결정하죠. 의식이 결정하는 것은 거의 없어요."

우리의 소비 행동은 95% 이상 무의식이 결정한다고 한다. 이러한 무의식적 소비행위에 있어서 가장 중요하게 작용하는 것은 '오감자극 마케팅'이라고 할 수 있다. 사람들은 상품을 보고, 만지고, 냄새를 맡으면서 유혹된다. 서서히 기분이 좋아지기 시작하면서 무의식적으로 사고 싶다는 강한 유혹을 느끼는 것이다. 바로 이것이 우리의 말초신경 하나하나를 자극하는 오감자극 마케팅이다. 시각, 후각, 청각, 촉각, 미각을 모두 동원한다. 사람들이 빨리 반응하게 만드는 것이다. 광고를 볼 때도 마찬가지다. '저 모델이 정말 멋지다. 날씬하다.'고 느끼면 나도 모르게 무의식적으로 사고 싶다는 생각을 하게 된다. 나도 모르게 옛날에 먹었던 과자를 집고 있고, 그 물건을 사면 나도 모르게 살이 빠질 것 같고, 마트에 가면 나도 모르게 좌회전하고 있고, 일단 한번 먹어보면 나도 모르게 사게 된다.

서울대 심리학과 곽금주 교수의 설명을 들어보자.

"일단 사고 싶다는 욕망이 든 후에는 그것을 의식적으로 합리화하는 과정이 발생합니다. 아, 저거는 내가 필요한 거야, 내가 지금 가지고 있는 물건은 망가졌고 새로운 물건이 필요해, 저것이 있으면 나는 훨씬 더 일을 잘할 수 있어, 라는 식의 여러 가지 합리화가 일어나면

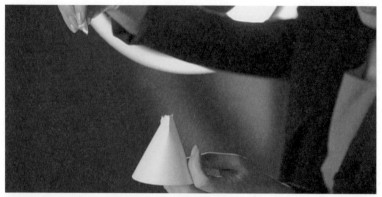

우리가 하는 행동 중에서 무의식은 얼마나 차지할까? 곽금주 교수와 김병후 박사의 왼손에 들려 있는 부분이 바로 무의식에 해당한다.

서 내 의식이 무의식이 하고자 하는 소비를 점차적으로 합리화를 시
켜줍니다. 많은 부분들이 무의식적인 작동을 겨냥해서 우리가 소비
하게 하는 마케팅입니다."

무의식적인 소비의 대표적인 경우가 바로 '충동구매'다. 애초에는 전혀 살 계획이나 의지가 없었음에도 불구하고 상품을 보고 갑자기 욕망이 생겨서 충동적으로 사버리는 것이다. 우리가 그동안 생각해 왔던 '사람은 이성적인 판단을 한다'는 기본적인 원리에서 보면 쉽게 이해되지 않는 일이다. 충동구매를 하는 그 순간만큼은 이성을 배제해 버린다. 이성이 사라지는 순간 전혀 이성적이지 않은 '무의식'이 등장해 소비를 하도록 만든다.

우리의 뇌 안으로
들어온 마케팅

특히 최근에 우리들은 더욱 많은 시간 동안 마케팅에 노출되어 있다. 홈쇼핑, 인터넷, SNS등 통신 채널의 발달로 인해 거의 24시간 마케팅의 대상이 되고 있다. 자꾸 보니까 자꾸 사고 싶은 마음이 드는 건 당연하다. 소비자들은 이른바 '견물생심'의 상황에 처하게 된다. 전남대 생활환경복지학과 홍은실 교수(한국소비자학회 이사)의 이야기를 들어보자.

홍은실
전남대학교 생활환경복지학과 교수, 한국소비자학회 이사

"현대사회는 소비를 부추기는 사회죠. 견물생심이라는 것들이 나타나기 때문에 소비할 수밖에 없는 사회적인 배경 속에 소비자가 놓여 있다고 할 수 있습니다."

여기서 끝이 아니다. 이제 마케터는 우리 머릿속까지 들어와 속속들이 분석하고 다양한 방법으로 우리를 세뇌시킨다. 마케팅은 단순한 광고 노출에서 그치지 않는다. 우리의 뇌 속으로까지 진입하는 것, 그것이 바로 마케터들의 궁극적인 목표인 것이다. 브랜드 컨설턴트 마틴 린드스트롬의 이야기다.

마틴 린드스트롬(Martin Lindstrom)
세계적인 브랜드 컨설턴트
저서 : 『쇼핑학』, 『오감 브랜딩』

"놀랍게도 우리가 매일 결정하는 것들 대부분이 뇌의 무의식을 관장하는 부분에서 일어납니다. 매일 하는 결정 대부분을 의식조차 하지 않은 채 그저 원한다는 느낌 때문에 행동하고 왜 그런지 이유는 모르죠. 왜 갑자기 나가서 코카콜라를 사고 싶은지, 왜 티파니 액세서

리가 좋고, 롤렉스 시계를 사는지, 왜 슈퍼마켓에서 그 브랜드를 고르는지 이 모든 것을 마케터는 알고 싶습니다. 소비자에게 물어볼 수는 없어요. 소비자 자신도 모르니까요. 어리석어서 그럴까요? 왜 그런지 알 수 없어요. 그 답을 얻기 위해서 신경과학을 이용하기로 했습니다. 그래서 뇌과학을 활용하게 된 것이죠. 신경과학과 마케팅을 결합한 것이 바로 뉴로 마케팅이라는 것입니다."

마케팅의 꿈은
브랜드가 되는 것

마케팅의 꿈은 소비자의 무의식을 점령하고 마음대로 조정하는 것이라고 할 수 있다. 그 꿈의 정점은 바로 '브랜드'가 되는 것이다. 그렇다면 과연 브랜드라는 것은 어떻게 우리를 조종하는지 남녀의 만남으로 표현해 보자.

어떤 파티에서 한 남자와 한 여자가 처음 만났다고 가정해 보자. 먼저 마케팅은 '직접 자신을 알리는 것'이다. 남자가 여자에게 다가가 "나는 돈이 많아"라고 이야기하는 것이 바로 마케팅이다. PR은 다른 사람을 통해서 자신을 알리는 것이다. 친구가 여자에게 다가가 "나를 믿어. 그는 돈이 많대"라고 이야기를 하는 것이다. 광고는 지속적으로 "나는 돈이 많아"라고 귀에 못이 박히도록 떠드는 것이다.

그러나 브랜드는 말하지 않아도 상대방이 자신을 먼저 알아보는 것이다. "내 생각에 당신은 돈이 많은 것 같아요"라고 말이다.

브랜드를 살 때면 우리의 뇌에는 아주 특별한 변화가 일어난다고 한다. 마틴 린드스트롬은 이를 '쿨 스팟'의 활성화라고 말한다.

마케팅, PR, 광고, 브랜드의 차이

"기능성 자기공명영상fMRI를 통해 보면, 브랜드를 사면 실제로 대뇌 전두극부Brodmann area 10의 활성화를 볼 수 있습니다. 뇌에서는 '쿨 스팟'이라고 불리는 영역입니다."

우리가 브랜드를 보면 일단 시각적으로 알게 된 정보가 뉴런으로 전달되고, 시냅스를 거치고 마지막에 쿨 스팟에 도달해 이를 활성화 하게 된다는 것이다. 이것이 브랜드만 보면 지름신이 내려 꼭 사야만 하는 이유이다. 우리의 뇌는 브랜드를 통해 세상에 내가 누구인지, 어떤 사람인지 보여줄 수 있다고 생각하는 것이다.

마틴 린드스트롬의 이야기를 계속 들어보자.

"사람들은 아이패드 2를 살 때 세상의 다른 사람들을 향해 우월감 을 느껴요. 자신감을 높여주는 브랜드 구매를 통해 세상에 내가 누 군지, 어떤 사람인지 보여주는 거죠. 멋지고 세련되게 보이고 싶은 마음, 그 열망이 드러나는 것입니다. 애플의 창시자인 스티브 잡스가 한 말과 일맥상통합니다. 아이팟을 발매하는데 이어폰은 여전히 흰 색이라고 했습니다. 흰색 이어폰이 흥미로운 것은 당시 이어폰은 늘 검정색이었고 흰색은 처음 등장했기 때문이죠. 잡스가 메디슨 5번 가를 걸어가다가 흰색 이어폰을 꽂은 사람들을 봤답니다. 그 '쿨한' 두 사람이 서로의 이어폰을 쳐다보기에 혁신적인 성공을 예감했죠.

사람들의 동경심을 불러일으켰으니까요. 멋지게 보이는 저 사람이 아이팟을 가지고 있다는 건 애플에 대한 동경이 시작되고 있다는 뜻이죠. 바로 그것이 오늘날 애플이 세계 최고의 브랜드가 된 핵심적인 바탕이라고 생각합니다."

쇼핑은 감정이다

하지만 사람들이 좋아하는 브랜드가 된다는 건 쉽지 않은 일이다. 브랜드는 뇌의 깊숙한 부분, '편도'라는 뇌 부위에 저장된다. 편도는 대뇌변연계의 감정조절을 담당하는데, 강력한 브랜드가 되기 위해서는 우리 뇌의 깊숙한 부분인 감정 영역에 자리를 잡아야 한다. 바로 이 편도가 자극받아 반짝반짝 빛날 때 소위 말하는 '지름신'이 강림하게 되고, 편도에 자리잡은 브랜드를 보면 우리 뇌는 '자동모드'로 전환된다. 그러면 무의식적으로 구매 결정을 내리는 것이다. 신경정신과 김병후 전문의의 설명이다.

김병후
신경정신과 전문의
저서 : 『너』, 『여자는 절대 모르는 남자 이야기』

"쇼핑은 사실 감정입니다. 우리는 이성적인 판단을 하고 있다고 착각을 하는 것이지 결국 우리의 소비습관을 지배하는 것은 감정이죠. 사람들의 감정을 사로잡아서 물건을 파는 이런 감정 마케팅은 사실 굉장히 무서운 것입니다."

감정 마케팅의 공격에 우리는 나약해질 수밖에 없다. 마케터들은 매일 묘안을 궁리하고 전략을 세운다. 폭풍우 같은 마케팅의 공격을 한 사람 한 사람이 감당하고 이겨내기란 결코 쉬운 일이 아니다. 이 같은 과정을 통해 결국 마케터는 소비자들을 '쇼핑하는 기계'로 만들고 싶어 한다. 브랜드만 보면 자신의 지갑 속 사정을 생각하지 않고 무작정 사도록 만들고 싶은 것이다. 그들은 이를 위해 첨단과학을 동원하고, 인간의 오감을 유혹할 만한 짜릿한 경험을 제공하고, 또 가공할 만한 돈을 써서 제품을 브랜드의 반열 위에 올린다. 그리고 그 모든 것을 보상받기 위해 더 많은 돈을 소비자들이 쓸 수 있도록 만들 것이다.

05
소비는 불안에서
시작된다

필요 없는 것을 사면서
과소비가 시작된다

이제 좀 더 차분히 생각해 보자. 우리가 하고 있는 소비는 어떤 소비일까. 과연 우리는 필요한 만큼만 사는 것일까. 불필요한 소비는 무의식적인 차원에서 진행되기 때문에 이것이 지나치면 가정 생활에 큰 위협이 될 수 있다. 서울대 심리학과 곽금주 교수의 이야기를 들어보자.

곽금주
서울대학교 심리학과 교수
저서 : 『습관의 심리학』, 『아동발달』

"소비에는 다양한 종류가 있습니다. 살아남기 위한 생존소비가 있고, 일상생활을 위한 생활소비가 있습니다. 그런데 이러한 것들을 넘어서면서 과소비가 일어나는 것이고, 이 과소비가 지나칠 때에는 중독소비가 생긴다고 할 수 있습니다."

우리가 알아봐야 할 것은 사람들을 파탄에 빠뜨리는 과소비와 중독소비다. 과연 나는 알맞게 지출하고 있는 것일까? 우리 집은 제대로 쓰고 있는 것일까? 이것을 알 수 있는 방법이 있다. 2008년 금융감독원에서 발표한 과소비 지수이다. 자신의 소비 성향을 객관적으로 파악하게 해주는 '소비지수'를 측정해 보자.

100만 원을 벌어서 100만 원을 다 쓰고 저축을 전혀 하지 않으면 과소비 지수는 1. 바로 재정적인 파탄 상태를 의미한다. 만약 100만 원을 벌어서 30만 원을 저축하면 과소비 지수는 0.7. 과소비 상태이다. 40만 원을 저축하면 과소비 지수는 0.6으로 적정소비 상태이고, 50만 원 이상을 저축하면 과소비 지수 0.5로 조금 지나친 근검절약형, 즉 흔히 말하는 '구두쇠'라고 할 수 있다.

자신이 과소비를 하고 있는지 아주 간단하게 판단할 수 있는 방법

생존소비, 생활소비를 넘어서면서부터 과소비가 일어난다고 전문가들은 말한다.

나는 제대로 쓰고 있는가? 금융감독원이 발표한 과소비지수로 소비 성향을 측정해 보자.

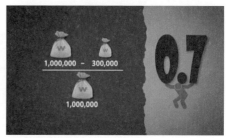

100만 원을 벌어 100만 원을 다 쓰면 과소비 지수 1, 재정적 파탄 상태다.

100만 원 벌어서 70만 원을 쓰면 과소비 지수는 0.7, 과소비 상태다.

100만 원을 벌어 60만 원을 쓰면 과소비 지수 0.6, 적정소비 상태다.

100만 원 벌어서 50만 원을 쓰면 과소비 지수는 0.5, 근검절약형이다.

도 있다. 물건을 살 때마다 바로 적용해 볼 수도 있다. 자신이 '왜' 물건을 사는지에 대한 이유를 생각해 보면 된다. 곽금주 교수에 의하면 물건을 살 때 사람들은 네 가지 유형에 의해서 물건을 구입한다.

첫째는 그 물건이 없어서,

둘째는 그 물건이 망가져서,

셋째는 갖고 있지만 새로운 것이 더 좋아 보여서,

넷째는 그냥.

곽금주 교수의 이야기를 계속해서 들어보자.

"원래 물건을 가지고 있음에도 불구하고 이 물건을 가지게 되면 내가 훨씬 멋있어질 거라든지, 또는 조금 새로운 것이어서 내가 사봐야 되겠다 라든지, 마지막 단계 '그냥' 비슷한 물건을 사고 또 사고 하는 것은 바로 과소비라고 할 수 있습니다."

"수량이 얼마 남지 않았습니다"

그렇다면 우리는 도대체 왜 이렇게 과소비를 자꾸 하게 되는 것일까? 마케팅의 공격 때문에? 맞다.

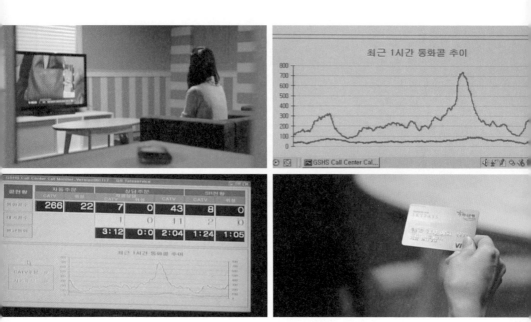

쇼호스트가 하는 말에 불안해지자 자기도 모르게 카드번호를 알려주고 있다.

소비는 무의식이기 때문에? 맞다. 소비는 감정이기 때문에? 맞다. 그렇다면 우리 안의 어떤 감정들이 우리를 자극해 자꾸 소비하게 만드는 것일까? 런던대학교 애드리언 펀햄 교수에 의하면 첫째가 불안할 때, 둘째로 우울할 때, 그리고 셋째 화가 났을 때 소비가 더 쉽게 일어난다고 한다.

실제 마케터들은 우리의 불안한 심리를 교묘하게 자극하면서 소비를 유도한다. 당신이 홈쇼핑 채널을 보고 있다고 가정해 보자. 방송을 시작하면서 쇼호스트들은 여러 가지 설득을 하지만, 처음부터 물건을 사는 사람들은 그리 많지 않다. 더욱이 좀 느긋한 성격을 가졌다면 방송 시작하자마자 바로 사는 경우는 드물 것이다. 하지만 시간이 흐를수록 점점 방송 내용에 집중하게 되고 슬슬 불안감이 고개를 든다.

예쁘게 생긴 쇼호스트는 멋진 가방을 들고 '기분 꿀꿀할 때는 돈 쓰는 게 최고!'라고 말한다. 실제 기분이 꿀꿀했던 당신이라면 마음속으로 맞장구를 치게 된다. 쇼호스트는 계속해서 당장 사라고, 절대 후회하지 않을 거라고 유도한다. 점점 시간이 흐르면서 "주문 전화가 폭주한다"는 쇼호스트의 멘트가 이어진다. 갑자기 불안해지고 금방 다 팔릴 것 같은 마음에 안절부절못한다. 여기에 다시 쇼호스트가 "수량이 별로 없는 것 같습니다"는 멘트를 날린다. 실제로 이렇게 불안을 자극할 때마다 판매량은 수직상승한다. 이때 쇼호스트는 '고객님'을 걱정하는 표정으로 마지막 결정적 멘트를 날린다.

"브라운은 매진되었습니다. 어떡하나. 사실 수 있으려나 모르겠네 하는 생각이 드는데요."

불안감이 점점 심해지면서 더 이상 선택의 여지는 없어지고 수화기를 들고 카드번호를 알려주기 시작한다. 그런데 당신은 알고 있었는가. 다 팔리지 않았어도 멘트는 똑같다. 이것은 불안한 감정을 자극해 판매량을 올리려는 마케팅의 일환이다. 유난희 쇼호스트의 이야기를 들어보자.

유난희
쇼핑호스트

"아무래도 충동적으로 소비를 하게 되는 것이 사람의 심리이기 때문에 그런 부분에서 많이 어필할 수 있는 감성적인 멘트들을 많이 연구는 하는 편입니다."

"다른 아이들은 다 하고 있어요"

아이들이 다니는 학원도 마찬가지다. 다른 아이들은 다 한다니까 우리 아이만 안 시킬 수 없다는 부모의 불안한 마음, 바로 이런 부모들의 불안한 감정을 적극 이용하는 것이 바로 학원 마케팅이다. 그런데 사실 부모들도 이것을 알고 있다. 학원이라도 다녀야지 불안한 마음이 조금은 안심이 된다는 것, 안 보내면 더 불안해진다는 것, 그래서 필요 없는 소비라는 것을 알면서도 아이들을 학원에 보낸다는 이야기다. 부모들(가명)의 이야기를 직접 들어보자.

"학원을 다녀야 그나마 부모가 조금 안심이 되니까"(학부모 권영애)

학원들이 밀집한 곳에서는 밤이 돼도 환하게 빛나는 불빛이 꺼지지 않는다.

"안 보내면 더 불안해지죠."**(학부모 정선영)**

"필요 없는 소비예요, 이건. 알아요, 엄마들도."**(학부모 송수인)**

결국 교육의 과소비, 사교육의 과소비 역시 다른 아이들과 비교해서 내 아이가 못하는 것은 아닐까 하는 불안한 감정에서 오는 것이다.

곽금주 교수의 이야기를 들어보자.

곽금주
서울대학교 심리학과 교수
저서 : 『습관의 심리학』, 『아동발달』

"이렇게 내가 소비를 하고 있다, 과소비다, 쇼핑중독이다, 라는 것을 알고 있는 사람들의 경우에는 그나마 다행입니다. 하지만 나를 합리화시키고 내가 이렇게 많은 소비를 하고 있다는 걸 의식도 하지 못한 채 그저 마케터들이 던져주는 유혹에 끌려가는 그러한 노예와 같은 상태인 사람들이 훨씬 더 많다고 할 수 있습니다."

이렇듯 불안한 마음에서 시작되는 소비는 우리를 과소비라는 세상으로 이끌고 간다. 처음에는 계획하지 않았던 소비를 하게 될 때 한번쯤 자신의 마음을 되돌아보는 노력을 해야 하지 않을까. 혹시 내가 불안한가, 누군가 나를 불안하게 만들고 있는 것은 아닐까, 하고 말이다.

06

필요하지 않아도
친구가 사면 나도 산다

주변 사람이 나를 거부하면
상처가 남는다

과소비를 부추기는 감정적인 요인은 또 있다.

우리 취재팀은 서울대 심리학과 곽금주 교수팀과 함께 '사회적 배척과 금전인식에 관한 연구'라는 주제로 실험을 했다. 사회적 배척이 얼마나 큰 상처를 주는지 실험하기 위해 우리는 초등학교 축구부 아이들 13명을 만났다. 한 초등학교에 다니고 1년 이상 같이 축구를 한 아이들이다.

'오늘 오후에 있을 시합에 10명만 참여할 수 있는데, 같이 하기 싫

13명 중 시합에서 제외시킬 3명의 친구를 적어내는 실험이다.

은 친구를 직접 뽑으라'고 했다. 아이들(가명)은 어떤 반응을 보였을
까?

진서는 꽤 자신만만하게 "나는 안 뽑혔을 거 같아요. 딴 애가 뽑혔
을 거 같아요."라고 말했다. 은근히 걱정이 많은 주영이는 "떨어질
거 같아요. 제가 그다지 인기가 많은 편이 아니라서. 축구도 그다지
잘 못해요."라고 말했다. 성준이도 비슷했다. 다른 친구들이 자신을
많이 적었을 것이라 생각했다.

어찌 됐든 이 실험에서 3명은 다른 아이들로부터 배척을 당해야
하는 입장에 있다. 한 시간 후, 제작진은 결과에 아무런 영향을 미치

지 않는 투표를 한 뒤 모든 학생들에게 '친구들이 너를 제외시켰다' 는 거짓 결과를 말하고 지금의 느낌을 말해 보라고 했다.

"예상하고 있었어요. 누구누구 떨어졌어요?"

"조금 속상하죠."

"친구들이 나를 선택했구나. 그래서 내가 뭘 잘못했는지 고쳐야겠 다고 생각하고 나왔어요. 기분이 안 좋았죠."

"친구들한테 서운한 감정."

"그냥 창피하지 않게 빨리 돌아갔으면 좋겠다는 생각."

아이들은 모두 '서운하다'는 공통된 감정을 느꼈고 '창피해서 빨리 집에 가고 싶다'는 말을 하기도 했다. 애써 태연한 척하지만 모두 적 잖이 실망한 표정을 감추지 못했다.

잠시 후 다시 진실을 알려주었다. 내가 실수를 했다고. 친구들과 같이할 수 있게 됐다고. 아이들의 표정은 금방 밝아진다. 대부분의 아이들이 '너무 좋다', '기쁘다'라는 반응을 보였다. 아이들의 얼굴은 환해졌고 마치 뭔가 큰 선물을 얻은 것처럼 생기 있고 활달해졌다. 기분이 어떤지 물었다.

"좋아요. 말로 표현할 수 없을 만큼."

"완전 좋아요. 속상했다가 다시 기뻤죠."

"좀 놀라기도 했고 많이 기뻤어요."

아이들의 절절한 마음이 그대로 느껴졌다. 우리 모두는 주변 사람

들에게 배척당하는 것을 두려워한다. 이 실험으로 사회적인 배척의
상황이 우리 감정에 큰 상처를 준다는 사실을 알 수 있다.

사회적인 배척은
소비를 자극한다

이와 관련해서 2009년에 실시한
'돈의 상징적인 힘The Symbolic Power of Money'이라는 제목의 아주 유명
한 실험이 있다. 실험 목적은 '사회적인 스트레스와 금전의 상관관계
에 관한 연구'이다.

대학생들에게 5분간 토론을 시킨 후, '다음 토론에 누구와 같이 하
고 싶은가'를 적어내라고 했다. 그리고 나서 결과에 상관없이 그들
중 일부를 무작위로 뽑아 '모두들 당신과 같이 하기 싫어한다'고 말

"다음 토론에서 아무도 당신과 함께하려고 하지 않는다"는 말을 듣는다면 어떻게 될까?

했다. 그 후 학생들에게 동전을 그려보라고 했다. 그 결과 저마다 동전의 크기가 모두 다른 것을 볼 수 있었다. 곽금주 교수의 설명이다.

곽금주
서울대학교 심리학과 교수
저서 : 『습관의 심리학』, 『아동발달』

"아무도 나하고 다음번에 토론을 하지 않으려고 한다, 라는 말을 들었던 사람들은 동전을 훨씬 더 크게 그렸습니다. '돈에 대한 욕구가 커진 것'이라고 할 수 있습니다."

사회적으로 배척을 당했을 때는 이를 보완하고 싶은 욕구가 생기고 타인에게 '나는 이런 사람이다'라는 것을 드러내고 싶은 마음이 생겨난다. 이것이 과소비로 이어질 수 있는 것이다.

또래집단에서의
동조 소비

이러한 소속의 욕구는 청소년기에 특히 더 강하게 작용한다. 그래서 '또래 문화'라는 것이 형성되고 이것이 소비에도 직접적인 영향을 미친다.

또래 문화를 확인하기 위해 우리는 곽금주 교수와 함께 또 다른 실험을 진행해 보았다. 연구 주제는 '사회적 시선에 따른 의식조사', 연구 방법은 '사탕 고르기를 통해 또래의 선택이 나에게 끼치는 영향'을 보는 것이다.

먼저 여섯 종류의 사탕을 준비한 후, 아이들(가명)에게 좋아하는 사탕을 6개 골라 종이에 적으라고 했다. 그 다음은 옆 친구에게 자신이 적은 종이를 보여주게 하고, 친구가 뭘 좋아하는지 알 수 있도록 했다. 그리고 다시 6개의 사탕을 고르라고 했다. 과연 선택은 달라졌을까?

먼저 정완이와 주영이의 경우를 보자. 1차 사탕 선택에서 정완이는 네모 사탕과 동그라미 사탕 위주로 골랐다. 그리고 주영이는 네모

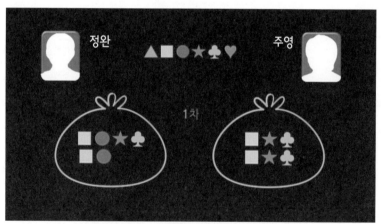

또래 문화 실험 : 정완이와 주영이의 사탕 선택 1차

사탕, 별 사탕, 나무 사탕을 각각 2개씩 골랐다.

그럼 2차 선택에서는 어떻게 달라졌을까. 정완이는 자신의 선택을 버리고 주영이의 선택을 그대로 따랐다. 그건 주영이도 역시 마찬가지였다. 자신의 선택을 버리고 정완이의 선택을 그대로 따른 것이다.

왜 그랬을까? 주영이의 말을 들어보자.

"이왕이면 제 마음에도 맞고 정완이 마음에도 맞는 것을 선택하려고요."

진서와 성현이의 경우는 어떨까. 그림처럼 진서와 성현이도 자신의 선택을 버리고 친구의 선택을 따랐다.

아이들의 말을 들어보자.

"성현이가 3번 좋아한다고 해서. 성현이가 그건 맛이 없대요." (진서)

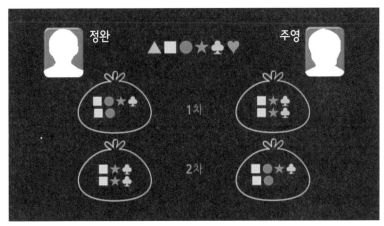

또래 문화 실험 : 정완이와 주영이의 사탕 선택 2차

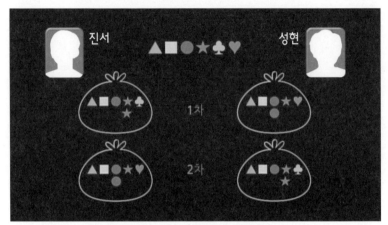

또래 문화 실험 : 진서와 성현이의 사탕 선택 1, 2차

"그냥 진서가 한번 먹어보라고 해서. 맛있다고 해서요." (성현)

효재와 윤철이도 역시 마찬가지였다. 자신의 1차 선택을 완전히 버리고 친구의 선택을 그대로 따라간 것이다.

전체 7팀 중 3팀이 친구의 선택을 그대로 따랐다. 현중이도 짝꿍인 윤후의 선택을 그대로 따랐고 나머지 아이들도 전부 동조현상을 보였다. 바로 또래 집단의 선호도가 아이들의 선택에 엄청난 영향을 미친다는 것을 의미한다. 그 이유는 무엇일까? 곽금주 교수의 이야기를 들어봤다.

"청소년들이 가장 많이 느끼는 감정은 바로 외로움입니다. 이 외로

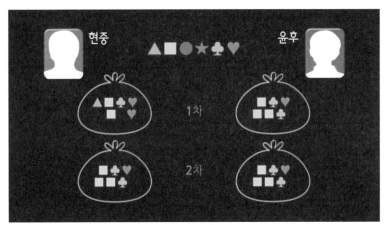

또래 문화 실험 : 현중이와 윤후의 사탕 선택 1, 2차

움을 메워줄 수 있는 곳이 바로 또래집단이죠. 또래가 가지고 있는 물건을 나도 가짐으로써 같은 소속감을 가지게 됩니다."

또한 이것이 바로 '과소비'로 이어질 수 있는 동기가 된다는 것이 전문가들의 진단이다. 전남대 생활환경복지학과 홍은실 교수의 이야기를 들어봤다.

홍은실
전남대 생활환경복지학과 교수, 한국소비자학회 이사

"친구들이 한 명 두 명 사면 나도 사야 한다고 생각하게 됩니다. 가장 대표적인 예로 특정 브랜드의 패딩점퍼가 처음에는 한두 명만 입었는데, 이제는 중고등학교 제2의 교복이라고 부를 정도로 그 수가 많아졌잖아요? 다른 친구들은 다 입는데 안 입는 친구들은 왕따시킨다든가, 심지어는 그 패딩점퍼를 얻기 위해 뺏는다든가, 돈을 훔치는 경우도 생기게 됩니다."

이렇듯 남에게 배척당할 수도 있다는 불안감, 그것에서 벗어나 어떻게 해서든 소속감을 가지고 싶다는 것이 소비의 동기가 되고, 자신이 필요하지 않음에도 불구하고 소비할 수밖에 없는 과소비 상태로 이어질 수 있는 것이다.

07

과소비는
상처받은 마음이다

카드를 쓰면
뇌는 착각한다

　　　　　　　　　　　　과소비를 부추기는 또 다른 요인은 바로 카드이다. 소비를 부추기는 우리 안의 감정이 카드와 무슨 상관이 있느냐고 생각하는 사람들도 있을 것이다. 카드를 쓸 때 우리 뇌에서 일어나는 변화가 그 해답이 될 것이다.

　일반적으로 현금을 쓰면 뇌는 고통을 느낀다. 자신에게 있던 중요한 자산이 손실된다고 생각하기 때문이다. 하지만 카드를 쓰면 뇌에서 고통을 느끼는 중추신경이 마비가 된다. 현금의 경우 돈을 일방적으로 주는 것이지만, 카드를 쓸 때는 계산하면서 카드라는 물건을 췄

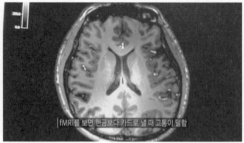

fMRI를 보면 현금보다 카드로 낼 때 고통이 덜함

계산할 때 카드를 쓰면 줬다가 다시 되돌려받기 때문에 우리의 뇌는 고통을 덜 느낀다.

다가 다시 되돌려받기 때문에 우리 뇌가 착각하여 손실로 여기지 않는다는 것이다. 두뇌 활동을 보여주는 기능성 자기공명영상fMRI을 보면 현금보다 카드로 낼 때 고통이 덜하다고 한다. 결국 그만큼 죄책감도 덜해서 자꾸만 쓰게 되는 것이다. 곽금주 서울대 심리학과 교수의 설명을 들어보자.

"사실 과소비를 하면 우리는 고통을 느끼게 돼요. 하지만 뇌 중추에서는 내가 갖고 싶은 것을 가지면 쾌快를 느끼죠. 순간적으로는 이쾌의 중추가 움직이지만 결국 돌아서서는 고통을 느끼게 되는 거죠. 이와 같은 고통을 낮추어주는 것이 바로 신용카드입니다. 지금 당장은 내가 큰돈을 내는 것이 아니고 현찰을 내는 것이 아닙니다. 내 눈 앞에서 현찰이 나가지 않기 때문에 우리의 뇌는 전혀 고통스럽지 않게 소비를 하게 된다는 거죠.

돈을 쓸 때 원래는 쾌의 중추는 활성화가 낮아지고 이 고통의 중추가 활발히 일어나게 됩니다. 그래서 우리는 소비를 할 때 멈칫 하게 되는 거죠. 근데 우리가 신용카드로 소비를 할 때에는 쾌의 중추만 활성화됩니다. 그래서 신용카드는 과소비를 일으킨다고 볼 수 있습니다."

슬픔은
과소비의 원인이다

소비를 부추기는 또 하나의 감정은 슬픔이다. 하버드대학교의 '의사결정과학연구소'에서는 감정과 의사결정에 관한 이론을 연구하고 있다. 특히 제니퍼 러너 교수는 슬픔이 소비자의 의사결정에 어떤 영향을 미치는지에 대해 아주 재미있는 실험을 했다.

우선 사람들을 두 그룹으로 나눈 다음, 한 그룹은 평화로운 풍경의 비디오를, 다른 그룹은 슬픈 내용의 비디오를 보여주었다. 그 후 플라스틱 물통을 보여주고 그것을 얼마에 사겠냐고 물었다. 평화로운 풍경을 본 사람들은 평균 2.5달러를, 슬픈 영화를 본 사람들은 평균 10달러를 내겠다고 했다. 슬픈 영화를 본 사람들은 왜 4배나 많은 돈을 내겠다고 했을까?

하버드대 의사결정과학연구소 소장이자 공공정책학과 교수인 제니퍼 러너의 이야기를 들어보자.

제니퍼 러너 (Jennifer Lerner)
하버드대학교 공공정책학과 교수, 심리학자
의사결정과학연구소 소장

"사람들은 자신들이 깨닫지 못하는 사이, 실연이나 슬픈 감정을 느낄 때면 평소보다 더 간절히 물건이 갖고 싶어지고, 더 많은 돈을 내려고 합니다. 흥미로운 것은 그 과정이 전혀 의식적이지 않다는 점입니다. 그것은 바로 공허감 때문인데, 슬픔과 연결되는 가장 중요한 주제가 바로 상실입니다. 상실감은 매우 상처가 큽니다. 그리고 우리도 모르는 사이에 그 빈자리를 채우려는 욕구가 생기는 것이죠."

실험에서 물통을 10달러 주고 사겠다는 사람들에게 "당신은 슬픔을 느껴 플라스틱 물건을 더 비싸게 샀다"라고 말하자 대부분은 아주 불쾌하게 생각했다. 자신들은 '합리적인 선택'이라고 생각했는데, 그것이 아니라고 말하자 기분이 나빠진 것이다. 이는 곧 그들이 완전히 무의식적인 상태에서 가격을 정했다는 것을 의미한다. 제니퍼 러너 교수는 이렇게 이야기한다.

"제가 생각하는 가장 흥미로운 점 한 가지는 이 과정이 자기 인식이 안 된다는 점입니다. 다시 말해서 의사결정자 자신은 영상을 보면서 느낀 감정이 구매와 판매 가격에 영향을 준다는 사실을 깨닫지 못한다는 것이죠. 우리는 늘 실제 돈으로 실험하기에 이것은 가정이 아닙니다. 때로는 실험자들에게 물어보기도 합니다. 영화를 보면서 느낀 감정이 당신이 결정하는 가격에 영향을 줄 수 있느냐고요. 그러면 대부분 불쾌해합니다. 어떻게 나를 그런 비합리적인 사람으로 보냐는 것이죠. 본인은 정말 깨닫지 못합니다."

소비자 행동을 예측할 때 슬픔은 아주 중요한 계기가 된다. 인간이 슬픔이라는 감정을 느끼면 예외 없이 거의 동일한 생리작용이 나타나기 때문이다. 손가락이 차가워지거나 심장 박동이 증가하는 것이 대표적인 예다. 미국인과 파푸아뉴기니인, 한국인도 동일하다. 슬픔의 원인은 다를 수 있지만, 그 슬픔의 결과가 보여주는 신체 반응은 거의 완전히 동일하다는 것이다. 중요한 것은 이 슬픔이라는 감정이 '소유 효과'와 결합하면 정반대의 현상이 발생하면서 가격에 대한 결정이 달라진다는 점이다.

소중한 것이 없어지면
새것을 채우고 싶다

　　　　　　　　　　　　　'소유 효과'란 인간의 판단과 의사 결정에서 흔히 나타나는 편향이다. 일단 어떤 물건을 소유하게 되면 그것의 가치를 매우 높게 평가한다. 그래서 이것을 팔아야 한다면 더 많은 돈을 요구하게 된다. 시카고대학에서 이런 실험이 있었다.

　한 그룹의 학생들에게 머그잔을 무작위로 나눠주고 경매 시장을 열었다. 머그잔을 받은 학생들에게는 '그 머그잔을 얼마에 팔겠느냐'고 묻고 적어내라고 했다. 또 머그잔을 받지 못한 학생들에게는 '그 머그잔을 얼마에 사겠느냐'고 묻고 적어내도록 했다. 머그잔을 팔겠다는 학생들은 평균 5.25달러를 받고 팔겠다고 했지만, 사려고 하는 학생들은 평균 2.75달러를 주고 사겠다고 했다. 왜 이런 차이가 나는 것일까. 이런 상황에서 팔려는 학생들은 머그잔에 큰 가치를 부여할 필요가 없다. 소중한 사람에게 받은 선물도 아니지 않은가. 그저 무작위로 2분 정도만 자신의 책상 위에 올려져 있었을 뿐이다.

　이 실험은 사람들이 뭔가를 소유하게 되면 즉각적으로 그것의 가치를 높이려고 한다는 것을 말해준다. 바로 인간의 뇌가 가지고 있는 편향이다. 그런데 슬픔이라는 감정은 이러한 '소유 효과'와 정반대의 효과를 가져온다. 다시 제니퍼 러너 교수의 이야기를 들어보자.

"우리는 슬픔이 이 소유 효과와 반대의 영향을 줄 것이라고 가정했습니다. 슬픔이라는 감정에 대한 심리학적인 이론이 여럿 있습니다. 한 가지는 환경을 바꾸고 싶다는 욕구를 일으킨다는 것입니다. 미국에 이런 표현이 있습니다. '헌 것을 버리고 새 것을 채운다.' 슬픔이 주는 영향이 바로 이것입니다. 슬픔은 또한 사람들로 하여금 자아에 집중하게 만듭니다. 자기중심적이 되죠. 때로는 과도한 반추로 이어질 수 있습니다. 같은 것에 대해서 계속해서 다시 생각하는 것이죠. 소유 효과는 물건을 살 때보다 팔 때 더 높은 값을 요구하는 현상이죠. 슬픔은 그 반대 효과를 냅니다. 사람들은 슬프면 평상시보다 소유한 것을 더 낮은 가격에 팔려고 합니다. 그리고 물건을 살 때 평상시보다 더 많은 돈을 지불하려 하죠."

이제까지의 모든 실험을 정리해 보면 소비는 결코 이성적이고 합리적인 것이 아니다. 오히려 소비는 감정에 의해 더욱 영향을 받는다. 슬픔, 불안, 우울, 외로움이 소비를 더 부추기며, 외적 요인인 신용카드가 뇌의 고통을 덜어주어 더 많은 소비를 유발하는 것이다.

08
자존감이 낮으면
더 많은 돈을 쓴다

소비를 부추기는
감정들

지금까지 과소비를 부추기는 우리 안의 여러 감정들에 대해서 알아봤다. 우리는 불안이나 소외감 때문에, 친구 때문에, 카드 때문에, 그리고 슬픈 감정 때문에 자꾸자꾸 과소비를 하게 된다. 이쯤에서 궁금해지는 것이 있다. 똑같이 감정적 공격을 받아도 왜 누구는 과소비를 하고 누구는 과소비를 하지 않는 것일까? 나쁜지 알면서도 자꾸 과소비를 하게 되는 내 안의 근본적인 원인은 무엇일까?

모든 사람들이 슬픔이 있다고 과소비를 하지는 않으며, 여러 장의 카드를 가지고 있다는 이유만으로 과소비를 하지는 않는다. 이것들은 모두 하나의 '계기'에 불과하다는 이야기다. 그렇다면 과소비에는 뭔가 다른 이유, 보다 근원적이고 본질적인 이유가 있는 것은 아닐까?

그 이유를 찾기 위해서는 우선 우리의 어린 시절로 돌아갈 필요가 있다. '나는 괜찮은 아이야!'라는 긍정적인 생각, 넘어져도 다시 일어나게 해주는 의지 같은 것들은 어디에서 생겨나는 것일까? 그것은 바로 어렸을 때부터 내 안에서 형성되는 '자존감'이다.

서울대 심리학과 곽금주 교수의 이야기다.

곽금주
서울대학교 심리학과 교수
저서 : 『습관의 심리학』, 『아동발달』

"자존감이란 자기 존재에 대한 평가를 이야기합니다. '나는 가치 있는 사람이다'라는 것과 같이 자기 존재에 대해 가치 있게 생각하는 긍정적인 부분을 말합니다."

자존감은 외모나 다른 사람과의 관계에도 큰 영향을 미친다. 자존감이 높으면 외모에 대한 만족도도 높다. 다른 사람들과의 관계에 대한 만족도도 높게 나타난다. 반대로 자존감이 낮으면 '나는 별 볼일 없는 사람이다'는 생각이 들고, 그러면 나를 멋지게 치장해 주고, 나의 가치를 높여줄 물건을 구하게 되는 것이다.

임상심리학자이자 머니 코치인 올리비아 멜란의 이야기를 들어보자.

올리비아 멜란(Olivia Mellan)
임상심리학자, 머니 코치

"저의 경우 과소비였던 이유는, 어머니가 옷을 사주면서 사랑을 표현했기 때문이에요. 어떤 사람들은 자존감이 낮아지면 그것을 소비로 채우려고 합니다. 기분이 안 좋기 때문에 스스로를 부풀리게 되는 거죠. 내적인 감정이 좋지 않으니 반대급부로 겉보기를 좋게 만들려고 하는 것입니다."

인바이로셀 CEO이자 세계적인 소비심리 분석가인 파코 언더힐은 이렇게 말한다.

파코 언더힐(Paco Underhill)
쇼핑컨설팅사 인바이로셀 CEO
저서 : 『쇼핑의 과학』

"14살 때는 이 립스틱이 나를 다른 사람으로 만들어줄 수 있을까, 이 립스틱을 바르면 팝스타가 나를 좋아해 줄까 생각하게 됩니다."

이는 흡사 동물들의 본능과도 비슷하다. 자신이 뭔가에 위협받고 있을수록 더 화려하게 날갯짓을 하고, 뭔가 두려울수록 과도하게 자신의 몸을 부풀려 상대에게 위압감을 주려고 하는 것과 크게 다르지 않은 것이다.

▌현실 자아와 이상 자아

특히 청소년기는 인간의 일생 중에서 자존감이 가장 낮은 시기다. 다음 장면은 이 시기의 자녀를 둔 집에서 흔히 일어나는 일이다. 아이가 택배가 도착할 예정이라는 문자를 받는다.

핸드폰 문자로 아이와 엄마의 대화가 시작된다.

"엄마 택배 왔어?"

"아직 안 왔어."

"택배 문자 왔는데."

"안 왔어. 공부나 해."

잠시 후 아이는 택배가 도착했다는 문자를 받는다.

청소년기의 아이들은 자신의 부족함을 소비로 채우려는 성향이 있다.

"엄마, 어디야?"

"나 밖이야."

"택배 왔대. 빨리 집에 가."

"알았어. 가볼게."

이 정도면 엄마는 짜증을 낼 수밖에 없다. 아이들이 이렇게 택배에 연연하는 것은 자신의 부족한 자존감을 채우기 위해 물건을 사고 그것을 통해 멋진 자신을 꿈꾸기 때문이다. 하지만 그것은 일순간의 행복일 뿐이다. 사람들의 내부에는 '현실적인 나'와 '이상적인 나'라는 것이 있다. 현실의 나는 늘 이상적인 나를 따라가려고 애쓴다. 하지만 둘 사이에는 언제나 거리가 존재한다. 그리고 그 간극을 메우기 위한 행위로 소비를 하는 것이다. 자존감이 낮을수록 현실 자아보다 이상 자아가 높고, 그만큼 많은 차이가 나게 된다. 그래서 자존감이 낮을수록 그 간극을 메우기 위해 더 많은 소비를 하게 되는 것이다. 하지만 소비로 그 간극을 메울 수 있을까?

쇼핑으로 인한
만족감은 순간이다

그런데 이런 과정이 청소년 시기부터 반복되어 나타난 사람은 성인이 되어 가장 심각한 소비 단계인 '중독소비'로 갈 가능성이 높아진다. 전문가들의 이야기를 들어보자.

"낮아진 자존감을 회복하기 위해서 소비를 하게 됩니다. 이 소비로 인해 잠시 자존감은 회복이 되지만 결국은 다시 낮아진 자존감 때문에 더 많은 소비를 하게 되죠. 결국은 낮은 자존감이 과소비를 불러옵니다." (곽금주 교수)

"쇼핑을 하면 뇌에서 도파민이 나옵니다. 도파민은 신경전달물질로서 게임을 하거나 술을 마시거나 쇼핑을 할 때 많이 분비됩니다. 우리는 쇼핑을 하면서 지속적으로 그 도파민을 분비시키려고 하는 것입니다." (마틴 린드스트롬 브랜드 컨설턴트)

"부정적인 정서가 있으면 쇼핑중독으로 발전할 가능성이 높습니다. 어렸을 때 부모님하고의 관계에서 사랑을 받지 못한 경우도 있고, 현재 본인이 사랑받지 못하고 있다고 생각하는 경우도 있습니다. 또 본인의 어떤 성격적인 부분 때문에 타인과의 관계에서 적절한 대접을 받지 못하는 사람들도 쇼핑중독이 될 수 있습니다. 애정적인 부분에서 불균형을 이루는 경우가 쇼핑중독의 원인 중 가장 많은 부분을 차지합니다." **(김병후 신경정신과 전문의)**

늘 무언가를 원하고, 늘 불안해하며, 자꾸만 변해가는 자신을 느끼는 사람들이 있다. 자신이 진정 원하는 것이 무엇인지 모른 채 말이다. 텅 빈 자신의 모습을 발견하고 어떤 것이 자신의 모습인지 궁금해한다. 특히 미국에서 이런 사람들을 많이 만나볼 수 있다. 미국 인구 중 약 10%가 쇼핑중독으로 추정되며, 그중 90%가 여성이라고 한다. 머니 코치인 올리비아 멜란의 설명이다.

"미국은 과소비에 중독된 사람들의 나라입니다. 더 깊은 만족을 이루기 위해서는 쾌락을 잠시 미뤄둬야 하는데 그걸 너무 못해요. 아주 미성숙한 사회예요. 우리는 성숙하지 못하고 더 깊은 만족을 얻는 것을 이해 못해서, 과소비를 하죠. 너무 슬프게도, 많은 제3세계 국가들이 미국의 제일 나쁜 점을 모방한다고 생각해요. 크고 화려한

제품들이며 새 휴대폰을 원하죠. 우리 문화에서 좋은 면이 아니라

가장 나쁜 면을 받아들였어요."

중독소비는
치료해야 할 병이다

　　　　　　　　　　반복되는 과소비는 점차 중독소비
로 갈 가능성을 갖고 있다. 그렇다면 어떻게 하면 쇼핑중독 또는 중
독소비에서 벗어날 수 있을까. 아니, 그전에 정말 자신이 쇼핑중독은
아닌지 체크해 볼 필요가 있다. 다음은 미국 정신의학회에서 발표한
쇼핑중독 체크 리스트의 일부이다. 원래 250문항이지만 간단하게
줄여보았다. 자세한 건 전문가와 상담해야 하지만 10문항만으로도
자신의 소비 성향은 체크해 볼 수 있다.

(1) 쇼핑 습관을 스스로 통제하지 못한다.

(2) 쇼핑할 때 죄책감이 든다.

(3) 쇼핑할 때 드는 돈과 시간이 점점 늘어나지만 별다른 느낌이 없다.

(4) 가족이 보지 못하도록 쇼핑한 물건들을 숨기곤 한다.

(5) 쇼핑은 긴장이나 불안을 풀어주는 취미 생활이다.

(6) 물건이 필요해서, 라기보다는 사는 행위 자체를 더 즐긴다.

(7) 쇼핑을 한 뒤 사용하지 않는 물건이 집안에 가득하다.

(8) 주위에 돈 문제를 일으킬 정도로 쇼핑을 많이 한다.

(9) 얼마나 쇼핑을 많이 하는지 알면 다른 사람이 기절할 정도다.

(10) 물건을 사면 기분이 좋아진다.

만약 위의 문항 중에서 5번, 6번, 10번에 해당되면 '기분파'라고 할 수 있다. 그런데 2번, 3번, 4번, 7번, 9번에 해당되면 좀 많이 소비를 하는 편이라고 볼 수 있다. 만약 1번과 8번에 해당한다면 쇼핑중독일 가능성이 높다.

취재 과정에서 한 여성에게 쇼핑중독 체크 리스트를 주고 해당하는 문항에 체크해 보도록 했다. 쇼핑중독으로 판단되는 한지혜 씨(가명)는 한 달에 500만 원 이상을 쇼핑하는 여성이다.

"하나의 카드 값이 500만 원씩 나오고 지금 좀 많이 힘든 상황인 것 같아요. 카드 한도가 월 2천만 원이 넘어요. 그냥 쓰는 거예요. 그야말로. 그리고 카드 한도는 계속 늘어나는 거죠. 500이었던 카드 한도가 700, 900, 1천300, 1천700 이렇게 계속 늘어나요. 카드회사 VIP가 되는 거죠. 처음에 2벌 사자고 생각했는데 막 점원들이 예쁘다고 그러잖아요. 그럼 10벌이 되어버리는 거예요. 진짜 지름신이라는 말이 괜히 있는 게 아닌 것 같아요. 뭐가 와요. 제 눈빛이 변해요."

하지만 그녀는 자신에게 필요한 물건을 사는 것이 아니다. 똑같은 디자인의 옷을 색깔별로 사는가 하면 사놓고 뜯지도 않은 경우도 있고, 200만 원짜리 가방을 사고 들지도 않는 경우도 있다. 하지만 그녀라고 후회하지 않는 것은 아니다. 과도한 쇼핑을 한 뒤에 자신의 손에 들려 있는 쇼핑백을 보면서 '또 미친 짓을 했구나'라며 후회하지만 잠시 동안의 후회 다음에는 '난 필요했어'라며 스스로를 합리화하기 시작한다는 것이 그녀의 이야기다.

"그냥 카드를 긁고, 그냥 사는 그 느낌이 약간 좋은 게 있는 거 같아요. 한 번이 됐든 두 번이 됐든 의사랑 이와 관련된 내용으로 치료해 보고 싶었어요. 뭐가 문제인지."

우리는 그녀와 함께 정신과 전문의를 찾아갔다. 그녀는 어릴 적 이야기를 들려주었다. 그녀는 초등학교 3학년 이후로 부모로부터 돈을 받아본 적이 단 한 번도 없었다고 한다.

"힘들게 다녔죠. 학교를 갈 때에도 버스비가 없어서 일곱 정거장을 걸어서 다니고. 신발이 떨어져도 살 수가 없어 구멍 난 거 신고 다니고. 고등학교 때 등록금은 학교에서 못 사는 애들 도와주는 걸로 도움 받고. 선생님들이 많이 챙겨줬어요."

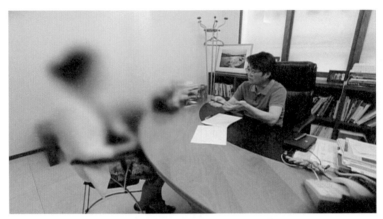

심각한 쇼핑중독으로 판단되는 한지혜 씨(가명)가 전문의의 상담을 받고 있다.

그녀는 부모의 이혼 후 함께 사는 아버지로부터 재정적인 지원을 전혀 받지 못했던 것이다. 가족으로부터 충분히 사랑받지 못하는 환경, 이로 인해 형성된 낮은 자존감, 바로 그것이 그녀가 쇼핑중독에 빠진 이유였다. 그녀는 물건을 사면서 어린 시절 겪었던 서러움을 무의식적으로 해소하려고 했고, 그것이 습관화되면서 쇼핑을 할 때마다 행복감을 느끼기 시작한 것이다. 그래서 그녀에게 쇼핑은 곧 어릴 때 받지 못한 사랑을 자기 자신에게 선사하는 것이며, 쇼핑은 그녀의 삶의 이유가 되어버린 것이다. 김병후 신경정신과 전문의의 이야기를 들어보자.

김병후
신경정신과 전문의
저서 : 『너』, 『여자는 절대 모르는 남자 이야기』

"모든 중독이 똑같지만 제일 중요한 거는 나는 쇼핑중독에 무력하다는 걸 선언하는 거예요. 예를 들어서 홈쇼핑을 조절할 수 없다면 TV를 보지 말고요. 인터넷쇼핑 하는 사람이면 인터넷을 쓰지 말아야 합니다. 혼자 할 수 없기 때문에 가족들한테 내가 혼자 못한다고 선언하고 도움 받을 필요가 있어요. 과소비는 굉장히 큰 불행이죠. 솔직히 얘기하면 개인적인 불행이 아니라 가족의 불행이에요. 가족이 그것 때문에 빚을 지게 되니까 가족들의 경제적인 환경이 떨어지게 되고 가족간의 신뢰가 와해되죠."

물질소비
VS 체험소비

비가 와도 우산이 있으면 덜 젖는다. 폭풍우처럼 쏟아지는 마케팅의 공격에서 나를 지키는 방법은 바로 자존감의 우산을 펴는 것이다. 소비를 하면 할수록 행복해지는 것은 아니기 때문이다. 전남대 생활환경복지학과 홍은실 교수의 이야기다.

홍은실
전남대 생활환경복지학과 교수, 한국소비자학회 이사

"만족을 얻기 위해서 소비를 하기 때문에 소비를 하면 행복해지죠.
우리 모두 행복해지려고 소비하지 불행해지려고 소비하는 사람은
없잖아요. 그렇다면 소비하면 행복해지기 때문에 소비의 양을 계속
해서 늘리면 더욱더 행복해질 것인가, 라는 질문을 할 수가 있는데
그건 그렇지 않다고 이야기하고 싶어요."

소비와 행복은 결코 정비례하지 않는다. 그렇다면 어떤 소비가 행
복한 소비일까? 그 답을 얻기 위해 우리는 직접 실험을 해보기로 했
다. 서울대 심리학과 곽금주 교수팀과 EBS의 공동연구에서 우선 초
등학교 3~4학년 110명을 대상으로 '소비와 행복 간의 상관관계'에
대한 조사를 실시했다. 그중 평균 점수를 받은 아이들 12명을 뽑아
다시 6명씩 두 팀으로 나누었다. 이들에게 주어진 돈은 똑같이 한 명
당 5만 원. 아이들에게 똑같은 돈으로 서로 다른 소비를 하게 했다.
  A팀의 경우 자신이 사고 싶은 물건을 마음껏 사도록 했다. 아이들
은 곰인형, 스케치북, 축구공, 책, 장난감 등 원하는 물건을 아무런 제
약 없이 5만 원 한도 내에서 구매했다. 한편 B팀은 강화도로 여행을
떠나 같은 돈 5만 원으로 아주 다양한 체험을 했다. 갯벌에서 낙지를

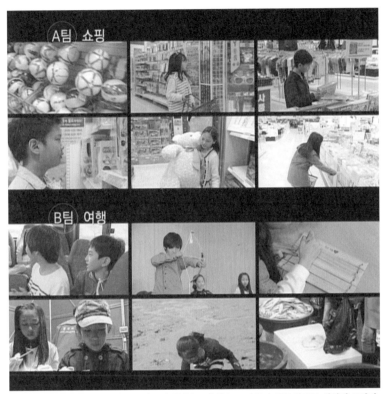

쇼핑팀, 여행팀으로 나누어 똑같은 5만 원으로 다른 소비를 하도록 실험해 보았다.

잡기도 하고 도시에서는 쉽게 맛보지 못하는 싱싱한 조개구이를 먹기도 했고, 유적지를 찾아 역사를 공부하기도 했다. 그리고 두 팀을 불러 '이 기분이 언제까지 갈 것 같냐'고 물었다.

먼저 갖고 싶은 물건을 구매한 A팀 아이들의 대답을 들어보자.

"일주일? 한 달? 많이."

"평생 기억에 남을 거 같아요."

"이거 다 잃어버릴 때까지 기분이 좋을 거 같은데요."

다음은 강화도에서 다양한 체험을 한 B팀 아이들의 대답이다.

"오래 갈 것 같은데요."

"두 달쯤 갈 거 같아요."

"석달 정도?"

"죽을 때까지."

두 팀의 반응은 비슷했다. 3주 후에 다시 아이들을 불러 행복도와

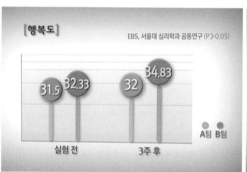 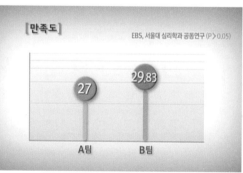

소비와 행복의 상관관계 실험 결과

만족도를 측정했다. 먼저 행복도에서는 실험 전 A팀이 31.5, B팀이 32.33이었다. 3주 후에 다시 측정했을 때는 A팀이 32, B팀이 34.83이었다. 강화도로 여행을 갔던 B팀이 더 높게 나와 심리학적으로 유의미한 결론에 이를 수 있었다. 만족도 역시 B팀이 더 높게 나왔다. A팀의 경우 27점, B팀의 경우 29.83점이었다.

곽금주 교수의 이야기다.

곽금주
서울대학교 심리학과 교수
저서 : 『습관의 심리학』, 『아동발달』

"물질에 대해서 돈을 쓰는 소비보다는 내 삶을 풍요롭게 하는 어떤 삶의 경험에 투자하는 쪽이 훨씬 더 오래 기억되고 또 그 만족감과 행복감도 오래 지속됩니다."

우리가 인생을 살면서 꼭 갖고 싶어 하는 것은 무엇일까? 아마 많은 사람들이 행복이라고 할 것이다. 물론 행복은 상당히 주관적이며 측정하기도 어렵다. 하지만 우리는 이러한 실험을 통해 소비자본주의 속에서 '어떻게 하면 보다 행복해질 수 있는가?'에 대한 단초를 얻을 수 있다.

욕망을 줄이면
행복은 늘어난다

1970년도에 노벨 경제학상을 수상한 MIT 교수인 폴 새무엘슨은 '행복은 소비를 욕망으로 나눈 것'이라는 행복지수 공식을 만들었다.

이 공식을 언뜻 보면 소비를 무한히 늘리면 행복해질 수 있겠다는 생각이 든다.

$$\frac{100 \text{ (소비)}}{100 \text{ (욕망)}} = 1 \text{ (행복지수는 1)}$$

$$\frac{500 \text{ (소비)}}{100 \text{ (욕망)}} = 5 \text{ (행복지수는 5)}$$

$$\frac{1000 \text{ (소비)}}{100 \text{ (욕망)}} = 10 \text{ (행복지수는 10)}$$

소비가 늘어나면 늘어날수록 행복지수는 점점 올라갈 것처럼 보인다. 그러나 사실은 소비는 유한한 것이다. 한 사람이 소비할 수 있는 능력은 한정되어 있다는 사실을 상기해 보자. 욕망이 가득 차면 행복은 자리할 수 없다. 그렇다면 소비를 그대로 놔둔 채 욕망을 줄여보면 어떨까?

폴 새무엘슨의 행복지수 공식

$$\frac{100 \,(소비)}{50 \,(욕망)} = 2 \,(행복지수는 2)$$

$$\frac{100 \,(소비)}{10 \,(욕망)} = 10 \,(행복지수는 10)$$

욕망을 줄여도 행복지수는 늘어난다. 유한한 소비를 늘릴 수 없다면 우리는 욕망을 줄여야 한다. 욕망을 줄이면 편안한 행복이 온다. 폴 새무엘슨의 행복지수는 이제껏 우리가 소비를 했어도 행복하지 않았던 이유에 대한 놀라운 통찰을 보여준다.

소비자본주의 사회에서의
행복

우리는 자본주의 시대를 살아가면서 '소비는 미덕'이라는 이야기를 많이 들어왔다. 하루가 멀다고 쏟아져나오는 상품에, 24시간 시도 때도 없이 우리를 유혹하는 마케팅의 공격에 우리는 너무 쉽게 무너져왔다. 그저 돈 잘 쓰는 것이 자랑이라 생각해 왔다. 그러나 내 안에 감춰진 소비를 부추기는 많은 감정을 돌아봐야 한다. 드러내고 싶지 않아 화려한 물건으로 치장했던 아픈 감정들 말이다. 이제는 그대로 내버려둘 수 없다. 소비가 아닌 진정한 나를 찾기 위한 새로운 노력이 필요하다.

전문가들은 소비와 행복의 관계에 대해, 그리고 우리가 되찾아야 할 행복에 대해 어떻게 이야기할까.

"자본주의란 소비의 과학과 인간의 나약함이 만나는 것입니다." (파코 언더힐 인바이로셀 CEO)

"소비자로서 가장 먼저 필요한 것은 매일 조종당한다는 사실을 인지하는 것입니다. 그걸 모른다면 매우 약하다는 뜻입니다." (마틴 린드스트롬 브랜드 컨설턴트)

"결국 과소비라는 것은 자기 자신에게 달린 문제이기 때문에 스스로 이것을 극복하는 수밖에는 없습니다. 또 중요한 것은 어릴 때부터 그렇게 키워지는 것이 중요합니다." (곽금주 서울대 심리학과 교수)

"자존감 문제를 해결하는 것은 자신을 보다 깊이 사랑하게 만들고, 돈을 덜 쓰게 해줄 수 있습니다." (올리비아 멜란 임상심리학자, 머니 코치)

"행복은 멀리 있는 것이 아니라 나와 똑같은 다른 존재하고의 관계이고, 즉 그 관계를 맺었으면 나 자신이 다른 사람들에게 필요한 존재라는 것, 그것만 알게 되면 인간은 행복해질 수 있습니다." (김병후 신경정신과 전문의)

자본주의 사회에서 쇼핑은 패배가 예정된 게임이다. 우리가 자본주의 사회를 살면서 정말로 행복하고 싶다면, 소비에서 행복을 찾기보다는 내 주변 사람들과의 관계 맺음에서 답을 찾아야 할지도 모른다. 내 안의 감정을 관찰하고, 주변 사람들과의 관계 개선에서 스스로의 자존감을 회복하는 과정, 그 속에서 우리는 진정한 행복을 찾을 수 있을 것이다.

PART

4

위기의
자본주의를 구할
아이디어는 있는가

세상을 바꾼 위대한 철학들

자본주의는 지난 250년 동안 끊임없이 위기를 겪어왔다. 그러나 또 그때마다 나름의 방법론으로 위기를 이겨온 것도 사실이다. 위기의 시대마다 새롭게 등장한 경제 사상가들의 아이디어는 그 위기를 헤쳐갈 수 있는 나침반이 되어주기도 했다. 그렇다면 지금의 위기는 어떨까. 과연 지금의 위기에 새롭고 신선한 아이디어를 줄 수 있는 경제 이론이나 정책들이 있을 수 있을까.

이제까지 전혀 없었던 새로운 아이디어를 찾기 전에 과거 위기의 시대를 극복하게 해주었던 경제 이론의 본질적인 요소를 이해하고, 그것이 가지고 있는 진정한 교훈을 다시 한 번 반추해 보는 것이 좋겠다. 그런 점에서 우리는 당대에 가장 큰 파격과 신선함을 주었고 한편으로는 열렬한 지지자를, 또 한편으로는 극렬한 반대자들을 양산했던 사상가들을 만나봐야 한다. 그들은 바로 아담 스미스, 칼 마르크스, 그리고 케인스와 하이에크다.

자 본 주 의

Capitalism

資 本 主 義

01

금융위기는
반복해서 일어난다

우리는 아직도
위기 속에 있다

2008년 시작된 미국발 금융위기는 사실 그때만 해도 금방 진정될 줄 알았다. 많은 사람들이 그 같은 상황은 잠시 스쳐 지나가는 '일시적 악화'라고 생각했고, 또는 그렇게 되기를 바랐다. 하지만 아직도 우리는 위기의 시대를 살고 있다.

자본주의는 구조적인 특성상 계속해서 악순환의 굴레를 만들어간다. 자본주의 체제가 존재하는 한 은행은 끊임없이 신용창조를 통해 돈을 부풀릴 수밖에 없고, 누군가는 빚을 지고 파산을 해야 하며, 그 안에서 금융자본은 계속해서 더 많은 수익을 올린다. 세계를 움직

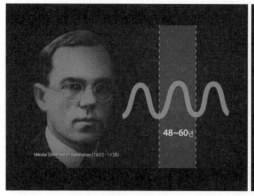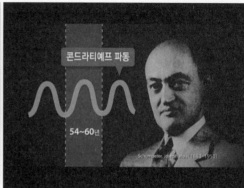

러시아의 경제학자 니콜라이 콘드라티예프가 자본주의 경제 환경에서 위기가 만들어지는 장기 순환주기가 있다는 사실을 발견했다. 슘페터는 이것을 '콘드라티예프 파동'이라 이름 붙였다.

이는 기축통화인 달러를 찍어내는 FRB는 지금도 여전히 민간기관이며, 미국 정부는 FRB에 의뢰를 해야만 미국 지폐인 달러를 만들어낼 수 있다.

금융자본주의 사회에서 많은 서민들을 울렸던 투기적 자본은 여전히 국내에서도 활발하게 활동 중이다. 시중의 7대 은행에는 외국계 자본들이 큰손으로 작용하고 있으며, KT의 경우에는 40%가 넘는 비율이 미국 월가의 금융자본이다. 월스트리트에 수많은 사람들이 모여들어 99%를 지배하는 1%를 그토록 규탄했지만, 여전히 자본주의는 진행 중에 있고 체제상 변한 것은 없다.

심각한 것은 작금의 세계적 경기 침체가 매우 심상치 않게 돌아가고 있다는 점이다. 세계 곳곳에서 성장 둔화와 침체의 징후가 뚜렷해지고 있다. 미국 백악관 예산관리국**OMB**은 경제성장률 전망치를 내렸으며, 중국 역시 위축되는 실물경기로 인해 성장률은 하강세를 거듭하고 있다. 유로존 역시 마찬가지의 상황이다. 2013년 1분기까지 6분기째 계속해서 경제가 하락하고 있다. 우리나라 역시 '저성장 장기침체'의 굴레 속으로 빠져들었다. 곳곳에서 '경기가 어렵다', '불황이다'라는 소리가 터져나오고 있으며, 정부 역시 그 해법을 찾지 못해 골머리를 썩고 있다. 하지만 이는 단순히 정부의 잘못만은 아니다. 자본주의의 시스템 자체가 이미 이러한 위험성을 안고 있기 때문에 그 누구도 어쩌지 못하는 문제이다. 자본주의가 수정되거나 변화되지 않은 한, 그리고 우리가 이 자본주의에서 살아가는 한 이러한 위기는 끊임없이 되풀이될 수밖에 없다.

호황이 지나면
위기가 찾아온다

　　　　　　　　　　PART 1에서 얘기한 인플레이션-디플레이션 경제순환주기는 자본주의가 본질적으로 겪을 수밖에 없는 위기의 단면을 보여주고 있다. 은행은 대출을 통해 돈의 양을 늘리고 중앙은행은 시스템에 없는 이자를 만들어내기 위해 돈을 찍어내다 보면 인플레이션은 극대화되고, 경제위기라 부르는 디플레이션은 필수로 따라온다. 신용이 좋은 사람부터 대출을 받기 시작해 저신용자까지 대출을 받아 생산적인 활동이 아닌 소비 활동에 집중하다 보면 거품은 터지고 파산하는 곳이 속출한다. 중앙은행이 통화량을 줄이기 위한 조치에 들어가면 시중에는 돈이 부족해지고 금융위기도 쉽게 진정되지 않는다. 지금 이것은 단순한 지역적인 문제가 아니라 전 지구적인 문제이다.

1920년대 미국 대공황을 시작으로 수많은 금융위기가 있었으며 우리나라도 예외는 아니었다. 유럽, 아시아, 미국 등 세계 곳곳에서 자본주의가 만들어낸 위기가 지속적으로 발생했다. 영국 런던대 철학과 조나단 울프 교수의 이야기를 들어보자.

조나단 울프(Jonathan Wolff)
영국 런던대학교 철학 교수, 마르크스 전문가
저서 : 『정치철학 입문』, 『로버트 노직 : 소유와 정의, 그리고 최소국가』

"지금 벌어지고 있는 일들은 호황과 불황의 순환boom-bust cycle 또는 경기순환trade cycle입니다. 마르크스는 미래의 자본주의는 경기순환을 피할 수 없다고 했어요. 호황이 오고 불황이 오는 거죠. 마르크스는 그 경기순환의 크기가 점점 더 커지고 주기가 짧아져 결국에는 자본주의 종말을 가져올 거라 생각했습니다. 경기순환의 크기가 점점 더 커질 거라는 그의 예상은 맞지 않았습니다. 하지만 자본주의가 경기순환을 피할 수 없을 거라던 그의 생각은 옳았습니다."

신분이나 계급의 차이와 상관없이 노력하면 잘살 수 있다고 굳게 믿었던 자본주의 세상. 호황 속에서 한때 잘나가던 사람들도 있었다. 그러나 갑자기 모든 것이 날아가 버리고 한순간에 패배자가 되었다. 왜 이런 일이 일어난 것일까. 우리는 그 해답을 찾아야 한다.

지난 250년 동안 자본주의는 주기적으로 위기의 파도를 넘어왔다. 그때마다 새로운 경제학의 아이디어는 우리에게 위기를 헤쳐나갈 나침반이 되어주었다. 이제부터 우리는 위기의 순간에 나타나 세상을 구한 위대한 경제학자들을 만나볼 것이다. 아시아의 한 작은 나라에서 사는 우리가 유럽과 미국의 경제학자들을 알아야 하는 이유는 우리가 사는 세상이 아담 스미스의 『국부론』에 묘사된 것과 본질적으로 같은 경제 제도이기 때문이다.

02
노동만이
최상의 가치다
_ 아담 스미스의 『국부론』

99%의
가난한 자들을 위해서

1776년 3월, '성경 이후로 가장 중요한 책'이라고 부르는 『국부론』이 마침내 세상에 그 모습을 드러냈다. 이 책은 최초의 근대적인 경제학 저술이며 오늘날까지도 수많은 경제 이론가들과 학자, 사상가들에게 지대한 영향을 미치고 있다. 공산주의 이론의 기초가 되었던 칼 마르크스의 '노동 가치설'도 사실은 아담 스미스가 『국부론』에서 처음 이야기했던 것이며, 현대 산업사회의 근본적인 동력이기도 했던 헨리 포드의 컨베이어 벨트 시스템의 원리인 '분업'에 대해서도 역시 마찬가지다. 『국부론』은 자본주의 시장 원리의 기초가 되는 메커니즘을 처음으로 밝혀낸 책이며, 그때문에 아담 스미스를 '자본주의의 아버지'라 부르고 있는 것이다.

하지만 아담 스미스는 그간 적지 않은 오해를 받아오기도 했다. 그가 '부자들의 편'에 선 사람이라는 것이다. 하지만 아담 스미스가 『국부론』을 집필한 것은 사실은 가난하고 박해받는 사람들을 위해서였다. 영국 아담 스미스 연구소 에이먼 버틀러 소장의 이야기를 들어보자.

에이먼 버틀러(Eamonn Butler)
영국 아담 스미스 연구소 소장

"아담 스미스는 가난한 자들의 편에 서서 그들을 지지하고자 했습니다. 빈곤층의 모습을 직접 보면서 그들이 왜 가난해졌는지, 그리고 어떻게 하면 그들이 가난에서 벗어날 수 있는지 연구했습니다. 그가 시장 개방을 신봉한 이유는 빈곤층 때문이었어요."

아담 스미스가 대학 시절 공부했던 영국 글래스고는 당시 무역이 상당히 활발했던 곳이었다. 특히 미국과 담배, 면 등 다양한 물건을 거래하던 역동적인 도시였다. 크리스토퍼 베리 글래스고대학교 정치학 교수의 말을 들어보자.

크리스토퍼 베리(Christopher Barry)
글래스고대학교 정치학과 교수

"글래스고가 경제적으로 아주 풍요해지기 시작할 때였어요. 담배 수출입의 중심지였어요. 항구가 있는 글래스고는 경기가 좋았죠. 경제 부흥이 시작되는 시기였어요."

하지만 그때에도 잘사는 사람과 못사는 사람이 존재했다. 어떤 이들은 하루 종일 부둣가에서 짐을 날라도 가난을 면치 못했지만, 그들의 노동을 통해 상위 계층의 사람들은 큰 이익을 남겼다. 크고 작은 공장에서 부가 매일 생산되는 것을 보면서 아담 스미스는 자유시장의 위력을 느낄 수 있었다. 또한 독점 기업가에 반대하면서 소비자의 이익을 옹호했으며, 노동 분업이 국가의 부를 창출하는 동력이라고 규정함으로써 노동의 중요성을 설파하기도 했다. 지금의 눈으로 보자면 너무도 당연한 말인 것처럼 생각되겠지만, 당시만 해도 이러한 아담 스미스의 생각은 매우 혁신적인 것이었다.

상업 사회의 태동

그럼 이제 아담 스미스의 『국부론』

을 좀 더 잘 이해하기 위해 당시의 시대로 들어가 보자.

1723년 스코틀랜드 파이프 주의 커콜디에서 태어난 아담 스미스는 당시 스코틀랜드에서 가장 좋은 초급학교 가운데 하나인 커콜디의 버그 스쿨을 다녔다. 법률가이면서 관리였던 아버지는 아들에게 최고의 교육을 시켜주고 싶었다. 14살 때 글래스고 대학에 입학한 아담 스미스는 주로 도덕철학을 공부했고, 1740년에 장학금을 받으면서 옥스퍼드 밸리올 칼리지에 갔지만 교수들의 모습에 실망하고 학교를 떠나고 만다. 그 후 공개강연을 하면서 큰 인기를 끌기도 하고 다양한 분야의 지식인들과 만나면서 자신의 사상을 조금씩 다져 나갔다.

1750년대 후반에 다시 글래스고 대학으로 돌아온 그는 유명한 도덕철학 교수가 될 수 있었다. 이상한 걸음걸이와 말투로도 유명했지만, 그의 강의는 학생들에게 무척 인기가 있었다. 독신으로 평생 어머니와 살았던 그는 비교적 수줍은 성격을 가지고 있었다고 한다.

18C 산업혁명을 시작으로 늘어난 생산품을 팔 수 있는 더 넓은 시장이 필요해졌다.

아담 스미스의 사상이 시작된 첫 번째 지점은 바로 '사람들의 본성과 행동'에 대한 것이었다. 그간 꾸준히 이 분야를 연구해 온 그는 결과물을 모아 『도덕감정론』이라는 책을 내기도 했다. 이 책은 아주 근본적인 질문을 던졌다.

'인간은 이기적인 존재이다. 그런데 어떻게 인간이 이기심을 누르고 도덕적인 판단을 할 수 있을까?'

이 질문에 대해서 아담 스미스는 기본적으로 인간은 사회적인 존재이고, 사회적 존재로서 도덕적인 행동을 해야만 한다고 생각했다. 그리고 그것이 가능한 것은 마음속에 우리의 행동을 지켜보고 있는 '공명정대한 관찰자'가 있기 때문이라고 했다. 그 관찰자가 이기심을 잘 조절해서 우리를 도덕적으로 행동하게 해준다는 것이다. 이러한 주장은 당시 많은 사람들에게서 폭넓은 관심을 불러일으켰고 아담 스미스는 순식간에 유명인이 되었다. 그리고 그 유명세는 그에게 아주 특별한 행운을 가져다주었다.

영국의 정치가였던 찰스 타운센드 공작이 그의 양아들 헨리 스코트의 대륙 여행에 동행하며 가정교사를 맡아 달라고 했던 것이다. 이는 당시 귀족 가문에서 유행했던 자녀 교육 방법 중의 하나였다. 자신도 여행을 할 수 있고, 경제적인 지원까지 받을 수 있었으니 아담 스미스는 이를 거부할 이유가 없었다. 그렇게 해서 그는 프랑스 툴루즈, 남프랑스, 몽블랑, 제네바, 파리로 이어지는 3년간의 긴 여행을 하게 됐다. 그는 여행을 할 당시 쟁쟁한 사상가들을 만날 수 있었고, 그들은 아담 스미스에게 많은 영감을 주었다. 에이먼 버틀러 소장은 당시의 상황을 이렇게 설명했다.

"당시 사상가들과의 만남과 교류는 아담 스미스에게 아주 중요한 영향을 끼쳤습니다. 어린 공작과 유럽을 여행하면서 메모를 남기기 시작했는데, 그것이 바로 『국부론』의 시작이었던 셈이죠."

『국부론』에 영향을 준 사람들

당시 아담 스미스가 여행을 하던 18세기는 한마디로 '변화의 시대'라고 할 수 있다. 봉건적 질서가 무너지고 근대 자본주의가 막 시작되던 시기였다. 또 영국에서는 산업혁명이 시작되어 생산품이 폭발적으로 늘어났고 자유무역도 활발해졌다. 그 시기에는 국가의 부를 금과 은의 축적으로 보는 중상주의 사상이 지배하고 있었다. 그런데 아담 스미스를 가장 화나게 했던 것이 바로 이 중상주의였다. 당시 정부는 부자가 되는 길은 많은 금과 은을 보유하는 것이라고 했으며, 또한 그것이 한 나라에 대한 부의 기준이었다. 그런데 아담 스미스는 프랑스 여행에서 만난 프랑스의

아담 스미스에게 영향을 준 프랑수아 케네는 루이 15세의 주치의였다.

경제 과정을 도식화해 보여준 『경제표』로도 유명한 경제학자이다.

원래 의사였던 케네는 사회를 하나의 육체로 봤다.

케네는 사회가 건강을 유지하기 위해 필요한 조건에 대해 연구했다.

사람이 식량을 먹어야 살 수 있듯이 사회도 마찬가지라고 생각했다.

인간이 노동을 해 식량과 원료를 생산하고 상품을 만들어 유통시켜야 사회가 성장하는 것이라고 생각했다.

사회는 세 계급으로 구성돼 있으며, 화폐는 그 사이를 돌며 생산물을 공급한다고 생각했다. 마치 혈액처럼 말이다.

그리고 '토지'만이 부의 원천이라는 중농주의를 주장했다.

경제학자이자, 의사, 중농주의자였던 프랑수아 케네로부터 아주 획기적인 아이디어를 얻게 된다.

원래 케네는 루이 15세의 주치의였던 경제학자이며 경제 과정을 도식화하여 보여준 『경제표』로도 유명했다. 그런 그는 의사였던 자신의 경험을 바탕으로 사회를 하나의 육체로 보고, 사회가 건강을 유지하기 위해 필요한 조건을 연구해 왔던 것이다. 그는 사람이 식량을 먹어야 살 수 있듯이 사회도 마찬가지라고 생각했다. 인간이 노동을 해서 식량과 원료를 생산하고 상품을 만들어 유통시켜야 사회가 성장할 것이라고 생각했다. 또한 그는 세 개의 계급으로 사회가 구성되어 있다고 봤다. 농민(생산 계급), 장인 또는 상공인(비생산 계급), 소유자(소유 계급)가 그것이다. 화폐는 이 세 계급 사이를 돌면서 생산물을 공급한다고 생각했던 것이다. 마치 우리 몸에 있는 혈액처럼 말이다. 또 케네는 '토지'만이 부의 원천이라고 생각했다.

케네의 이러한 사상은 아담 스미스에게 큰 영감을 주었다. 비록 케네의 사상에 완전히 동의하는 것은 아니었지만 그의 방법론은 아담 스미스에게 적지 않은 생각할 거리를 주었다. 특히 전통적인 중상주의의 주장인 '국가의 부는 금과 은의 축적이다'에 반대하는 목소리에서 또 다른 아이디어를 얻을 수 있었던 것이다. 그 결과 아담 스미스는 국부에 대한 새로운 정의를 내리고 국부를 증진시키기 위한 방법을 연구하기로 결심했다.

그렇게 3년의 긴 여행이 끝나고 커콜디의 집으로 돌아온 아담 스미스는 여행에서 얻은 경험과 지식을 바탕으로 『국부론』을 쓰기 시작했다. 그때 영국의 철학자였던 데이비드 흄과의 잦은 교류는 스미스에게 또 다른 도움을 주었다. 흄은 매우 실증적인 철학을 했고, 머릿속의 공상이 아니라 실재하는 사물을 보고 현상을 이해해야 한다고 여겼던 것이다. 바로 이러한 태도가 영향을 미치면서 스미스는 자신의 눈앞에서 벌어지고 있는 부의 생산과 자유경쟁 체제를 목도하고 그것이 지닌 가치를 깨달을 수 있었다. 또한 스미스는 흄 이외에도 당대를 대표하는 학자들과 지속적인 모임을 가졌다. 화학자였던 조지프 블랙, 지질학자였던 제임스 허턴과도 교류했다.

완전한 자유시장 체제

그 결과 스미스는 '국부'는 '모든 국민이 해마다 소비하는 생활필수품과 편의품의 양'이라고 새롭게 정의를 내렸다. '어디서든지 노동이 이루어지면 부가 생산될 수 있다'는 생각을 정리한 것이었다. 또한 모든 가치는 노동에 의해 생기므로 상품의 교환가치는 그것을 생산하는 데 들어간 노동량으로 정해야 한다고 했다. 이는 당시의 중농주의도, 중상주의도 아닌 전혀 새로운 생각이었다.

아담 스미스가 『국부론』을 통해 밝히고자 한 것은 바로 국부를 증진시킬 수 있는 방법이었다.

스미스는 어디서든 노동이 이루어지면 부가 생산될 수 있다고 생각했다.

그는 '국부'를 모든 국민이 해마다 소비하는 생활필수품과 편의품의 양이라고 정의했다.

"모든 가치는 노동에 의해 생긴다. 상품의 교환가치는 그것을 생산하는 데 들어간 노동량으로 정해야 한다."

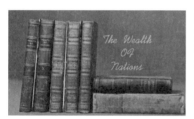

그 유명한 '보이지 않는 손'은 국부론에 딱 한 번밖에 나오지 않는다.

"가격을 결정하는 '보이지 않는 손'이 있어서 시장경제를 잘 돌아가게 한다."

빈민에게 연민을 느끼던 그는 자유시장만이 그들을 구제할 수 있다고 생각했다.

『국부론』은 철 지난 고전이 아니라 최초로 자유시장 체제를 설명한 기본 틀이다.

많은 사람들이 "보이지 않는 손이 우리의 경제를 이끄는 것이다."라는 말을 들어봤을 것이다. 그 유명한 '보이지 않는 손'은 무엇을 뜻하는 것일까?

스미스는 우리가 빵을 먹을 수 있는 것은 빵집 주인의 자비심 때문이 아니라 돈을 벌고 싶은 이기심 때문이라고 했다. 이러한 이기심들이 모여서 경제를 돌아가게 하는 것이라고 생각했다. 다시 말해, 가격을 결정하는 보이지 않는 손이 있어서 시장경제를 잘 돌아가게 한다는 것이다. 그는 이러한 자유로운 시장만이 개인과 국가를 부자로 만들 수 있다고 주장했다. 이 '보이지 않는 손'은 『국부론』에서 딱 한 번밖에 등장하지 않는다. 하지만 스미스는 이 한 문장으로 그가 꿈꾸는 '완전한 자유시장 체제'라는 이상적인 세상을 설명했다.

『국부론』은 6개월 만에 초판 1천 부가 모두 팔려나갔다. 그 당시로서는 놀라운 기록이었을 뿐만 아니라 아담 스미스에게 '당대 최고의 사상가'라는 명예를 가져다주었다. 놀라운 것은 그뿐이 아니다. 『국부론』의 첫 장은 우리가 현대 경제학에서 사용하고 있는 여러 가지의 개념을 보여준다. 에이먼 버틀러 소장의 이야기를 계속 들어보자.

에이먼 버틀러(Eamonn Butler)
영국 아담 스미스 연구소 소장

"『국부론』은 다윈의 『종의 기원』이나 뉴턴의 『원리』만큼이나 정말 중요한 책입니다. 근대 경제의 기본을 설명했기 때문입니다. 노동 분업과 국민총생산, 무역과 개방의 중요성, 무역 장벽의 문제점들은 지난 수십 년간 경제학의 교과서가 되었습니다."

따라서 아담 스미스의 『국부론』은 '철 지난 고전'이 아니다. 최초로 자유시장 체제를 설명한 기본 틀이자, 지금도 자본주의가 작동하는 원리를 가장 정확하게 설명하고 있는 명저인 것이다. 그런데 『국부론』이 출간된 후 정부의 개입이나 규제를 못마땅하게 생각하는 사람들이 그의 이론을 시도 때도 없이 끌어다 쓰기 시작했다. '보이지 않는 손'을 들먹이며 정부의 개입이나 규제 따위는 없어야 한다는 논리를 펼쳤던 것이다. 아담 스미스에 대한 오해는 바로 여기에서 시작됐다. 많은 사람들이 아담 스미스를 '돈 많은 부자들의 편'이라고 오해한 것이다. 그가 자유무역을 신봉하고 거대정부를 반대하고, 자유시장 경제 체제를 지지했기 때문이다. 이런 점들 때문에 보는 시각에 따라 얼마든지 스미스를 '부자들의 편'이라고 해석할 수 있었던 것이다.

특히 가장 많은 오해를 사는 부분이 바로 '자유로운 개인의 이익 추구'라는 부분이다. 하지만 스미스는 부자들의 무한정한 이익 추구를 인정하지는 않았다. '경제적 이기심은 사회의 도덕적 한계 내에서만 허용된다'고 선을 그었기 때문이다. 아담 스미스는 결코 인간의 끝없는 이기심을 허용한 적이 없었다. 오히려 모든 것을 '인간 행동 규범의 틀' 안으로 한정했다. 이는 결국 부자나 가난한 자나 평등하게 그 틀 안에서 부를 추구할 수 있음을 의미하는 것이다. 이는 그가 이전에 썼던 『도덕감정론』의 주장과도 정확히 일치한다.

개빈 케네디 영국 에든버러대 경영학 교수의 이야기다.

개빈 케네디(Gavin Kennedy)
영국 에든버러대학교 경영학 교수

"둘 중에 한 권만 읽어서는 알 수 없어요. 『도덕감정론』의 이론이 『국부론』에 다시 등장하거든요. 빈민에 대해 연민을 느끼죠. 그는 법으로 빈민들이 노동조합에 가입할 수 없게 정한 것을 신랄하게 비판해요. 하지만 고용주는 그걸 이용할 수 있죠. 노동자들의 상황에 대해서도 불만을 토로했어요. '상업사회가 답이다. 일하게 하라.'고 했어요. 일이 없으니 직업을 주라고요. 일을 하면 수입이 생기고 가족을 부양할 수 있으니까요. 당시의 영아 사망률은 아주 높았어요. 『국부론』에 나오는 한 여인은 19명의 아이를 낳았는데 그중 2명만 살아남았어요. 그는 이런 일에 대해 특별한 관심이 있었어요."

영국 에든버러의 아담 스미스 묘지다. 그는 부자들의 무한정한 이익 추구를 인정하지 않았다.
인간의 도덕적 범위 내에서 완전히 자유로운 시장체제를 추구했다.

　가난한 자들에게 많은 연민을 느끼던 스미스는 그들을 돕는 최선의 길은 자유시장 경제라고 생각했고, 이를 강력하게 옹호한 것이다. 또한 인간은 이기적이지만, 우리의 마음속에 서로에 대한 존중과 배려가 있기 때문에 그 이기적인 행동도 공공의 이익으로 전환될 수 있을 것이라고 믿었다. 그는 '자본주의'란 말은 단 한마디도 하지 않았지만, 그의 이상은 '인간의 도덕적 범위 내에서 완전히 자유로운 시장 체제'로 요약할 수 있다.

모든 사람이
잘사는 세상

아담 스미스가 믿었던 자유시장 경제는 부를 만들어내는 데에는 큰 공헌을 했지만, 그것이 이상적으로 분배되는 데에는 큰 힘을 발휘하지 못했다. 그 결과 가난한 사람은 더욱 가난해졌고, 부자인 사람은 더욱 부자가 되었다. 만약 그가 지금도 살아 있다면 현재의 불평등과 전 세계적인 경제위기에 대해서 어떤 반응을 보일까? 에이먼 버틀러 소장의 이야기다.

"아주 놀랄 것입니다. 특히 미국과 영국 같은 나라에 대해서는 좀 실망할 것 같습니다. 부유한 사람들과 비교해 상대적으로 가난한 계층이 아주 많거든요. 아담 스미스가 쓴 글 중에 이런 유명한 문구가 있습니다. 국민 대부분이 가난하고 비참한 생활을 하는데, 그 나라가 부유하다고 말할 수는 없다."

사실 『국부론』의 원제는 'Wealth of Nation'이 아니다. 복수형인 'Nations'가 들어간다. 즉, 특정 국가나 국민이 아니라 모든 국가와 모든 국민이 함께 잘사는 것을 연구한 책이라는 뜻이다. 그가 꿈꿨던 세상은 1%의 탐욕과 부패로 나머지 99%가 고통받는 세상이 아니라, 모두가 함께 잘사는 세상이었던 것이다.

03

쉬지 않고 일해도
왜 가난한가
_ 칼 마르크스의 『자본론』

마르크스의 생애와
유물론적 변증법

아담 스미스가 이야기한 자유로운 시장 체제는 19세기를 거치며 점차 자본주의의 모습을 갖춰갔다. 하지만 자본가에 의해 희생된 노동자들의 고통은 점점 더 커져가기만 했다. 그리고 이 시기에 아담 스미스처럼 인간에 대한 깊은 애정을 가진 또 한 명의 위대한 경제학자가 등장한다. 그는 바로 독일의 철학자, 칼 마르크스이다.

2008년 영국 공영방송인 BBC에서는 '지난 1천 년간 가장 위대한 철학자'를 뽑는 설문을 했다. 그 결과 1위는 바로 칼 마르크스였다.

또한 '지난 1천 년간 가장 영향을 끼친 책은?'이라는 질문에도 칼 마르크스가 쓴 『자본론』이 1위로 뽑혔다. '세계에서 가장 영향력 있는 철학자'를 묻는 질문에도 역시 1위는 칼 마르크스였다. 어떤 사람들은 이런 조사 결과를 도저히 받아들일 수 없거나 또는 의아하게 생각하는 경우도 있을 것이다. 보통 마르크스를 이야기하면, 그의 혁명적인 투쟁이나 공산주의를 연상하는 경우가 대부분이기 때문이다.

하지만 그는 최초로 '가난한 사람은 왜 항상 가난해야 할까', '자본주의는 정말 이상적인 체제일까?'라는 새로운 의문을 던진 철학자이기도 했다. 그리고 그는 산업혁명으로 인해 기계부품이 되어버린 노동자들의 삶을 보고, 자본주의가 어떻게 그들의 삶을 파괴하는지 밝혀내고 싶어했다. 그렇다면 마르크스는 어떤 궤적을 따라 자본주의를 분석하기 시작했을까. 마르크스의 생애를 따라가 보자.

마르크스는 1818년 5월 독일 라인 주^州 트리어 시에서 7남매 중 첫째로 태어났다. 마르크스의 아버지는 변호사였고 아내와 함께 안정적인 가정을 꾸려나갔다. 그 덕에 마르크스는 12살 때부터 라틴어, 그리스어, 역사, 철학을 배우며 유복하게 클 수 있었다. 1835년 본 대학에 입학하면서 그리스와 로마의 신화, 미술사 등을 배웠다. 그런 마르크스는 사실 문학가를 지향했다. 뛰어난 감수성과 수려한 문체 역시 문학을 배우면서 길러졌던 것이다. 하지만 마르크스는 헤겔의 변증법을 만나면서 완전히 새로운 길로 접어들었다.

마르크스는 헤겔의 변증법과 포이어바흐의 유물론을 받아들여 자신만의 관점과 철학으로 세상을
보게 되었다.

　변증법은 세상의 모든 것, 즉 인간도, 자연도, 사회도, 그 어떤 것
도 고정불변이 아니라 정반합의 법칙으로 끊임없이 변화한다는 철
학이다. 하지만 이렇게 세상을 변화, 발전시키는 주체가 세계 밖에
존재하는 '절대정신'이라는 헤겔의 주장에는 동의하지 않았다. 오히
려 마르크스는 독일의 철학자인 포이어바흐가 주장한 물질이 세계
를 구성하고 지배하며 이끌어간다는 '유물론'을 받아들였다. 그리고
그는 마침내 헤겔의 '변증법'에, 포이어바흐의 '유물론'을 더해 '유
물론적 변증법'이라는 세상을 바라보는 자신만의 관점과 철학을 갖
게 되었다.
　이 과정에서 마르크스는 청년헤겔학파의 지도자 격인 인물이 되

었으며 점차 무신론에 입각한 급진적인 사상을 키워나갔다. 특히 프로이센 정부의 잘못을 과감하게 비판하는 글을 쓰기 시작했다. 당시 프로이센 정부는 왕권에 입각한 전근대적인 체계를 가지고 있었고, 자유주의 운동이나 독일 통일에 대해서도 부정적이었다. 당연히 사람들은 이에 대해 반발하게 됐고 마르크스는 가장 선도적으로 프로이센 정부를 비판하기 시작했던 것이다.

사회주의의 후원자, 엥겔스를 만나다

대학을 졸업한 후 마르크스는 대학교수가 되려고 했다. 하지만 '급진적 무신론적 사상'을 지닌 그에게는 애초에 불가능한 일이었다. 이미 프로이센 정부는 마르크스를 요주의 인물로 보고 감시하기 시작했고, 그가 글을 기고하는 것에 온갖 방해를 하기도 했다. 결국 대학 교수의 꿈을 포기한 마르크스는 반정부신문인 〈라인신문〉에 글을 기고하기 시작했으며, 그 후 편집장이 되어 신문을 이끌어갔다. 이때 그는 현실 정치와 경제에 대해 보다 심각한 고민을 시작했다. 세상이 돌아가는 진짜 상황을 눈으로 직접 보기 시작했고, 또 노동자들의 처참한 현실에 큰 충격을 받기도 했다. 아무리 열심히 일해도 최소한의 생계를 유지하기에도 벅찬 현

맨체스터 방직공장에서 아주 어린아이들도 매일 12시간 이상 힘들게 일하는 것을 목격한 마르크스는 노동자들의 비참한 현실을 신문에 보도한다.

실, 아동들도 노동을 해야만 먹고살 수 있는 현실을 그저 바라만 보고 있을 수는 없었다. 마르크스가 노동자들의 이러한 비참한 현실에 대해서 보도하자 프로이센은 보다 강한 검열을 시작했다. 결국 프로이센의 검열에 이골이 난 마르크스는 신문을 폐간하고 파리로 간다.

그리고 거기에서 마르크스는 그의 인생에서 가장 중요한 두 가지를 만나게 된다. 하나는 공산주의, 그리고 또 다른 하나는 바로 프리드리히 엥겔스이다. 마르크스와 엥겔스는 많은 시간을 이야기하며 서로의 생각이 완전히 일치한다는 것을 느꼈고, 평생의 동지가 되었다. 영국 런던대 철학과 조나단 울프 교수의 이야기다.

조나단 울프(Jonathan Wolff)
영국 런던대학교 철학 교수, 마르크스 전문가
저서 : 『정치철학 입문』, 『로버트 노직: 소유와 정의, 그리고 최소국가』

"엥겔스는 마르크스가 정말 훌륭한 사상가라고 생각했습니다. 엥겔스는 한마디로 사회주의의 후원자, 공산주의의 후원자였습니다. 그는 마르크스가 계속 글을 쓸 수 있기를 원했죠. 마르크스가 『자본론』 1권을 마칠 때까지 엥겔스는 맨체스터에서 그의 가족이 하는 면직 공장을 운영하면서 마르크스에게 많은 돈을 보냈습니다."

마르크스는 파리에서 공산주의 조직과 만나면서 노동운동에 관심을 갖게 된다. 그리고 그는 점차 혁명적인 공산주의자로 바뀌어갔다. '계급 없는 세상'을 만들겠다는 일념으로 혁명을 준비하던 마르크스는 결국 1845년 2월, 프로이센 국적을 포기하고 브뤼셀로 가서 그곳의 비밀동맹과 접촉한다. 이때 '만국의 노동자여, 단결하라!'라는 문구로 시작되는 그 유명한 『공산당 선언』을 발표한다. 영국 런던대 경제학과 벤 파인 교수의 말이다.

벤 파인(Ben Fine)
영국 런던대학교 경제학 교수
저서 : 『마르크스의 자본론』

"마르크스와 엥겔스는 노동자들의 현실을 보고 그 개선 방향을 찾고 자본주의 체제 안에서 변화 가능한 것들을 연구했습니다. 그 과정에서 위기도 있었고, 탄압을 겪기도 했죠."

『공산당 선언』이 출판된 1848년, 유럽은 혁명의 폭풍우가 휘몰아칠 때였다. 마르크스는 브뤼셀, 파리, 쾰른 등지로 가서 혁명에 참여했다. 이를 계기로 마르크스는 '붉은 박사'라는 악명과 '인류의 해방을 가져올 새로운 사상가'라는 명성을 동시에 얻었다. 하지만 혁명의 과정에서 마르크스는 계속해서 탄압을 받았고 잇달아 추방령이 내려졌다. 그 후 그는 다시 브뤼셀에서 쾰른으로 돌아왔고 〈신라인 신문〉을 발행하며 주필로 활약하기 시작했다. 하지만 역시 그에 대한 탄압은 계속되었고, 결국 이를 견디지 못했던 마르크스는 런던으로 이주한 후 그곳에서 말년을 보냈다.

영국 런던대 철학과 조나단 울프 교수의 이야기를 들어보자.

"마르크스는 급진적인 인쇄물들을 계속 발간했어요. 그것이 독일에서 추방하는 계기가 됩니다. 편집하던 학술지는 폐간되고 그는 쫓겨나게 되죠. 이사한 파리에서도 같은 일이 벌어지고, 브뤼셀에서도 마찬가지였어요. 결국 마르크스는 런던에 자리잡게 됩니다. 1840년대 말 영국은 유럽에서 가장 관대한 나라였죠. 자기 나라에서 쫓겨

난 사람들이 그곳에 정착하기 시작했습니다."

그의 생활은 늘 궁핍의 연속이었다. 그리고 그 사이 마르크스는 여섯 명의 자녀 중 세 아이를 잃게 된다. 영국 런던대 철학과 조나단 울프 교수는 마르크스의 경제 상황에 대해서 이렇게 이야기했다.

"마르크스의 여러 문제들 중에 고질적인 한 가지는 돈이었습니다. 정기적인 수입이 없었으니까요. 기사를 써서 원고료를 받기도 했지만 항상 재정 때문에 시달렸습니다."

▌이윤은 어디에서 오는가

이후 마르크스 가족은 모친 사망 후 받은 유산과 엥겔스의 기부금 덕분에 작은 연립주택으로 이사할 수 있었다. 그리고 다소나마 생활이 안정되자 드디어 『자본론』의 집필을 시작할 수 있었다. 낮엔 대영도서관에서 글을 쓰고 주말에는 소풍을 가거나 다른 독일 이민자들과 교류하기도 했다. 그때만큼은 마르크스도 어느 정도는 사교적인 사람이 되었다. 그러는 동안 필생의 역작인 『자본론』이 점차 완성되어 갔다.

그가 『자본론』을 쓴 이유는 자본주의의 모순을 철저하게 분석하고 그 문제점을 지적하기 위한 것이었다. 그래서 그는 자본주의를 대표하는 아담 스미스의『국부론』을 수백 번이나 읽었다.『자본론』에서 가장 많이 인용한 책도 바로『국부론』이었다. 드디어 1867년, 그가 15년 이상을 바친 필생의 역작이 그 모습을 드러냈다. 바로『자본론』1권, '자본의 생산과정'이다.

이 책은 마르크스가 그의 유물론적 변증법을 경제 연구에 최초로 적용해 자본주의의 문제점을 분석한 책이다. 그렇다면『자본론』은 어떤 내용을 담고 있을까?

『자본론』에서 제일 먼저 다루는 것은 바로 '상품'이다. 상품은 인간이 생산하고 사용하는 모든 물건을 말한다. 상품은 쓸모가 있는지를 따지는 '사용가치'와 교환할 수 있는지를 따지는 '교환가치', 두 가지를 다 가지고 있는 것이라고 마르크스는 정의했다. 그리고 이러한 상품은 노동을 통해 생산해 낸 것이라고 주장했다. 즉, 상품의 가치는 상품을 생산하는 데 들어간 '평균 노동시간'으로 결정된다고 정의했다. 그러니까 6시간 동안 6켤레의 신발을 만든다면 신발의 가치는 '1노동시간'인 것이다. 그리고 '화폐'를 상품의 가치를 표시하는 수단이라고 보고, 돈이면 뭐든지 다 된다는 화폐의 물신성이 생겨날 것이라고 경고했다. 또한 그는 아담 스미스와 데이비드 리카도의 노동가치론을 이어받아 노동이 최고의 가치라고 전제했다. 하지만 아담 스미스의 분업은 오히려 노동자를 기계 부품처럼 만들어버린

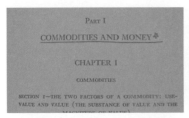

1876년 마르크스가 15년 이상을 바친 필생의 역작,『자본론』1권 '자본의 생산 과정'이 출간됐다.

"상품은 인간이 생산하고 사용하는 모든 물건을 말하며, 사용가치와 교환가치를 모두 가지고 있는 것이다."

"상품은 노동을 통해 생산해 낸 것이며, 상품의 가치는 상품 생산에 들어간 평균 노동시간으로 결정된다."

6시간 동안 6켤레의 신발을 만들었다면 신발의 가치는 1노동시간이 된다.

그리고 화폐는 상품의 가치를 표시하는 수단이라고 봤다.

마르크스는 돈이면 뭐든지 다 된다는 화폐의 물신성이 생겨날 것이라고 경고했다.

그 역시 노동이 최고의 가치라고 했지만, '분업'은 오히려 노동자를 기계 부품처럼 만들어버린다고 했다.

『자본론』을 쓴 이유는 '왜 놀고먹는 자본가들은 점점 더 부자가 될까?'하는 의문을 풀기 위해서였다.

다고 주장했다.

   그런데 마르크스가 『자본론』을 쓴 주요 목적은 '쉬지 않고 열심히 일하는 노동자들은 왜 항상 가난할까?' 그리고 '왜 놀고먹는 자본가들은 점점 더 부자가 될까?' 하는 의문을 풀기 위해서였다. 마침내 그는 그 해답을 이윤이 어디에서 오는지 알아냄으로써 찾아낼 수 있었다.

계속해서 착취당하는 노동자들

                           영국 런던대 경제학과 벤 파인 교수의 말이다.

벤 파인(Ben Fine)
영국 런던대학교 경제학 교수,
저서 : 『마르크스의 자본론』

"『자본론』 1권은 어떻게 자본이 이윤을 남기는가에 대한 것이에요. 마르크스는 노동시간이나 노동일수를 늘리는 '절대적 잉여가치'의 원리에 대해 설명합니다."

그렇다면 '절대잉여가치'란 어떤 것일까. 예를 들어보자.

여기에 빵공장이 있다. 빵 1개를 만드는 데 얼마만큼의 노동시간이 드는지 계산해 보자. 먼저 밀가루 1kg을 1노동시간이라고 하자. 빵을 만들기 위해서는 사람의 노동력과 빵을 만드는 기계의 노동력도 들어간다. 따라서 빵을 만드는 기계의 노동력도 1노동시간, 사람의 노동력도 1노동시간이라고 할 수 있다. 따라서 빵 1개를 만드는 데에는 총 3노동시간이 든다. 만약 1노동시간을 화폐로 환산해 1천 원이라고 하면, 빵 1개의 가격은 3천 원이 된다. 노동자가 원재료와 기계로 하루에 평균 8시간을 일하면, 모두 24노동시간이 나오고, 그동안 만든 빵 8개의 가치는 2만 4천 원이 되는 것이다.

그런데 여기에서 문제가 생긴다. 밀가루는 원재료이기 때문에 정해진 가격을 주고 사와야 하고, 기계 역시 반드시 필요한 것이기 때문에 제 가격에 사왔다. 즉, 빵을 만들기 위한 준비를 하는 과정에서 이미 돈을 지불한 것이 된다. 그러니 총 2만 4천 원 중에서 밀가루 가격 8천 원, 기계 구입에 따른 비용 8천 원은 그 가치가 그대로 인정된다. 이제 남은 것은 사람의 노동력에 지불해야 하는 8천 원이다. 그런데 자본가는 노동자에게 일당으로 3천 원밖에 주지 않는다. 그럼 나머지 5천 원은 어디로 가는가? 바로 자본가의 주머니 속으로 들어간다. 마르크스는 이렇게 남은 가치를 '잉여가치'라고 했다.

그런데도 왜 노동자는 싫다는 말을 하지 못할까? 왜 '내가 만든 가

빵 공장에서 빵 1개를 만드는 데 얼마만큼의 노동 시간이 들까?

밀가루 1kg 1노동시간, 빵을 만드는 기계의 노동력 1노동시간, 사람의 노동력 1노동시간을 더해 3노동시간이다.

1노동시간을 화폐로 환산해 1천 원이라고 하면, 빵 1개의 가격은 3천 원이 된다.

노동자가 1일 8시간을 일하면, 빵 1개 만드는 데 드는 3노동시간을 곱해 하룻동안 만든 빵의 가치는 24노동시간이다.

그러면 하룻동안 만든 빵 8개의 가치는 2만 4천 원이다.

밀가루와 기계는 8천 원씩 가치를 그대로 인정하지만 노동자는 자본가가 3천 원밖에 안 준다.

이렇게 생긴 잉여가치에도 만족 못하는 자본가는 노동자가 더 오래 일하게 한다. 여기서 생기는 것이 '절대적 잉여가치'다.

그래도 만족 못한 자본가는 더 좋은 기계를 들여와 적은 시간에 더 많은 빵을 만들려고 하고, 이렇게 생긴 이윤을 '상대적 잉여가치'라 부른다.

치를 나에게 달라'고 말하지 못할까? 이는 자본가가 그만두라고 하면 그만둬야 하기 때문이다. 이것을 알고 있는 자본가는 더 많은 이윤을 얻기 위해 노동자에게 더 오래 일을 시킨다. 물론 일당은 절대로 더 주지 않으면서 말이다. 결국 자본가는 노동자를 착취함으로써 더 많은 부를 얻게 되는 것이다. 마르크스는 이렇게 노동시간의 연장으로 만들어지는 잉여가치를 '절대적 잉여가치'라고 정의했다.

그런데 자본가는 이대로 만족하지 못하고 더 많은 이윤을 얻으려고 한다. 그래서 생각해 낸 것이 바로 '노동 생산성'을 높이는 것이다. 노동자가 빵 3개를 손으로 만들 때 드는 시간은 3시간, 하지만 기계를 쓸 때는 1시간이면 된다. 그래서 더 좋은 기계를 들여와 더 적은 시간에 더 많은 빵을 만들어내려고 한다. 이렇게 하면 필요노동시간은 줄어들고, 잉여노동시간은 그만큼 늘어나게 된다. 결국 노동자의 임금은 더욱 내려가고 자본가는 그만큼 이윤을 남기게 되는 것이다. 마르크스는 이렇게 생긴 이윤을 '특별 잉여가치', 또는 '상대적 잉여가치'라고 했다. 영국 상원의원이자 워릭대 명예교수인 로버트 스키델스키의 말이다.

로버트 스키델스키(Robert Skidelsky)
워릭대학교 정치경제학 명예교수, 영국 상원의원
저서 : 『존 메이너드 케인스』

"칼 마르크스는 최초로 '착취하는 자본주의'의 본질을 이해한 사람

이었습니다. 그리고 이러한 자본주의의 원리를 이해한 칼 마르크스

는 착취 현상이 계속해서 일어날 것이라고 생각했습니다."

시스템보다
사람이 먼저다

　　　　　　마르크스는 자본주의의 본질을 이
해하는 것은 물론, 자본주의의 미래를 예측하기도 했다. 그는 더 많
은 이윤을 얻으려 하는 자본가의 이기심 때문에 기계가 계속 노동을
대신하면, 실업자가 증가할 것으로 예상했다. 그렇게 되면 일하려는
사람이 많기 때문에 임금은 더 낮아지고, 상품은 쏟아져나올 수 있
지만 팔리지 않을 것이라고 봤다. 결국 나중에는 기업도 자본가도 망
할 수밖에 없다고 생각했다. 따라서 이때부터 자본주의의 위기인 공
황이 시작되고, 참다 못한 노동자들이 혁명을 일으킬 것이라고 했다.
마르크스는 '결국 자본주의는 무너지고 사회주의가 나타날 것이다'
라고 경고했다. 영국 런던대 철학과 조나단 울프 교수는 이렇게 설명
한다.

조나단 울프(Jonathan Wolff)
영국 런던대학교 철학 교수, 마르크스 전문가
저서 : 『정치철학 입문』, 『로버트 노직: 소유와 정의, 그리고 최소국가』

"마르크스는 자본주의를 역사의 한 과정으로 봤습니다. 봉건제 이후 자본주의에 이어 공산주의로 이행할 것이라고 본 것이죠. 그는 전체 적으로 역사적인 관점에서 자본주의를 바라보았습니다. 또 자본주 의가 사라지고 프롤레타리아 혁명에 의해 공산주의 시대가 도래할 것이라고 예견했습니다."

하지만 마르크스는 계급 없는 세상을 만들겠다는 자신의 꿈이 이루어지는 것은 보지 못한 채 결국 생을 마감하고 말았다. 1883 년 3월 14일, 그는 평생의 친구이자 동지인 엥겔스가 지켜보는 가운 데 자신이 가장 아끼던 의자에서 삶을 마감했다.

엥겔스는 마르크스의 유고를 모아 1885년에 『자본론』 2권인 '자 본의 유통과정', 1894년에 3권인 '자본주의적 생산의 총 과정'을 발 간했다. 그리고 『자본론』은 '사회주의의 성서'로 불렸으며 '성서보다 많이 팔린 책'이라는 명예를 얻기도 했다.

칼 마르크스는 억압받는 노동자들을 도와 공산주의 사회를 실현 하고자 했던 혁명가였다. 유물론적 변증법으로 세상을 해석한 철학 자였고, 자본주의를 과학적으로 분석한 경제학자이기도 했다. 또 공산주의 국가의 탄생에 영향을 끼친 사상가이기도 했다. 물론 앞으로도 그에 대한 다양한 평가가 나올 것으로 예상된다. 하지만 분명한 사실은 마르크스가 철학으로 세상을 변화시키려고 했다는 사실이다.

마르크스가 쓴 『자본론』이 세상에 나온 지도 140여 년의 시간이 지났다. 자본주의가 붕괴할 것이라는 예상은 빗나가고 오히려 공산주의가 붕괴되는 사태가 벌어졌다. 그렇다면 아직 자본주의가 지배하고 있다는 이유만으로 『자본론』은 가치가 없는 것일까?

사실 자본주의는 위기 때마다 새롭게 변신하며 살아남았다. 그런데 그것이 가능했던 것은 마르크스가 남긴 자본주의에 대한 경고가 우리에게 절박한 메시지가 됐던 것은 아닐까. 물론 『자본론』의 가치를 마르크스의 예측이 맞았는지, 틀렸는지에 대한 것으로 찾을 수도 있을 것이다. 하지만 그는 가난한 노동자들에 대한 연민과 그들을 위기에서 구하고자 하는 열정을 가지고 있었다. 바로 그러한 연민과 열정으로 『자본론』을 써내려간 것이다. 따라서 마르크스 이론의 옳고 그름을 따지기 전에 제일 먼저 봐야 할 것은 『자본론』이 가지고 있는 이상적인 가치일 것이다.

아담 스미스가 『국부론』을 통해 꿈꾸고, 마르크스가 『자본론』을 통해 펼쳤던 이상적인 사회는 결코 지금의 모습은 아니다. 하지만 두 사람의 공통점은 사상의 시작점이 바로 '인간에 대한 사랑'이었다는 점이다. 그리고 그들은 그것을 바탕으로 '어떻게 하면 모든 사람이 잘살 수 있을까'를 고민했다. 어쩌면 어렵고 복잡한 용어와 수식이 난무하는 현대 경제학과는 사고의 시작부터 다르다.

어떻게 보면 지금 우리에게 필요한 것도 바로 이러한 부분이다. 경제를 보는 것이 아니고, 돈을 보는 것이 아니고, 분배의 시스템을 보는 것이 아니라 '사람'을 봐야 한다는 것. 그래서 그들이 가지고 있는 고통을 생각하고, 그것을 덜어주기 위한 따뜻한 마음에서부터 우리의 경제를 다시 보고 재구축해 가야 하는 것이다.

실업률을 낮출
정부의 개입을 권하다

_ 케인스의 거시경제학

20세기
최고의 경제학자

2008년 미국의 금융위기 이후, 2010년 그리스에서 시작된 유로존 재정 위기를 거치며 신문에서는 연일 신자유주의가 다시 위기를 맞았다는 기사를 쏟아냈다. 1930년 대 미국 경제대공황 때와 같이 케인스와 하이에크가 다시 맞붙게 됐다는 이야기도 나왔다. '정부의 역할이 중요한 것인가, 아니면 자율적인 시장의 힘이 중요한 것이냐'의 논쟁은 무려 100년간이나 계속되어 왔다. 영국 경제연구소 교육담당 이사인 스티브 데이비드 박사의 이야기를 들어보자.

스티브 데이비드 (Steve David)
영국 경제연구소 교육담당 이사
저서 : 『제국주의의 역사』

"왜 끊임없이 이런 논쟁이 계속되어 왔는지는 무척 간단합니다. 이런 식의 위기가 되풀이되어 왔기 때문이죠. 지금의 위기 상황에서 경제위기의 원인을 다르게 분석한 두 주장이 다시 표면화되는 것입니다. 케인스와 하이에크의 유령이 다시 파도를 만들고 공식적인 논쟁에 자주 인용되고 있어요. 이 두 명의 죽은 경제학자들은 엉망인 상태에 대한 원인과 대응에 대해 둘 다 일관성이 있고도 다른 설명을 하거든요. 1920년대 말 1930년대 초에 그들이 했던 논쟁은 역사적인 이유가 있었고 그 논쟁이 다시 점화되고 있는 게 놀랄 만한 일은 아니지요."

이러한 논쟁은 지금도 여전히 위기에 빠져 있는 자본주의가 나아가야 할 방향을 결정하는 데 매우 중요한 시사점을 줄 수 있다. 먼저 정부의 역할을 중요시했던 케인스부터 만나보자.

1914년 7월, 오스트리아가 세르비아에 대한 선전포고를 하면서 1차 세계대전이 시작됐다. 이 전쟁은 꼬박 4년이 넘게 지속되다 드디어 1918년 11월 11일, 독일이 항복함으로써 끝을 맺었다. 전쟁에서 승리한 31개 연합국은 파리에서 평화회담을 열어 베르사유 조약

재정긴축 VS 시장개입, 하이에크-케인스 재대결

미국 금융위기로 케인스주의와 하이에크주의가 다시 논쟁하고 있다.

을 맺고 전쟁을 일으킨 독일에게 무려 240억 파운드에 달하는 전쟁 배상금을 물게 했다. 그런데 바로 그 자리에서 곧이어 불어닥칠 위기를 가장 먼저 예감한 한 경제학자가 앉아 있었다. 그는 자리를 박차고 나가 곧바로 그가 속했던 영국 재무성에 사표를 던졌다. 그로부터 두 달 뒤, 그는 작은 책자 한 권으로 일약 스타가 됐다. 제목은 『평화의 경제적 결과The Economic Consequences of the Peace』. 이 책을 쓴 저자는 바로 존 메이너드 케인스였다. 그는 책에서 이렇게 적었다.

'만약 고의적으로 중부 유럽을 빈곤에 빠뜨리려 한다면 복수는 손쉽고 신속하게 이루어질 것임을 나는 감히 예언한다. 자유방임의 자본주의는 1914년 8월에 끝났다.'

1차 세계대전 후 독일의 하이퍼인플레이션으로 마르크는 1달러당 4조 2천억까지 이르러 휴짓조
각과 다름없었다.

　그의 예언이 적중했음을 아는 데는 많은 시간이 걸리지 않았다. 독
일 정부는 감당할 수 없는 전쟁 배상금 때문에 할 수 없이 중앙은행
을 통해 발행하는 화폐의 양을 크게 늘렸고 결국 하이퍼인플레이션
이 발생하고 말았다. 이를 해결하기 위한 가장 간단한 방법은 국채를
발행해 외국에 헐값에 파는 것이었다. 하지만 그 결과 정말로 상상할
수 없는 일이 발생했다. 1923년 7월 독일 내 물가는 1년 전에 비해
7천500배를 넘어섰고 2개월 뒤에는 24만 배, 3개월 후에는 75억 배
로 뛰었다. 환율은 1달러당 4조 2천억 마르크가 되기도 했다.

　영국 상원의원이자 워릭대 명예교수인 로버트 스키델스키는 케인스를 이렇게 평가했다.

로버트 스카이델스키(Robert Skidelsky)
워릭대학교 정치경제학 명예교수, 영국 상원의원
저서 : 『존 메이너드 케인스』

"케인스는 20세기 최고의 경제학자죠. 그는 거시경제학이라는 그의 이론을 통해서 경제 정책을 변화시켰습니다. 그전에는 없었던, 국가에 경제를 관리하는 역할을 주었죠. 그는 경제활동에 대해 생각하는 방식에 엄청난 영향을 주었습니다. 1945년부터 1975년까지 세계는 케인스주의에 의해서 운영되고 관리됐어요. 불경기를 막기 위해 정부가 개입했고, 정부의 예산과 통화 정책을 통해 경제의 균형을 잡으려고 노력했어요. 큰 변동을 막는 거죠. 전반적으로 아주 성공적이었어요. 그가 살았던 시대가 그 시스템의 황금기였죠."

'보이지 않는 손'에
기댈 수 없다

한편 전쟁의 여파에 폐허가 된 유럽과는 달리 미국은 호황을 누리고 있었다. 그러나 끝없는 욕심은 거품을 만들어냈다. 일명 '검은 목요일'이라고 불리던 1929년 10월

1929년 10월 29일 미국 대공황

1929년 10월 29일 미국 대공황

1929년 미국 증권거래소가 문을 닫았고 이후로도 주가폭락은 계속 이어졌다.

24일, 그 호황의 거품이 터지면서 결국은 대공황의 소용돌이에 빠져들기 시작했다.

검은 목요일은 1929년 10월 24일에 뉴욕 증권시장에서 일어난 일련의 주가 대폭락 사건을 말한다. 1929년 9월 3일에 다우존스 산업평균지수는 당시 신기록이던 381.17이었다. 하지만 10월 24일 장이 마감될 시점에 이 지수는 299.47이 된다. 무려 20% 이상 하락했던 것이다. 이날 하루에만 무려 1천290만 주가 팔렸다. 종전의 기록이 400만 주였던 것에 비하면 '기록적'이라고 표현해도 과언이 아니었다. 오후 12시 30분에 시카고와 버팔로 거래소가 문을 닫았지만 그 시간까지 무려 11명의 투자자들이 자살하고 말았다. 이렇게 시작된 주가폭락은 이후 지속적으로 그 끝을 모른 채 하락하기 시작했고 결국 대공황의 출발점이 되고 말았다. 조지 페든 전前 영국 스털링대학교 역사학과 교수의 이야기다.

조지 페든(George Peden)
전 영국 스털링대학교 역사학과 교수
저서 : 『무기』, 『경제와 영국의 전략』

"1930년대 초반 대공황이 왔습니다. 국민소득이 곤두박질쳤죠. 이
러한 현상은 영국보다 미국이 더했습니다. 국민이 쓸 수 있는 돈에
대해 고민하기 시작했고 그것이 케인스의 일반 이론으로 이어졌습
니다."

1930년대 초반, 유럽의 이탈리아, 독일 등에서는 파시즘이 힘을
얻고 있었다. 독일 국민들은 빈곤과 실업과 혼란에 지쳐 히틀러에게
정권을 맡겨버리고 말았던 것이다. 이렇게 대공황과 전쟁의 위기가
몰아칠 때, 사람들은 아담 스미스의 '보이지 않는 손'에 대해 의심을
갖기 시작했다. 케인스는 1936년 바로 이러한 시대적 상황에서 자
본주의를 구하기 위해 위기의 원인에 대한 명쾌한 분석과 해결방법
을 다룬 책을 내놓았다. 바로 『고용, 이자 및 화폐에 관한 일반 이론』
이다.

이 책에서 케인스는 공황의 원인을 수요부족이라고 주장했다. 소

경제 주체는 가계, 기업, 정부이다. 가계와 기업의 상호작용을 다루는 것이 미시경제학, 국가 내, 국가간의 경제현상을 연구하는 것이 거시경제학이다.

득이 늘어난다고 수요가 똑같이 늘어나지 않으며, 현실적인 수요량을 '유효수요'라고 정의했다. 실제로 물건을 살 수 있는 돈을 가지고 있어도 물건을 구매하려는 욕구는 줄어들 수 있다는 것이다. 경제가 잘 돌아가려면 소득과 수요가 거의 같아야 하는데, 덜 쓰다 보니 경기가 침체되어 공황이라는 현상이 나타났다는 이야기다. 정부의 역할에 관한 케인스의 새로운 이론은 '거시경제학'이라는 학문을 탄생시켰다.

　케인스 이전의 경제학자들은 시장의 원리를 설명하려고 했다. 즉, 미시경제학이 주류를 이루었다. 자본주의 경제 체제에서는 그 주체를 가계, 기업, 정부로 나눌 수 있다. 미시경제학은 가계와 기업이 어떻게 의사결정을 내리며 시장에서 어떻게 상호작용을 하는지를 설명한다. 이는 아담스미스의 자유시장 경제 체제 이후 세계를 지배한 경제학이었다. 따라서 국가는 그저 전쟁에서 국민을 보호하는 야경국가 정도의 역할만 담당해야 한다고 생각했다. 자유방임주의 국가관에서 국가는 시장에 대한 개입을 최소화하고 국방과 외교, 치안 등의 질서 유지 임무만 맡아야 한다고 보았던 것이다.

그런데 케인스가 재무성에서 일할 때는 전 세계가 전쟁을 하고 있을 때였다. '시장의 원리'만 가지고는 경제를 논하기가 힘들게 된 것이다. 따라서 케인스는 시장의 원리를 넘어서 경제 전체를 봐야 한다는 거시경제학의 관점을 자연스레 가질 수밖에 없었다.

정부는 고용과 평등을 해결해야 한다

거시경제학은 국민소득, 이자율, 환율 등 국가 전체와 세계에 관한 경제현상을 연구하는 학문이다. 정부의 계획적인 정책으로 가계와 기업을 움직여야 한다는 주장이다. 공황에서 벗어나는 길은 정부가 재정지출을 확대해 일자리를 만드는 것이며, 그렇게 완전고용이 이루어지면 현실적인 수요가 늘어나 경제가 되살아날 것이라고 주장한다. 구매력이 없는 수요자가 일자

Keynes is comming. 케인스의 말을 들어봐.

실질적인 구매력을 지닌 수요. 내가 말하는 유효수요.

정부가 자금을 지원해 유효수요를 늘리자는 심플한 논리.

구매력 없는 수요자가 일자리를 통해 구매자로 발전하는 길!

극미했던 구매력이 정상적인 유효수요로 발전하는 길.

일자리가 있고 돈이 있는데, 왜 돈이 안 돌아?

이것이 1936년 발표한 케인스의 『유효수요 이론』

뉴딜 정책으로 성공했던 이론.

리를 통해 구매자로 발전할 수 있다고 본 것이다.

케인스가 내린 '정부의 계획적인 개입'이라는 처방은 이제까지 세상을 지배해 온 '보이지 않는 손'에 대한 중대한 반역이라고 할 수 있다. 따라서 케인스는 기자들로부터 '공산주의자가 아니냐'는 질문까지 받아야 했다. 하지만 그는 보이지 않는 손이 스스로 시장을 조정할 때까지 기다리라는 주장과 단기적인 관점에서만 경제를 바라보는 시각에 대해 이렇게 비판했다.

"장기적으로 보면 우리는 모두 죽는다.In the long-run, we are all dead"

케인스의 이 말은 무슨 의미일까? 석학들은 이렇게 설명한다.

"케인스는 두 가지 문제를 해결하면 자본주의는 생존할 수 있을 거라고 했어요. 첫째, 좋은 수준의 고용률, 둘째, 더 평등한 사회. 정부는 완전고용에 대한 책임이 있습니다. 최상의 고용률과 생산율을 유지해야 하는 거죠. (로버트 스키델스키 영국 워릭대학교 정치경제학 명예교수)"

"불평등한 소득분배는 세금제도를 통해 해결할 수 있어요. 경제는 관리의 수요가 있을 때만 완전고용을 하려 한다고 지적합니다. 그리고 전반적인 수요를 관리할 수 있는 것은 정부뿐이라고 했어요. 케인스는 정부의 관리에 의해 거시적인 관점에서 자본주의를 개혁하려고 노력했어요. 미시적인 수준은 자본주의자 개개인의 선택 결정에 남겨두어야 한다고 했죠. (조지 페튼 영국 스털링대학교 역사학과 교수)"

케인스의 이론은 맨 먼저 하버드대학 경제학부의 젊은 학자들을 매혹시켰다. 그리고 이어 미국 정부의 경제 각료들까지 설득시켰다. 그에 따라 루스벨트 대통령은 그의 이론을 적극적으로 받아들여 뉴딜 정책을 만들었다. 실업자와 굶주린 사람을 위한 복지정책을 마련하고, 댐, 고속도로 등을 건설해 일자리를 만들기 시작한 것이다. 또한 전례 없이 강력한 규제방안을 실시했다.

정부의 역할이 커지다

그런데 '만약 고의적으로 중부 유럽을 빈곤에 빠뜨리려 한다면 복수는 손쉽고 신속하게 이루어질 것이다'라는 케인스의 예언이 그대로 적중하는 사건이 발생했다. 1939년 9월 하이퍼인플레이션으로 고통받던 독일이 폴란드를 침공해, 다시 유럽 대륙에 전쟁의 피바람이 불기 시작한 것이다. 2차 세계대전의 시작이다. 전쟁은 1941년, 독일의 소련 공격과 일본의 진주만 공격을 계기로 태평양 전쟁으로 번졌고 유럽뿐 아니라 아시아, 북아프리카, 태평양까지 전 세계는 전쟁의 소용돌이에 휩싸였다.

전쟁의 결과는 참혹했다. 인류 역사상 가장 큰 인명과 재산 피해를

「1933년 루스벨트 뉴딜정책 발표」

1933년 미국 루스벨트 대통령이 뉴딜정책을 발표했고, 대공황 극복을 위해 자유주의 경제에 수정이 가해졌다.

낳은 전쟁은 1945년 8월 15일이 돼서야 일본의 항복으로 끝이 났다. 그 사이 케인스주의는 그 영향력을 전 세계로 확대했다. 1944년 7월, 케인스는 세계 최고의 경제학자 자격으로 브레튼 우즈 협정을 진두지휘하기도 했다. 아이러니하게도 전쟁은 독일과 미국 모두에게 불황의 탈출구가 되어 주었다. 돈을 빌려 전쟁에 쏟아부으니 실업률이 낮아지고 경제가 살아난 것이다. 전쟁이 일어나자 군수산업이 폭발적으로 활성화되고 이는 경제 전반에 파급력을 미치며 활력소가 되었다.

2차 세계대전이 끝나자 케인스주의는 자본주의 세계에 있는 모든 정부를 지배하는 경제원리가 되었다. 특히 거시경제학은 경제 전체를 생각하게 했다는 점에서 큰 공헌을 했다고 할 수 있다. 로버트 스키델스키 워릭대 명예교수의 말이다.

"정부는 완전고용에 대한 책임이 있습니다. 최상의 고용률과 생산율을 유지해야 하는 것입니다. 케인스 정책을 택한 정부는 높은 고용률을 목표로 했습니다. 그래서 3~5% 정도로 실업률을 낮추려고 노력했습니다."

이후 케인스 이론은 큰 정부를 만드는 데 이론적 토대가 됐고, 세계는 정부의 강력한 개입으로 30년 동안이나 유례없는 호황을 누리게 되었다.

05

정부가 커지면
비용도 늘어난다

_ 하이에크의 신자유주의

불황과 물가상승이
동시에 덮치다

　　　　　　　　　　케인스가 정부의 개입을 주장하며 승승장구할 때, 공황의 원인과 극복 방법에 대해 그와 정반대의 생각을 가진 사람이 있었다. 바로 런던대학 교수였던 프리드리히 폰 하이에크였다. 그는 1944년 자신의 주장을 담은 책,『노예의 길』을 펴냈다. 하이에크는 너무 많이 투자됐고, 너무 많이 써서 공황이 왔다고 진단했다. 그는 시간이 걸리더라도 시장의 조정능력을 신뢰해야 한다고 주장했다. 영국 상원의원이자 워릭대 명예교수인 로버트 스키델스키의 이야기를 들어보자.

로버트 스키델스키(Robert Skidelsky)
워릭대학교 정치경제학 명예교수, 영국 상원의원
저서 : 『존 메이너드 케인스』

"하이에크에 의해 또 다른 비판이 시작됩니다. 케인스주의 반대자

죠. 정부가 너무 많이 경제에 개입하면 정부는 점점 커진다는 거예

요. 경제를 비능률적으로 만들죠."

　정부의 과도한 개입은 시장의 자율성을 규제하게 되고 이는 비효

율적인 체제를 가져온다는 말이다. 하지만 케인스주의로 호황을 누

리고 있던 세계는 하이에크의 주장에 귀를 기울여주지 않았다. 영국

런던대 공공정책과 정치경제학 교수 마크 페닝턴은 하이에크의 당

시 상황을 이렇게 말했다.

마크 페닝턴(Mark Pennington)
영국 런던대학교 공공정책과 정치경제학 교수
저서 : 『시장경제와 계획경제』

"하이에크는 케인스에 비해 존경받지는 못했어요. 경제학자들은 그

가 경제학을 그만뒀다고 생각했어요. 약 20년 동안 많이 주목받지

못했어요."

하이에크는 훗날 TV에 출연해 "초창기에 대부분의 경제학자들로부터 아웃사이더 취급을 받았다"고 말하기도 했다.

한편 1970년대에 들어서자, 끝나지 않을 것만 같았던 호황에도 위기가 찾아왔다. 그런데 그때의 위기는 이제까지와는 전혀 다른 양상으로 번졌다. 바로 경기 불황과 인플레이션이 동시에 오는 '스테그플레이션'이 시작된 것이다. 이 현상은 케인스의 이론으로는 도저히 설명이 불가능했다.

2차 세계대전까지만 해도 불황기에는 물가가 하락하고 호황기에는 물가가 상승한다는 것이 일반적이었다. 그런데 이제까지의 법칙이 깨지면서 반대의 현상이 생긴 것이다. 가장 대표적인 사례가 바로 1969년의 미국 상황이었다. 불황이었음에도 불구하고 물가는 계속해서 상승하는 일이 발생했다. 물가안정보다는 경기부양을 우선시하는 정책, 소수의 대기업에 의한 독과점 등으로 인해 이런 현상이 발생할 수는 있지만, 중요한 것은 케인스의 설명하고는 거리가 먼 상황이 발생하기 시작했다는 점이다. 결국 다시 경제학의 대세는 케인스에서 하이에크로 기울어지고 있었다.

마크 페닝턴 교수의 이야기를 계속해서 들어보자.

"하이에크의 주요 이론은 인간이 이성적인 존재가 아니라는 것입니다. 인간의 행동은 불완전한 지식에 기초합니다. 가장 똑똑한 인간도 자기가 속한 사회의 한 부분일 뿐 상대적으로 무지합니다. 이 기본적인 통찰에서 하이에크의 주요 이론이 나옵니다. 그의 주요 이론은 '계획자의 부족한 지식 때문에 중앙경제 계획은 실패하기 쉽다'는 것입니다. 하이에크는 경쟁적인 과정에서 많은 의사결정자가 다양한 결정을 내리는 환경에서 의사결정을 선택하는 것이 좋다고 말합니다. 노력하고 배우고 진화하는 과정을 통해 어떤 결정이 옳고 어떤 결정이 실패하는지 알 수 있다는 것입니다. 하지만 개인이나 기업이 아니라 정부가 모든 의사결정을 하면 실수할 가능성이 높아집니다. 그 실수는 지대한 영향을 미치죠. 이게 하이에크의 주요 사상입니다. 하이에크의 사상은 소비에트연방 같은 대규모 중앙계획 시스템이 효과적으로 작동하지 않은 이유를 설명합니다. 많은 사람들이 원했던 경제 성장이나 일반적인 번영을 이뤄내지 못했습니다."

「화폐 및 경기변동에 관한 연구」로 하이에크는 말년인 1974년에 노벨경제학상을 받았고, 그의 사상은 정치이론 또는 정치철학으로 중요하게 받아들여졌다. 영국의 마가렛 대처는 보수당 당수가 됐을 때, 하이에크의 책으로 테이블을 내리치며 이렇게 말했다.

"우리가 믿어야 할 것은 바로 이것입니다."

마가렛 대처는 왜 그렇게 하이에크를 신뢰했던 것일까. 선거가 있던 1979년, 영국은 불만족스러운 겨울을 보내고 있었다. 경제가 치

1979년 영국은 마가렛 대처 보수당 대표를 선택했고, 그녀는 '시간이 걸려도 시장의 조정 능력을 신뢰해야 한다'는 하이에크의 이론을 받아들였다.

명적인 침체에 빠져 있었기 때문이다. 영국 국민들은 대처의 보수당 정부를 선택했고, 영국 최초의 여성 총리가 된 대처는 하이에크의 신자유주의에 기반을 둔 대처리즘을 표방했다. 대처리즘은 곳곳에서 국가와 정부의 활동 영역을 축소시켰다. 그간 국가에 의해서 운영되던 상당수의 국영기업을 민영화했고 복지를 위한 공공지출을 삭감했다. 또한 기업의 자유로운 활동을 보장하고 이에 방해가 될 수 있는 노동조합의 활동을 규제한 것이다. 이러한 대처리즘의 표방으로 아담 스미스의 자유시장 경제 체제가 다시 부활하기 시작했고, 이른바 '신자유주의 시대'의 막이 올랐다. 로버트 스키델스키 워릭대 명예교수의 이야기를 들어보자.

"케인스주의 학자들은 인플레이션에 대한 좋은 이론이 없었어요. 한편으로 인플레이션은 계속해서 높아졌죠. 화폐 발행과 관리의 중요

성을 무시했는지도 모르죠. 이를 경제에서는 '수요과잉excess demand'
이라고 해요. 이를 바로잡는 방법이 밀턴 프리드만에 의해서 제안됩니다. 1968년에 있었던 그의 유명한 강의에서 '통화를 과도하게 생산하면 인플레이션이 온다. 케인스가 요구한 수준보다 고용을 줄여야 한다'고 주장하죠. 케인스주의가 큰 정부를 만든다는 인식이 높았어요. 계속해서 정부가 커지는 거죠. 하이에크가 예견한 것 중 하나예요. 케인스 시절의 정부 성장은 꽤 규모가 컸어요. 케인스 이전 시대에 정부는 많아야 국가 수입의 20%를 사용했어요. 하지만 케인스 시절에는 30%, 40%, 50%까지 계속해서 올라갔고 스웨덴은 70%까지 올라간 적이 있었어요."

고통스러워도
시장의 힘을 믿어라

　　　　　　　　　　미국도 상황은 마찬가지였다. 1979년 2차 오일 쇼크가 발생하자 규제 철폐가 시작됐지만 침체는 계속됐다. 케인스가 가르쳐준 대로 했지만 별 효과가 없었던 것이다. 미국은 대처와 노선이 같은 레이건을 대통령으로 선출했고, 레이건은 하이에크와 같은 시장주의자인 시카고학파 밀턴 프리드만의 이론을 기반으로 레이거노믹스를 시행했다. 주요 내용은 건실한 금융, 규제

철폐, 적정한 세율, 제한적인 정부 지출 등이었다. 하지만 체제를 바꾸는 건 쉽지 않았고 금방 좋은 결과도 나오지 않았다. 고통은 3년이나 계속됐고, 국민들의 분노는 커져만 갔다. 결국 수백만 명의 미국인들이 큰 어려움을 겪어야 했다.

그러던 중 영국은 포클랜드 전쟁을 일으켜 승리했고 이것이 결정적인 반전의 계기가 되었다. 살아남은 대처 정부는 그때까지 성과를 내지 못한 정책을 계속할 수 있었고 드디어 경제가 다시 성장하기 시작했다. 영국 경제연구소 교육담당 이사 스티브 데이비드의 이야기다.

스티브 데이비드(Steve David)
영국 경제연구소 교육담당 이사
저서 : 『제국주의의 역사』

"하이에크는 세계가 움직이는 방식에 대한 중요한 통찰력을 보여줬습니다. 하이에크의 이론은 케인스 모델보다 다양하고 폭넓고 더 정확합니다."

한편 1980년대에 들어와 공산주의 세계에서는 소련이 리더십을 잃어가면서, 경제 위기의 해결책이 마르크스주의가 아닌 시장에 있을지도 모른다는 생각이 고개를 들었다. 좀처럼 나아지지 않는 경제

Hayek is comming. 하이에크의 말을 들어봐.

스테그플레이션 들어봤니? 스테이크가 아니라.

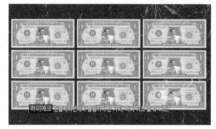
인플레이션에다 불황까지 온 거야. Money is all used.

낯선 괴물처럼 세상을 괴롭혔지!

세상을 구할 자, 하이에크.

정부 믿다 큰코다쳐. 무능 정부 부패 정부.

투자 너무 많아. 소비 너무 많아. and 빚도 너무 많아.

고통스러워도 그냥 놔둬야 돼. 보이지 않는 손이 조종해야 돼.

사정으로 공산주의 체제는 점차 무너져갔고, 결국 1991년 12월 25일, 소비에트 연방이 해체되고 말았다. 이렇게 공산주의가 무너진 것은 무엇보다 '성장'이 한계에 다다랐기 때문이다. 공업 분야에서 성장이 멈추자 소비재가 부족했고, 농업에서 성장이 멈추자 곡물이 부족했다. 먹을 것과 쓸 것이 부족한 사회가 되자 국민들의 불만은 지속적으로 높아졌고 낙후된 공산품 때문에 국가 경쟁력을 잃은 것은 물론이고, 국제수지도 계속해서 악화되기만 했다.

그동안 세계를 양분했던 공산주의와 자본주의의 대결에서 자본주의가 최종 승리를 거둔 것이다. 이에 대처의 영향력은 더욱 막강해졌다. 이때부터 복지보다 성장을, 정부의 역할보다 시장의 역할을 더욱 중요하게 여기는 신자유주의가 지구촌 경제를 휩쓸었다. 미국과 영국은 세계화를 주장하며 세계 여러 나라에 시장개방의 압력을 넣기 시작했다. '자유시장', '자유무역'이라는 논리가 더욱 득세하게 된 것이다.

글로벌 경제와
위기의 도미노

그 결과 세계는 글로벌 경제 체제에 돌입하게 됐다. 또 미국과 영국은 금융산업을 무기로 세계화에 성공했고, 급기야 새로운 자본주의 형태인 금융자본주의를 탄생시켰다. 하지만 이러한 금융자본주의가 또다시 전 세계적인 금융위기를 초래할 수 있다는 것을 예측한 사람은 거의 없었다.

첫 번째 파도는 멕시코를 엄습했다. 1990년대 초반까지만 해도 멕시코는 연 140%에 달했던 물가상승률을 10% 미만으로 떨어뜨렸고 그전까지 1~2%에 불과했던 경제성장률을 4% 안팎까지 끌어올리며 승승장구하고 있었다. 하지만 1994년 멕시코는 개방에 대한 압력으로 OECD에 가입하고 우루과이 라운드 타결로 WTO가 출범하면서 전면적인 시장개방을 할 수밖에 없었다. 문제는 이때부터 시작됐다. 경상수지가 급격하게 악화되고 페소화의 가치가 급락하면서 경제위기가 온 것이다. 대외 시장 개방의 여파는 일파만파로 번지기 시작했다. 수입이 증가하고 수출이 부진해지자 만성적인 적자에 시달리게 됐고, 외환보유고도 바닥을 보이기 시작했다. 결국 멕시코 경제는 한치 앞을 내다볼 수 없는 소용돌이에 휩싸였다. 준비가 덜 된 상태에서 자본과 금융의 전면적인 개방이 어떤 위기를 불러오는지 여실히 보여준 사건이었다.

이후 1997년에 발생한 아시아 국가들의 연쇄적인 금융위기 역시 비슷한 전철을 밟았다. 태국, 말레이시아, 한국, 인도네시아 등의 국가가 금융자본주의 이후 모두 고속성장하는 모습을 보였지만, 그것은 거품으로 만들어진 인플레이션에 불과했고 최종적으로는 급격한 디플레이션으로 가는 하나의 과정에 불과했다. 결국 2008년 철옹성이라 생각했던 미국까지 금융위기에 휩싸이고, 2010년 유럽으로도 금융위기의 불길이 번졌다. 사람들은 절망하기 시작했지만 이제 세계는 어느 누구도 통제할 수 없는 상태에 이르렀다.

물론 세계화가 전례 없는 풍요를 가져다준 것도 사실이다. 하지만 세계화가 시작되면서 부와 빈곤의 양극화가 가속화되고, 불평등이 더 커졌다는 것 또한 사실이다. 그러자 케인스주의자들은 이번 위기의 원인을 신자유주의가 '괴물금융'을 키웠기 때문이라고 비판하기 시작했다. 영국 케임브리지대학교 사회학과 제프리 잉햄 교수의 이야기다.

제프리 잉햄(Geoffrey Ingham)
영국 케임브리지대학교 사회학과 교수
저서 : 『돈의 본성』, 『자본주의 특강』

"케인스는 금융을 나쁘지는 않지만 위험하다고 생각했습니다. 케인스는 꾸준히 금융의 파괴력을 의심했습니다. 격렬한 변동과 투기가 난무하는 주식시장에 대해서도 그렇게 생각했습니다. 케인스는 투기에 대해 글을 쓰기도 했지요."

반면 하이에크의 추종자들은 이를 반박했다. 과도한 정부의 지출이 이번 금융위기의 주범이라는 주장이었다. 자유시장이 아니라 정부의 잘못된 정책과 시장을 조작하려는 정치적인 힘이 원인이 되었다는 이야기다. 영국 경제연구소 스티브 데이비드 교육담당 이사의 이야기다.

> "저는 자유시장이 아니라 정부의 잘못된 정책과 시장을 조작하려는 정치적인 힘이 원인이라고 반박합니다. 1930년대의 대공황이나 지금 우리가 겪고 있는 금융위기도 마찬가지입니다."

이러한 양측의 비판과 논박이 모두 다 정확하다고 볼 수는 없다. 어떤 면에서는 정확한 현실을 반영하고 있지만, 또 다른 한편으로는 현실에 대한 정확한 진단과 대책을 내놓지 못하고 있기 때문이다. 결국 케인스주의와 하이에크주의는 지금도 첨예하게 대립하고 있는 것이 사실이다.

문제는 신자유주의가 지금과 같은 소득의 양극화를 낳고 삶의 불안 요소를 양산한 것만큼은 사실이라는 점이다. 일자리, 주거, 교육, 보육과 의료, 노후 문제는 과거보다 훨씬 더 심각하게 문제가 되고 있다. 특히 양극화로 인해 가계부채가 증가되고 있는 상황은 매우 우려스럽다. 한국의 가처분소득 대비 가계부채 비율은 2013년 8월 현재 164%로 일본의 132%, 미국의 120%보다 훨씬 높다. 가계부채

하이에크의 신자유주의는 세계화와 금융자본주의를 낳았다. 사람, 자본, 상품, 정보의 이동에
규제가 없어지자 세계는 경제적 상호의존도가 높아졌다.

규모도 2012년 말 기준 1천99조 원에 달한다고 한다. 가계부채 때문에 부담이 생기니 소비가 위축되는 현상이 발생한다. 이는 전형적인 디플레이션이라고 할 수 있다. 만약 이를 방치했다가는 일본의 '잃어버린 20년'과 같은 성장 없는 장기침체를 경험할 수도 있다고 전문가들은 말한다. 이제 우리는 케인스와 하이에크를 넘어서는 또 다른 대안이 필요하다.

복지자본주의를
다시 생각한다

국가는 무엇을 해야 하는가

모두가 잘살게 될 거라는 아담 스미스의 예언도 틀렸고, 혁명이 일어나 자본주의가 무너질 것이라는 칼 마르크스의 예언도 틀렸다. 정부가 규제해야 한다는 케인스도, 시장을 믿어야 한다는 하이에크도 이제 더 이상 해결책을 주지 못하고 있다. 모두들 심혈을 기울여 자본주의를 변화시킬 대안을 내놓았지만 여전히 자본주의는 온갖 문제점을 가지고 있다.

인류의 역사 500만 년을 하루 24시간으로 환산했을 때 자본주의가 출현한 시간은 23시 59분 56초. 문제가 있다고 해서 다시 봉건제로 돌아갈 수는 없다. 이제 유일한 대안은 자본주의를 수정하고 변화시키면서 '모두가 함께 잘살 수 있는 자본주의'를 만들어가야 한다는 것이다.

자 본 주 의

Capitalism

資 本 主 義

01

국민소득이 오르면
내 소득도 오른다?

▎행복이란

250여 년의 자본주의를 살아온 우리는 더 행복해졌을까? 21세기 자본주의를 살아가는 우리에게 행복이란 무엇일까? 세계적인 석학들은 행복을 과연 무엇이라고 생각할까? 먼저 그들의 이야기를 들어보자.

"행복은 어느 사회에서나 같습니다. 자신이 스스로 결정을 내리는 기회입니다." (에릭 매스킨 2007년 노벨경제학상 수상자, 미국 프린스턴대학교 사회학과 교수)

"행복이란 사람들의 삶이 계속 더 좋아지는 겁니다." (로저 로웬스타인 미
국 저널리스트, 전 〈월스트리트 저널〉 기자)

"자본주의 사회에서 행복이란 즐기기에 충분한 돈을 벌 수 있는 행
운을 누리는 것입니다." (리처드 탈러 미국 시카고대학교 경제학과 교수, 『넛지』의 저자)

"행복은 좋은 삶을 사는 것입니다. 자신이 믿는 가치에 따라 살 수
있죠. 돈과는 상관없습니다." (데이비드 케이 존스턴 미국 저널리스트)

"자본주의가 위대한 이유는 개인에 맞게 행복을 추구할 수 있다는
점입니다." (스티븐 랜즈버그 미국 로체스터대학교 경제학과 교수)

▎자본주의를 바꿔라

2011년 9월 17일 세계 자본주의
의 심장인 뉴욕의 월가 한복판에 1천여 명의 시위대가 모여들었다.
그들은 '월가를 점령하라'는 구호 아래 금융자본의 탐욕을 지탄하고
양극화와 빈부격차의 해소를 촉구하는 점거 시위를 벌였다.
월스트리트에서 위험분석사로 일했던 카란 가슈샤는 자신이 시위
를 하는 이유를 이렇게 설명했다.

카란 가슈샤(Karanja Gacuca)
월스트리트 점거운동 활동가

"이건 제가 살고 싶은 사회가 아니에요. 제가 원하는 사회는 모두가
여유로운 사회죠. 힘들게 일하며 청구서, 고지서를 내려고 2, 3개의
일을 하지 않아도 되는 곳이죠. 제가 살고 싶은 곳은 살기 위해 일하
는 게 아니라, 일하기 위해 사는 사회예요."

이러한 대중들의 분노는 사실 애초에 자본주의의 탄생에서부터
잉태된 것이라고 볼 수 있다. 실업, 빈부격차, 불평등, 그리고 탐욕스
럽게 변해버린 금융자본……. 이 모두가 마르크스, 케인스, 하이에크
등이 예견하고 문제를 직시해 해결하기 위해 노력했던 문제들이다.

하지만 우리가 사는 금융자본주의는 결코 행복해 보이지 않는다.
행복하기는커녕 수많은 사람들을 파산시키며 분노로 몰아가고 있다.
그리고 그 위기는 결코 끝나지 않을 것처럼 보이는 것도 사실이다. 전
문가들은 자본주의의 현 단계에 대해서 다음과 같이 평가하고 있다.

데이비드 케이 존스턴(David Cay Johnston)
미국 저널리스트
저서 :『프리 런치』

"자본주의는 가난한 사람들을 양산하는 시스템을 만들었습니다. 근로자를 양산하는 시스템이 아니라요."

라구람 라잔(Raghuram G. Rajan)
미국 시카고대학교 경영대학원 교수,
2003년 피셔 블랙상(Fischer Black Prize) 선정
2011년 영국《이코노미스트》선정 '가장 영향력 있는 경제학자 1위'
저서 :『폴트 라인』,『시장경제의 미래』

"월스트리트 시위는 금융위기에 대한 자연스러운 반응입니다. 실업률이 9%에 달하는 심각한 위기가 일어났는데 그 누구도 벌을 받지 않았다는 것이 문제죠. 아무도 교수형을 당하지 않았습니다. 장기간 감옥에 들어간 사람이 한 명도 없어요."

니얼 퍼거슨(Niall Ferguson)
미국 하버드대학교 역사학과 교수
저서 :『현금의 지배』,『금융의 지배』

"중요한 점은 금융계의 도덕성 결여입니다. 예전과 비교할 때 확실히 그렇습니다. 어떤 산업이든 어느 정도의 윤리적 틀이 필요합니다. 금융은 특히 더 그렇죠."

그렇다면 이제 우리는 자본주의에서 희망을 발견하기는 힘든 것

일까. 소득은 계속해서 불평등해지고 약자들은 점점 더 소외될 운명일까. 그렇다면 우리는 자본주의를 버려야만 할까.

하지만 우리가 만나본 석학들 중 자본주의를 버려야 한다고 주장하는 사람은 단 한 명도 없었다. 그렇다고 실패한 공산주의를 다시 불러올 수도 없는 일이다. 방법은 하나, 고장 난 자본주의를 고쳐 쓸 수밖에 없는 것이다. 미국 로체스터대학교 경제학과 스티븐 랜즈버그 교수의 이야기다.

스티븐 랜즈버그(Steven Landsburg)
미국 로체스터대학교 경제학과 교수
저서 : 『발칙한 경제학』, 『경제학자 철학에 답하다』

"겨우 200년 전, 산업혁명 이후 안정적으로 생활하는 인구가 급격히 증가하는 현상이 나타났습니다. 상당수의 사람들을 가난에서 벗어나게 한 유일한 힘이 바로 자본주의입니다. 아마도 몇 가지는 수정이 되더라도 제발 유일하게 기능하는 자본주의를 내다버리지 않게 조심해야 합니다."

이제까지 많은 사상가들이 제시했던 자본주의의 해법이 모두 실패했다면, 이제 우리가 할 일은 다시 문제의 원인을 분석하고 보다 근본적인 해결책을 찾는 일이다. 그리고 이러한 과정을 통해서 정부

도 시장도 아닌 자본주의를 이끌 새로운 주인을 찾아야 한다. 세계적
인 석학들도 공통된 의견을 보이고 있다.

스티브 데이비드(Steve David)
영국 경제연구소 교육담당 이사
저서 : 『제국주의의 역사』

"우리의 궁금증은 문제의 원인에 대한 것입니다. 잘못된 자원 분배
와 가난, 극단적인 임금 격차, 선진국보다 개발이 미진한 나라들도
문제죠."

마크 페닝턴(Mark Pennington)
영국 런던대학교 공공정책과 정치경제학 교수
저서 : 『시장경제와 계획경제』

"어떤 종류의 자본주의를 원하는지 물어야 해요. 아무도 자본주의를
완전히 버려야 한다고 하지 않을 거예요. 왜냐하면 다른 시스템이
작동하지 않는다는 증거가 있으니까요. 높은 생활 수준을 걱정한다
면 말이죠. 문제는 심하게 규제받는 통제된 자본주의를 원하는지, 아
니면 자유 의지가 있는 가볍게 통제받는 자본주의를 원하는지에 달
려 있어요. 이 금융위기의 원인을 찾는 논쟁은 아주 중요해요."

그렇다면 우리는 자본주의가 지닌 문제의 가장 본질적인 면으로 접근해야 한다. 그것은 바로 '소득의 불균형'에 대한 문제이다. 케인스와 하이에크가 궁극적으로 해결하려고 했던 문제 역시 바로 소득의 불균형에 따른 불평등에 대한 것이고, 또 그것을 어떻게 바로잡을 것이냐 하는 것이었기 때문이다.

1%와 99%의 차이

이제 이 문제를 현재 시점에서 다시 재조명해 보자. 지금은 금융자본주의의 시대이고 케인스와 하이에크가 살았던 시대와는 다른 양상을 보여주고 있기 때문이다. 돼지보다 배 고픈 소크라테스를 택하던 시대를 지나 돈, 돈 하던 시절을 보내던 우리는 이제 아무리 돈, 돈 해도 버는 사람만 더 벌게 된다는 사실을 알았다.

네덜란드의 경제학자 얀 펜J. Pen은 『소득분배』라는 책에서 한 사회의 소득불평등을 가상의 가장행렬을 통해 설명하고 있다. 그는 '전 세계인이 소득의 순서대로 1시간을 행진한다면 어떤 현상이 벌어질까?'라는 재미있는 질문을 던졌다.

전제는 이렇다. '이 가장행렬은 영국에서 1시간 동안 벌어진다. 단, 1시간 동안 소득을 가진 모든 사람이 지나가야 한다. 행렬은 키 크기대로, 그리고 키의 크기는 곧 소득의 크기에 비례한다.' 그렇다면 이 제 어떤 일이 벌어질까?

처음 등장한 사람은 땅 속에 머리를 파묻고 발만 버둥버둥대고 있다. 바로 빚만 가득한 '빚쟁이 사업가'이다. 그는 아예 행진에 참여할 수조차 없을 정도다. 다음은 땅에 착 달라붙은 사람들이다. 시간제로 일하는 주부, 신문을 배달하는 소년 등이다. 이들의 키는 겨우 몇 cm 에 불과하다. 이어서 느릿느릿 뒤를 따르는 1m가량의 사람들이 있다. 이들은 노인, 실업자, 장사가 안 되는 노점상, 아무도 알아주지 않는 천재화가들이다. 그렇게 총 제한 시간 1시간 동안 30분이 지나도록 간신히 1m를 넘은 난쟁이 수준의 사람들이 계속해서 행렬을 한다. 48분이 지나가면서 키는 거침없이 커지기 시작한다. 2m가 넘는 대졸 회사원과 교장 선생님, 5m가 넘는 군 대령, 성공하지 못한 변호사가 등장한다. 급기야 마지막 몇십 초를 남겨두고 수십m의 거인이 나타난다. 110m의 키를 가진 석유회사 쉘Shell의 전무이사이다. 행렬이 끝나갈 무렵 나타나기 시작한 사람들은 구름이 얼굴을 가릴 지경이다. 자본주의의 소득불균형을 보여주는 아주 쉬운 이야기가 아닐 수 없다.

전문가들은 이러한 현상이 점차 가속화되어 왔으며, 또한 아주 심각한 지경에 이르렀다고 진단하고 있다. 전문가들의 이야기를 들어보자.

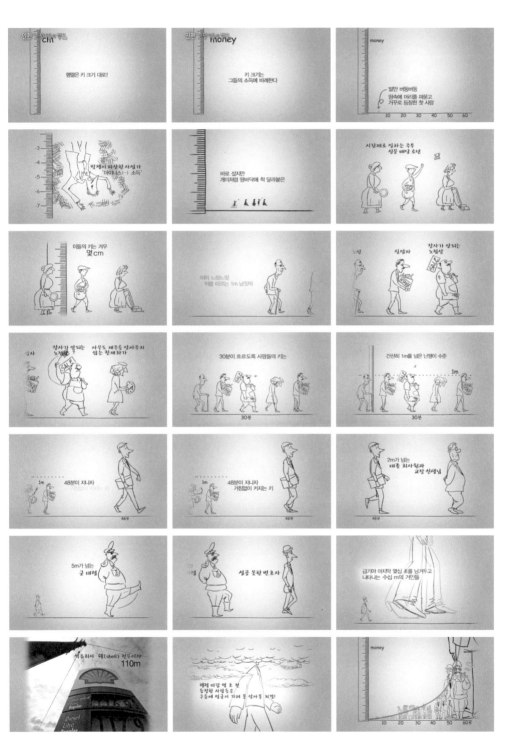

러셀 로버츠(Russell Roberts)
미국 조지메이슨대학교 경제이론학과 교수
저서 : 『보이지 않는 마음』, 『선택의 논리』

"미국의 큰 쟁점이기도 합니다. 통계를 보면 부자들이 일반대중보다 훨씬 부유해지고 있습니다. 게다가 부자와 일반인 사이에 큰 격차가 있습니다."

데이비드 케이 존스턴(David Cay Johnston)
미국 저널리스트
저서 : 『프리 런치』

"미국 하위 90%의 소득 증가는 30년 동안 1인치 높이였고, 최고 부유층의 소득 증가는 화살표와 함께 이렇게 쓰여 있죠. '이 페이지 밖으로 62.5피트 계속된다.' 1인치와 62.5피트예요. 1달러와 7천500달러의 비율이죠. 하위 90%가 1달러를 더 벌 때마다 최상위 사람들은 7천500달러를 더 번 것입니다."

리처드 실라(Richard Sylla)
미국 뉴욕대학교 금융사학과 교수
저서 : 『금리의 역사』

"미국은 1%와 99%라고 말합니다. 소득분배를 살펴보면 지난 20년간의 소득 대부분은 최상위층에게 돌아갔습니다. 밑바닥의 99%는 제자리걸음을 걷고 있습니다. 세계적인 현상입니다. 경제가 성장하면서 발생한 소득 대부분을 최상위 계층이 독점하고 있습니다. 충격적인 추세입니다."

소득이 높아도
행복하지 않다

　　　　　　　그렇다면 우리나라의 경우는 어떨까? 조세연구원이 발표한 자료에 따르면, 2012년 4월 기준으로 우리나라 소득 상위 1%가 한 해 버는 돈이 38조 4천790억 원. 상위 1%가 국민소득 16.6%를 가져가는 상황이다. 더 놀라운 것은 OECD 국가 중 미국의 17.7%에 이어 2위라는 점이다. 우리나라가 얼마나 심각한 소득불균형 상태에 있는지 잘 알 수 있다.

　놀라운 데이터는 또 있다. 한성대학교 이내찬 교수의 「OECD 국가의 삶의 질의 구조에 관한 연구」에 따르면, 우리나라 국민의 행복지수는 10점 만점에 4.2점에 불과하다. 전체 34개국 중 32위를 차지했다. 1위는 덴마크로, 8.09점. 우리나라보다 낮은 나라는 2점대의 터키와 멕시코뿐이다.

　우리나라의 국민소득은 지난 50년 동안 엄청나게 올랐다. 1960년

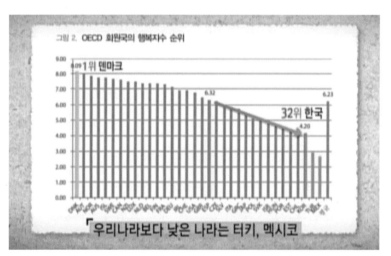

<표 III-4> 주요국 상위 1% 소득 수준 및 최솟값

	한국	미국	영국	캐나다	호주	일본
상위 1% 소득 비중[1]	16.6%	17.7%	13.4%	13.3%	8.8%	9.2%
상위 1% 소득 최솟값[2]	1억원	USD 335,861	-	-	AUD 199,383	1,379만엔[2]
상위 1% 소득세 비중[3]	43.9%	40%	24%	-	-	-

주 1) 주요국 상위 1% 소득 지표는 OECD(2011)에서 재인용하거나 The World Top Incomes Database에서 추출, 미국·호주 2008년, 영국·캐나다 2007년, 일본 2005년 기준
2) 일본의 상위 1% 소득 최소값은 Moriguchi and Saez(2007)에서 인용
3) 상위 1% 소득세 비중은 OECD(2011)에서 재인용

세계 주요국 상위 1% 소득 수준

그림 2. OECD 회원국의 행복지수 순위

8.09 1위 덴마크

6.32

32위 한국   6.23

4.20

「우리나라보다 낮은 나라는 터키, 멕시코」

OECD 회원국의 행복지수 순위

대 100여 달러에서 시작해 현재 2만 달러. 세계 11위의 경제 대국이
되었다. 누가 봐도 놀라운 성장이지만 문제는 우리가 느끼는 행복도

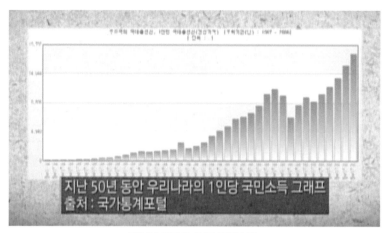

50년간 한국의 1인당 국민소득

가 경제 성장과 비례해 증가하지 않았다는 것이다. 이는 미국의 경제학자인 리처드 이스털린이 주장한 '소득이 증가해도 행복은 정체된다'는 '이스털린의 역설'이 고스란히 적용된 결과이다.

현재 우리나라의 상황을 말해주는 또 다른 지표들을 보면 그 심각성이 어느 정도인지 알 수 있다.

- 빈곤율 28위 : OECD 34개국 중 사회복지 지출 비중 33위
- 연평균 근로시간 1위 : 2193시간 (2011년 국가경쟁력 보고서)
- 인구 10만 명당 자살 사망률 세계 1위 : 인구 10만 명당 자살 사망률 28.4명 (OECD 국가 평균 11.2명)

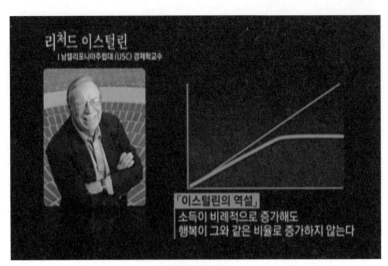

이스털린의 역설

- 청소년 사망원인 1위 자살 (2009년 통계청)

- 중고교생 5명 중 1명 자살 고려 : 20명 중 1명 실제 자살 시도 (2010년 질병관리본부)

- 어린이와 청소년의 주관적 행복지수 65점 (3년 연속 최하위, OECD 23개국 중 23위)

- 고3 학생들, 행복하기 위해 가장 필요한 것 1위는 '돈'(2011년 한국 어린이·청소년 행복지수 국제비교)

지표들을 가만히 살펴보면 우선 우리나라는 세계에서 가장 오래 일하지만 또한 가장 불행하기도 하다. 거기다가 국가에서는 사회복지에 대한 지출을 최소화함으로써 국민들의 삶을 나락으로 몰아가고 있다. 이러한 현상은 청소년들에게도 고스란히 반영되어 있다. OECD 국가 중에서 가장 불행하다고 생각하고 있으며 그에 따라 성인과 똑같이 자살률도 높다. 그리고 '돈이 제일 중요하다'는 황금만능주의에 젖어들고 있다. 상상력과 도전정신으로 미래의 꿈을 키워가야 할 청소년들이 '돈이 행복의 전부'라는 생각을 가지고 있는 것이다.

일자리를 잃고
소외되는 사람들

문제는 이러한 소득의 불균형은 더욱 심해질 것이라는 점이다. 자본주의 시스템 안에서 낙오자들은 더욱 많이 생겨날 수 있다. 우리 앞에 닥친 가장 큰 난관 중 대표적인 것이 한미 자유무역협정, 즉 FTA다. 이는 국민들의 경제생활을 더욱 악화시킬 가능성이 있다. 전문가들은 FTA로 인한 경제의 변화에 대해서 어떻게 예측하고 있을까?

러셀 로버츠(Russell Roberts)
미국 조지메이슨대학교 경제이론학과 교수
저서 : 『보이지 않는 마음』, 『선택의 논리』

"한미 FTA는 두 나라 간의 교환을 장려하기 때문에 좋은 일입니다. 두 나라 모두가 더 부유하게 될 것입니다. 왜냐하면 무역은 일자리의 수를 바꾸지 않습니다. 일자리의 종류를 변경시킵니다. 미국과의 무역 때문에 쇠퇴하는 경제 부문이 생길 것입니다. 새로운 경쟁이 있기 때문입니다. 제 예상으로는 한국의 농업은 미국의 농산물과 경쟁하므로 농부들은 힘들어질 것입니다. 그리고 5년 후에는 지금보다 더 많이 힘들어질 것입니다."

스티븐 랜즈버그(Steven Landsburg)
미국 로체스터대학교 경제학과 교수
저서 : 『발칙한 경제학』, 『경제학자 철학에 답하다』

"어떤 산업은 쇠퇴할 것입니다. 다른 산업으로 이동하는 동안 단기적인 고통이 있습니다. 산업이 사라졌다고 해서 해고자들이 평생 일을 못 한다는 뜻은 아니에요. 재훈련을 통해 일할 수 있는 길을 찾아야지요. 쉬운 과정은 아닙니다."

손봉호

서울대학교 사회교육과 명예교수, 고신대학교 석좌교수
현 나눔국민운동본부 대표
저서 : 『현상학과 분석철학』, 『생각을 담아 세상을 보라』

"약자들이 당하는 그 피해에 대해서 상당히 민감하게 대처를 해야
된다고 생각합니다. 그대로 방치해 놓으면 적어도 미국과의 FTA는
빈익빈 부익부 현상을 더 심화시킬 위험이 있으니까 말이죠."

전문가들의 의견에서 공통적인 부분은 분명히 더 많은 낙오자가
생긴다는 것이다. 이쯤 되면 절망감까지 느껴질지도 모르겠다. 그렇
지 않아도 심각한 소득 불균형의 문제에 엎친 데 덮친 격으로 이를
더욱 악화시킬 FTA 문제까지 다가올 것이기 때문이다. 그렇다면 이
제 우리는 어떻게 해야 할까. 고장 난 자본주의를 회복시킬 근본적인
해법은 어디에 있는 것일까.

02

'복지=분배'는
오해다

▌복지는 공동구매다

　　　　　　　　　많은 석학들이 자본주의를 버리지
않고 고쳐 쓰자고 주장하는 데에는 이유가 있다. 그것은 바로 자본주
의가 아주 강력한 장점을 가지고 있기 때문이다. 이 장점 때문에 자
본주의는 이제까지 살아남았다고 해도 과언이 아니다. 장점만을 따
로 떼어서 보는 것이 단순히 자본주의에 대한 양비론적 시각을 가져
보자는 이야기는 아니다. '자본주의에도 좋은 점이 있고, 나쁜 점도
있으니 그럭저럭 고쳐 쓰자'는 뜻이 아니다. 자본주의의 장점을 알아
야만 단점을 보완하고 장점을 발전시킬 수 있는 가장 확실한 방법을
생각해 볼 수 있기 때문이다.

우선 자본주의는 부와 수입의 증대를 창출할 수 있는 가장 효과적인 시스템이다. 영국 상원의원이자 워릭대 명예교수인 로버트 스키델스키의 이야기를 들어보자.

로버트 스키델스키(Robert Skidelsky)
워릭대학교 정치경제학 명예교수, 영국 상원의원
저서 :『존 메이너드 케인스』

"자본주의는 부를 생산합니다. 계속해서 부를 생산하죠. 그리고 그
부를 통해서 가난을 구제합니다. 그런데 문제는 그것이 '누구를 위
한 부'냐 하는 것입니다."

자본주의는 인류가 부를 생산해 내는 데 있어서는 최적의 시스템이라고 볼 수 있다. 아담 스미스가 완전히 자유로운 시장 체제를 주장한 것도 바로 이런 이유에서였다. 아담 스미스는 자유시장이 가지고 있는 놀라운 부의 생산능력을 제대로 보았던 것이다. 그렇다면 자본주의가 가진 이러한 장점은 고스란히 살리면서 자본주의가 만들어낸 소득의 불균형을 보완할 수 있는 방법은 어떤 것이 있을까. 먼저 소득의 불균형으로 고통받는 사람들을 위한 사회적인 안전망을 생각해 볼 수 있다. 이는 앞에서 지적됐던 FTA로 인한 낙오자들을 보호하고 안전하게 생활하도록 해줄 수 있다. 전문가들의 이야기를

들어보자.

"경제에 문제가 생기면 많은 사람이 일자리를 잃습니다. 복지란 비참한 사람들이 발생하게 된 것에 대한 부담을 나누기로 하는 것이죠. 일종의 보험과 같습니다. 자본주의를 보험 없이 할 수 없어요. 보험 없이 배를 바다로 내보낼 사람은 없을 겁니다." **(데이비드 케이 존스턴 미국 저널리스트)**

"실수의 가능성을 염두에 둬야 합니다. 우리는 불운을 인정해야 해요. 모든 문명사회는 최소한의 안전망이 필요합니다." **(라구람 라잔 미국 시카코대학교 경영대학원 교수)**

"복지란 우리가 서로에게 해주는 보험입니다." **(리처드 탈러 미국 시카고대학교 경제학과 교수)**

"복지란 사회가 가장 연약한 사람들을 보호하기 위한 사회 안전망입니다." **(에릭 매스킨 미국 프린스턴대학교 사회과학과 교수)**

그래서 우리는 고장 난 자본주의를 바꾸기 위해 바로 국민을 위한 복지를 생각해야만 한다. 정부도 시장도 아닌 국민이 주인이 되는 사회를 만들어야 한다. 국민이 주인이 되어 시장을 움직이고 자본주의를 움직여야 한다. 현대 자본주의가 낳은 양극화, 불평등, 빈부격차를 해결하기 위해서는 '복지자본주의'가 필요하다는 이야기다. 대부분의 사람들이 행복하지 않은 자본주의에서 대부분의 사람이 행복한 자본주의로 새롭게 바꿔보자는 것이다. 복지는 자본주의 하에서 불안한 미래에 대한 일종의 보험이라고 할 수 있다. 우리가 세금을 내서 그 돈으로 보험을 싼값에 공동구매하는 것과 같다.

일자리를 만들어내는 생산적인 복지

그런데 어떤 사람들은 지나친 복지를 하게 되면 경제 성장에 발목이 잡힐 것이라고 이야기하기도 한다. 하지만 정말 그럴까? 이 문제를 풀기 위해 우선 질문을 하나 해보자. 다음의 두 가지 중에서 '소비를 늘리는 데 도움이 되는 것'은 어떤 것일까?

1. 고소득층의 소비
2. 저소득층의 소비

답은 2번이다. 그 이유는 가난한 사람이 부자보다 훨씬 더 많을 뿐만 아니라 아무리 부자라도 하루에 열 끼를 먹지는 않기 때문이다. 이 근거는 맬더스의 『정치경제학 원리Principles of Political Economy』에서 주장하는 '과소소비설'에서 찾을 수 있다.

경제발전을 위해서는 공급이 늘어나는 데에 따라 수요가 늘어나야 된다. 그런데 만약 경제성장의 결과가 사회의 구성원들에게 골고루 분배되지 않으면, 생산의 증가를 따라갈 수 있는 소비의 증가가 수반되지 않는다. 그렇게 되면 과잉생산이 발생하여 공황이 일어나게 된다. 한마디로 공황은 '분배의 불균형'에서 발생한다는 것이다. 역으로 말하면, 경제성장은 제대로 된 분배에 의해서만 달성될 수 있다는 뜻이기도 하다.

맬더스는 이렇게 말했다.

'가난한 자의 주머니를 채워라. 그러면 소비가 촉진된다.'

가난한 사람이 많다는 것은 그만큼 사회적인 비용이 많이 들게 되므로, 방치하는 만큼 더 큰 부메랑이 되어 모두를 힘들게 할 것이라는 뜻이다. 그러므로 복지를 하는 것이 더 경제적이라고 할 수 있다. 하지만 복지 얘기가 나오면 우리는 으레 도덕성부터 부추기고, 동정심을 가지라는 결론으로 끝을 맺곤 한다. 가난한 사람들을 어떻게 그냥 두냐고, 같이 살아야 하지 않겠느냐고, 그것이 바로 정의로운 사회가 아니냐고. 하지만 사실상 복지 문제는 그저 동정심에 기대 해결

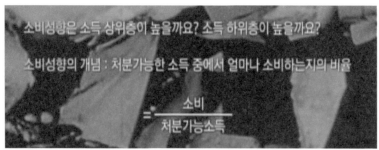

소비성향은 소득 상위층이 높을까요? 소득 하위층이 높을까요?

소비성향의 개념 : 처분가능한 소득 중에서 얼마나 소비하는지의 비율

$$= \frac{소비}{처분가능소득}$$

소비성향은 어느 쪽이 높을까?

전국 가구 소득 소비성향					(단위 : 천 원, %)	
구분	하위20%	하위40%	중위	상위40%	상위20%	전체평균
처분가능소득(A)	634.1	1,658.8	2,466.7	3,352.9	6,033.5	2,829.3
소비지출(B)	1,138.8	1,593.9	2,022.2	2,465.2	3,469.4	2,137.9
소비성향(B/A×100)	179.6	96.1	82.0	73.5	57.5	75.6
흑자액	−504.7	64.9	444.5	887.7	2,564.1	691.3

전국 2인 이상 가구 기준

출처 : 통계청 〈전국가구 소득별 소비성향〉 (2009년 1분기)

우리나라 전국 가구의 소비성향을 보면 하위 20%가 가장 높다.
그리고 소득이 내려갈수록 소비성향은 높다.

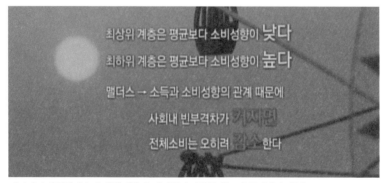

최상위 계층은 평균보다 소비성향이 **낮다**

최하위 계층은 평균보다 소비성향이 **높다**

맬더스 → 소득과 소비성향의 관계 때문에

사회내 빈부격차가 커지면

전체소비는 오히려 감소 한다

따라서 소비성향이 높은 하위 계층을 버려두면 자본주의는 잘 굴러갈 수 없다.

할 문제가 아니다. 오히려 복지를 해야만 자본주의가 붕괴되지 않기 때문이다.

미국 저널리스트인 데이비드 케이 존스턴의 이야기다.

데이비드 케이 존스턴(David Cay Johnston)
미국 저널리스트
저서 : 『프리 런치』

"빈곤은 자유재지만 매우 비쌉니다. 가난한 사람들이 있으면 돈이 많이 들어요. 세금을 내지 않고 세금을 받기만 하죠. 복지의 목적은 사람들이 힘든 시기를 지나서 생산적이 되도록 돕는 것이어야 합니다. 그러기 위해 일자리가 있어야 하죠."

우리가 해야 할 복지는 '퍼주기식 복지'가 아니다. 일자리를 만들어내는 생산적인 복지이며 약자들이 스스로 자립할 수 있도록 도움을 주는 건강한 복지다. 이런 방법을 통해 소비가 촉진되고, 자본주의는 활력을 되찾을 수 있다. 복지와 성장을 서로 상충하는 개념으로 생각하는 것은 오해다. 자본주의가 만들어내는 부, 그리고 엄청난 성장력이라는 장점을 고스란히 유지시키기 위해서라도 우리는 복지라는 대안을 생각할 수밖에 없다.

03

복지는
창의성의 원천이다

배가 고프면
창의성도 없다

우리가 복지자본주의로 가야 하는 이유는 또 있다. 그것은 바로 21세기의 화두라고 할 수 있는 '창의성' 때문이다. 한국보건사회연구원의 자료를 보면 OECD 국가들 중 우리나라의 복지지수는 30개 국가 중 26위로 거의 꼴찌의 성적이다. 1위 노르웨이, 2위 룩셈부르크, 3위 네덜란드, 4위 덴마크, 5위 스웨덴 순으로 주로 전통적인 유럽의 복지강국들이 높은 순위를 차지하고 있다.

그리고 과학기술정책연구원의 자료를 보면 OECD 15개 국가들

중 우리나라의 창의성지수는 11위로 역시 중하위권이다. 1위는 스웨덴, 2위는 스위스, 3위는 핀란드, 4위는 네덜란드, 5위는 노르웨이가 차지했다.

그런데 묘하게도 창의성에서 상위권을 차지하는 나라와 복지지수 상위권의 나라가 중복된다. 이는 곧 창의성지수가 복지지수와 깊은 관련이 있다는 의미다. 한마디로 복지국가의 국민이 창의성지수가 높다고 할 수 있다.

창의력은 미래 사회를 발전시킬 가장 큰 성장 동력이라 일컬어진다. 창의력은 기술혁신을 가능하게 하고 보다 나은 콘텐츠를 만들어 낼 수 있고, 이를 통해 일자리를 만들고 수출 경쟁력을 높일 수 있다.

또한 이러한 창의성은 지금 자본주의가 처해 있는 위기를 극복할 수 있는 묘안을 만들어낼 수 있으며, 보다 나은 사회를 위한 다양한 아이디어를 제공할 수 있다. 경북대학교 경제통상학부 이정우 교수의 설명을 들어보자.

이정우
경북대학교 경제통상학부 교수
「소득불균형과 분배이론」으로 하버드대학교 경제학 박사
저서 :『불평등의 경제학』,『대한민국 복지』

"복지국가라는 것은 사회 안전망이 잘 돼 있는 나라인데 실패한 사

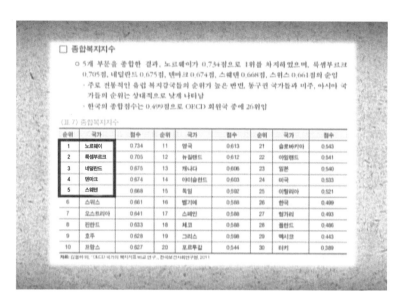

「OECD 국가의 복지지표 비교 연구」 2011년

「창의성 지수 측정을 통한 창의역량 국제비교」 2010년

국가는 무엇을 해야 하는가

창의력 지수 = 재능지수 + 기술지수 + 관용지수					
	1위	2위	3위	4위	5위
복지지수	노르웨이	룩셈부르크	네덜란드	덴마크	스웨덴
창의지수	스웨덴	스위스	핀란드	네덜란드	노르웨이

(출처: OECD)

복지지수와 창의지수의 상관관계

람들이 다시 일어설 수가 있죠. 재기할 수 있다는 보장이 있기 때문에 사람들이 모험할 수 있게 됩니다. 모험과 창의력, 발명과 혁신, 이런 것을 촉진하는 효과를 복지국가가 갖는 것이죠."

과연 배가 고픈 상황에서 창의성이 나올 수 있을까? 실패하면 끝인 사회에서 창의가 나올 수 있을까? 창의는 끝없는 실패와 모험에서 시작된다. 마하트마 간디는 이렇게 말했다.

"실패할 자유가 없는 자유란 가치가 없다."

임금에 따른
자녀의 직업 선택 연구

그렇다면 복지와 창의성에 대한 보다 구체적인 연구 사례를 한번 살펴보자. 한 연구에 의하면 부유한 계층일수록 그 자녀들은 모험적인 일을 선택한다고 한다. 2005년 레이번 삭스(하버드대 경제학과 교수)와 스티븐 쇼어(펜실베이니아대 와튼스쿨 교수)는 '돈이 많은 사람일수록 그 자신과 자녀들은 리스크가 더 큰 직종을 선택하는 경향이 있다'는 연구 결과를 도출했다.

그들은 1968년부터 1993년까지 직종별 임금통계를 통해 어떤 계층이 리스크가 큰 직업을 선택하는지 연구했다. 그 결과 가정 내 안정적인 부의 크기가 직업 선택에 영향을 미치며, 부유한 계층의 자녀일수록 모험적인 일을 선택한다는 결론을 내렸다. 또한 그 자녀들도 마찬가지로 리스크가 더 큰 직종을 선택할 가능성이 약 20% 정도 높다는 사실을 발견했다. 즉 생활이 안정될수록 모험을 하더라도 더욱 창의적인 일에 도전한다는 이야기다. 이는 복지자본주의가 국가의 미래와 어떻게 연관되어 있는지 잘 보여주고 있다. 복지가 탄탄해서 미래에 대한 불안이 없는 사회에서는 창의적인 도전을 하는 젊은 이들이 더욱 많아질 것이다. 복지국가는 단순히 '약자를 돕자'는 차원을 넘어서 창의성을 키우는 기본 조건이며, 국가의 미래 성장을 위해서 꼭 필요한 조건이 된다.

04
시장도 정부도 아닌
국민이 주인이다

▍따뜻한 자본주의

우리는 그동안 자본주의의 여러 모습들을 보아왔다. 아담 스미스로 시작된 자본주의가 마르크스의 정면 도전에 맞서 어떻게 발전되어 왔고, 어떻게 살아남았는지, 그리고 그 안에서 살아온 우리들이 어떻게 변해 왔는지 말이다. 돈이 돌아가는 원리와 은행권의 탐욕을 보고, 오히려 무기력함을 느꼈을 수도 있다. 끊임없이 쏟아져나오는 생산품, 어서 사라고, 많이 사라고 부추기는 마케터의 유혹에 너무 자주 흔들린 나를 발견하며 기분이 나빴을 수도 있다. 금융상품에 대해 아무것도 모르면서 돈 벌겠다고 이리 뛰고 저리 뛴 자신이 한심하게 느껴졌을 수도 있다.

하지만 이제껏 어떻게 살아왔든 문제는 지금부터다. 우리는 우리의 아이들에게 헐떡이며 죽음을 기다리는 물고기 같은 삶을 그대로 물려줄 것인가. 아니면 '네가 살려면 남의 의자를 빼앗아야 한다'고 가르칠 것인가.

사회가 얼마나 문명화됐는지 측정하는 척도 중 하나는 바로 '약자가 어떻게 배려받는가?'이다. 함께 사는 세상, 그것이 바로 모두가 꿈꾸는 행복한 자본주의 세상이다. 그래서 이제는 가장 선진화된 자본주의, 복지자본주의를 향해 나아가야 할 때다. 전 〈월스트리트 저널〉 기자인 로저 로웬스타인의 이야기다.

로저 로웬스타인(Roger Lowenstein)
미국 칼럼니스트, 전 〈월스트리트 저널〉 기자
저서 : 『복지전쟁』

"자본주의는 부의 생산 엔진입니다. 가난을 구제하죠. 하지만 누구를 위한 부인가요? 무엇을 위한 부인가요? 이는 도덕적인 질문입니다. 부의 축적 윤리 외에 다른 윤리를 가져야 합니다. 미래를 위해서 이제 다시 윤리를 생각할 때입니다."

어쩌면 '윤리'라는 말을 너무 고리타분하게 생각할지도 모르겠다. 하지만 윤리는 현실의 사회가 가지고 있는 여러 가지 문제점들을 보완하고 수정하고 대안을 제시하는 큰 기능을 할 수 있다. 금융자본의 탐욕이 현재의 위기를 만들었다면 그 해법은 윤리에서 찾을 수 있다. 인간이 가질 수 있는 가장 높은 상태의 도덕적, 윤리적 각성이 바로 인간이 만들어낸 최악의 단점들을 보완할 수 있다는 이야기다.

지속가능한 행복

시대는 정책을 낳고 정책은 개인들의 삶을 지배한다. 인도 야무나 공원의 마하트마 간디 추모공원에는 간디가 말한 '7가지 악덕'이 있다. 간디는 국가를 망하게 하는 첫 번째 악덕으로 '철학 없는 정치'를 꼽았다.

그렇다면 복지자본주의가 갖춰야 할 모습을 전문가들은 어떻게 생각하고 있는지 들어보자. 그들은 복지의 필요성과 복지의 발전방향에 대해서 이렇게 이야기했다.

로버트 스키델스키(Robert Skidelsky)
워릭대학교 정치경제학 명예교수, 영국 상원의원
저서 : 『존 메이너드 케인스』

"복지로서의 분배가 중요하냐고요? 물론 복지 시스템이 필요하지요. 중국을 살펴봅시다. 다들 그러죠. 중국 사람들이 저축을 많이 하는 이유는 복지 시스템이 없어서라고요. 복지와 사회보험 제도는 여러 위험 요소가 있는 사적인 저축보다 더 효율적이에요. 중국인들은 세계 경제가 균형을 잡을 수 있을 만큼 충분히 소비하지 않아요. 왜냐하면 중국에는 사회 안전망이 없거든요. 바로 이게 정부가 할 일들이에요. 복지 시스템이 탄탄하지 않으면 모두 각자 자신의 비용을 지불하고 스스로 저축해야 한다고 생각해요. 하지만 개인의 복지를 각자의 저축에 의지하면 공동출자하는 것보다 비용이 더 들어요."

이정우
경북대학교 경제통상학부 교수
「소득불균형과 분배이론」으로 하버드대학교 경제학 박사
저서 : 『불평등의 경제학』, 『대한민국 복지』

"유명 배우들이 나와서 보험을 선전합니다. 예를 들면 월 29만 원이라는 보험금을 개인이 불안해서 내는 것입니다. 내가 혹시 큰 병에 걸릴지도 몰라서 큰돈을 내고 있습니다. 공적인 방식을 취하지 않고 불안하니까 사적인 방식으로 각자 살길을 찾는데, 이게 살길이 아니라는 거죠. 이것은 공적으로 가는 것이 맞고, 바로 그것이 복지국가입니다."

라구람 라잔(Raghuram G. Rajan)
미국 시카고대학교 경영대학원 교수,
2003년 피셔 블랙상(Fischer Black Prize) 선정
2011년 영국《이코노미스트》선정 '가장 영향력 있는 경제학자 1위'
저서 :『폴트 라인』,『시장경제의 미래』

"저는 교육과 기술 양성에 주력하는 것이 중요하다고 봅니다. 그것
이 결국 더 생산적인 국민을 만드니까요. 최선의 노력을 다했지만
일자리를 지키지 못한 사람들도 있죠. 그 사람들이 다시 일할 수 있
도록 직업훈련과 같은 도움을 주어야 합니다. 그렇게 하는 것이 사
회에 도움이 됩니다. 성과금과 지원의 적절한 결합이 필요합니다."

데이비드 케이 존스턴(David Cay Johnston)
미국 저널리스트
저서 :『프리 런치』

"덴마크의 경우입니다. 어떤 사람이 일자리를 잃었습니다. 본인 잘
못이 아니고 산업이 변화해서요. 그러면 정부가 교육훈련 프로그램
에 보냅니다. 6주가 걸릴 수도 있고, 박사 학위가 필요할 수도 있어
요. 정부에서 이 과정을 마칠 때까지 수입의 90%를 제공해 줍니다.
그 후 일자리를 찾아주죠. 구직자는 일자리를 거부할 수 있습니다.
그럼 두 번째 일자리를 찾아줘요. 그것을 거부하면 보조금의 90%를

잃어요. 다음에 어떻게 되냐고요? 사람들이 스스로 일자리를 찾죠."

인류 역사상 등장했던 그 어떤 체제도 자본주의를 이기지 못했다. 그리고 자본주의는 지금껏 막대한 인류의 부를 만들어냈던 근본적인 동력이자 시스템이 되어 왔다. 문제는 '누구를 위한' 자본주의가 돼야 하느냐는 점이다. 지금까지 자본주의는 자본가, 은행, 정부를 위한 자본주의였다. 자본주의의 혜택은 이제 99%의 평범한 사람들에게 돌아갈 때가 되었다. 자본주의가 가지고 있는 그 강력한 성장엔진을 우리 모두를 위해 나누어 써야 할 때가 된 것이다. 낙오자가 될 수 있다는 사람들의 불안감을 해소하고 소득의 불균형을 해결함으로써, 많은 사람들이 더 행복한 자본주의를 만들어낼 수 있다. 이 모습이 바로 가장 영속가능한 자본주의는 아닐까, 하는 제언을 감히 해본다.

인도 야무나 공원의 마하트마 간디의 추모공원에는
간디가 말한 「7가지 惡德(악덕)」이 있다

철학 없는 정치
도덕 없는 경제
노동 없는 부(富)
인격 없는 교육
인간성 없는 과학
윤리 없는 쾌락
헌신 없는 종교

국가를 망하게 하는 첫 번째는
"철학 없는 정치" 이다

EBS 다큐프라임 〈자본주의〉 자문위원

- 곽금주 (서울대학교 심리학과 교수)
- 이정우 (경북대학교 경제통상학부 교수)
- 이준구 (서울대학교 경제학과 교수)
- 장진석 (법무법인 정명 대표, 변호사)
- 한순구 (연세대학교 경제학과 교수)

EBS 다큐프라임 〈자본주의〉 도움말 주신 분들

- 개빈 케네디 (영국 에든버러대학교 경영학과 교수)
- 곽금주 (서울대학교 심리학과 교수)
- 김갑래 (자본시장연구원 연구위원)
- 김병후 (신경정신과 전문의)
- 니얼 퍼거슨 (미국 하버드대학교 역사학과 교수)
- 댄 애리얼리 (미국 듀크대학교 경제학과 교수)
- 데이비드 케이 존스턴 (미국 저널리스트)
- 라구람 라잔 (미국 시카코대학교 경영대학원 교수)
- 러셀 로버츠 (미국 조지메이슨대학교 경제이론학과 교수)
- 로버트 스키델스키 (영국 상원의원, 워릭대학교 명예교수)
- 로저 로웬스타인 (칼럼니스트, 전 〈월스트리트 저널〉 기자)
- 리처드 실라 (미국 뉴욕대학교 금융사학과 교수)
- 리처드 탈러 (미국 시카고대학교 경제학과 교수)
- 마크 페닝턴 (영국 런던대학교 공공정책과 정치경제학 교수)
- 마틴 린드스트롬 (브랜드 컨설턴트)
- 벤 파인 (영국 런던대학교 경제학과 교수)
- 손봉호 (서울대학교 명예교수, 현재 나눔국민운동본부 대표)
- 송승용 (희망재무설계 이사)
- 스티브 데이비드 (영국 경제연구소 교육담당 이사)
- 스티븐 랜즈버그 (미국 로체스터대학교 경제학과 교수)
- 에릭 매스킨 (미국 프린스턴대학교 사회과학과 교수)
- 에이먼 버틀러 (영국 아담 스미스 연구소 소장)
- 엘렌 브라운 (미국 공공은행연구소 대표, 변호사)
- 올리비아 멜란 (임상심리학자, 머니 코치)
- 이정우 (경북대학교 경제통상학부 교수)
- 전영준 (법무법인 한누리 변호사)
- 제니퍼 러너 (미국 하버드대학교 공공정책학과 교수, 심리학자)
- 제프리 마이론 (미국 하버드대학교 경제학과 교수)
- 제프리 잉햄 (영국 케임브리지대학교 사회학과 교수)
- 조나단 울프 (영국 런던대학교 철학과 교수)
- 조지 페든 (전 영국 스털링대학교 역사학과 교수)
- 존 스틸 고든 (미국 금융사학자)
- 줄리아 블랙 (영국 런던정경대 법학과 교수)
- 천규승 (한국개발연구원 경제정보센터 전문위원)
- 크리스토퍼 베리 (영국 글래스고대학교 정치학과 교수)
- 파코 언더힐 (쇼핑컨설팅사 인바이로셀 CEO)
- 홍은실 (전남대학교 생활환경복지학과 교수)